WO GUO YU DONGMENG GUOJIA
ZHANLUEXING KUANGCHAN ZIYUAN
ANQUAN HEZUO YU ZHIDU CHUANGXIN YANJIU

我国与东盟国家战略性矿产资源

安全合作与制度创新研究

廖 欣　廖凌风　史亚博　等／著

法律出版社
LAW PRESS · CHINA
北京

图书在版编目(CIP)数据

我国与东盟国家战略性矿产资源安全合作与制度创新研究／廖欣等著. -- 北京 : 法律出版社, 2023
ISBN 978-7-5197-8687-8

Ⅰ. ①我… Ⅱ. ①廖… Ⅲ. ①矿产资源开发－国际合作－经济合作－研究－中国、东南亚国家联盟②矿产资源－综合利用－国际合作－经济合作－研究－中国、东南亚国家联盟③矿产资源开发－环境保护法－研究－中国、东南亚国家联盟 Ⅳ. ①F426.1②F433.61③D996.9

中国国家版本馆 CIP 数据核字(2023)第 254500 号

我国与东盟国家战略性矿产资源安全合作与制度创新研究
WO GUO YU DONGMENG GUOJIA ZHANLÜEXING KUANGCHAN ZIYUAN ANQUAN HEZUO YU ZHIDU CHUANGXIN YANJIU

廖欣 廖凌风 史亚博 等著

策划编辑 冯雨春
责任编辑 冯雨春 石蒙蒙
装帧设计 鲍龙卉

出版发行 法律出版社
编辑统筹 法律应用出版分社
责任校对 朱海波
责任印制 刘晓伟
经　　销 新华书店

开本 A5
印张 11　字数 236 千
版本 2023 年 12 月第 1 版
印次 2023 年 12 月第 1 次印刷
印刷 北京建宏印刷有限公司

地址:北京市丰台区莲花池西里 7 号(100073)
网址:www.lawpress.com.cn
投稿邮箱:info@lawpress.com.cn
举报盗版邮箱:jbwq@lawpress.com.cn

销售电话:010-83938349
客服电话:010-83938350
咨询电话:010-63939796

书号:ISBN 978-7-5197-8687-8　　定价:48.00 元

凡购买本社图书,如有印装错误,我社负责退换。电话:010-83938349

著作写作人员名单

廖　欣	廖凌风	史亚博	杨　红
郑　忠	闫　冰	张　磊	查献群
陈秋红	粟红蕾	刘　娴	田　鑫
蒋　菲	胡锦璐	王　瑶	宁　丹
宋思麒	刘建文	余桂荣	

序

实现中华民族伟大复兴的中国梦是近代以来中华民族最伟大的梦想。亿万人民的安居乐业是基础保证,中华民族的国家安全是头等大事。战略性矿产资源是保障国家经济安全、国防安全和战略性新兴产业发展的基础物质。当前,地缘冲突加剧,形成新的威胁,新型工业化国家崛起。与之相对应的美英等老牌发达国家去工业化形势严峻,不断打破战略性矿产资源供应链。东盟国家在承接欧美等地工业转移过程中,制造业能力不断提高,产生了对战略性矿产资源的巨大需求,进一步加大了对本国战略性矿产资源的保护力度。同时,东盟国家的制造业与我国的制造业存在明显的互补性。东盟国家大多数是低端制造业,我国的制造业涵盖了低端、中端和少部分高端产业。在产业链中，东盟国家大多数低端制造业对我国制造业存在一定程度的依赖。我国与东盟国家在制造业领域存在竞争与合作关系，在战略性矿产资源开发领域有很强的合作意向，开展战略性矿产资源安全合作能给双方带来共同利益，共同利益已成为不断推动双方加强合作、共建“一带一路”的重要动力。

当今世界，没有一个国家能实现脱离世界安全的自身安全，也没有建立在其他国家不安全基础上的安全。我国与东盟国家山水相连、唇齿相依。立足于国内、国际两个大局考虑，有必要拓展我国与东盟国家战略性矿产资源产业链供应链安全合作和制度创新的路径，这是中国与东盟国家维护自身安全及区域安全的共同需要。为此，廖欣博士及其科研团队坚持守正创新，坚持问题导向，坚持系统观念，坚持胸怀天下，开展了我国与东盟国家战略性矿产资源安全合作调查研究，经过多年积累和大量的前期调研，撰写了此较为厚重的著作。该著作阐述了我国与东盟国家战略性矿产资源的安全合作基础、制度创新成效、软硬件支撑条件，深入剖析了有关机遇与挑战，为下一步深入合作交流、加强制度创新提供了总体思路与理论依据，既拓展了安全合作的理论与技术创新路径，又丰富了安全合作与制度创新的模式、机制、平台与协同体系，内容翔实、观点新颖，是一部理论性、学术性与实践性并重的著作，对矿产资源管理部门和相关企业深化开展我国与东盟国家战略性矿产资源安全合作具有重要的决策参考与应用价值。

所谓“文章合为时而著”，当前，在深化“一带一路”合作，构建更加紧密的“中国—东盟命运共同体”大背景下，该著作出版恰逢其时。该著作是我目前看到的第一本系统研究我国与东盟

国家战略性矿产资源安全合作的著作,具有一定的前瞻性和较高的理论性、开拓性与创新性,主要体现在以下几个方面:

一是理论性与实用性相结合。该著作从增强韧性、提升安全、深化合作三大视域对战略性矿产资源产业链供应链安全合作内涵进行界定。从“弱链”“短链”“断链”的三重危机与风险上,明晰我国与东盟国家战略性矿产资源产业链供应链安全合作现状,以及亟待解决的一些“瓶颈”,比如安全合作平台建设有待升级、安全合作制度创新有待加强与落实、安全合作干扰因素较多。该著作综合利用法学、政治学、经济学、历史学等跨学科方法提出具体对策,在安全合作机制、产业链分工、交易平台构建、技术创新合作、风险防范机制、法规制度体系、打造安全合作命运共同体等方面提出了许多务实举措,十分值得参考借鉴,尤其是著作中提出的《构建具有战略意义的中越命运共同体背景下打造中越关键矿产与能源产业跨境合作示范区的建议》《建立中国—东盟战略性矿产资源合作商事规则协同机制的建议》《加快我国〈矿产资源法〉修订,推动矿法与国际接轨的建议》等报告,已经得到国内相关部门的高度重视和深度关注,成为理论性、创新性和实践性有机结合的优秀咨政报告。

二是前瞻性与战略性相结合。基于“安全—发展联结”理论,加强我国与东盟国家战略性矿产资源安全合作意义重大;这是保障国家经济安全和国防安全的现实需要,是深化我国与东盟国家安全合作的战略需要,也是抢占新一轮科技革命制高点的关键需要。一方面,我国与东盟国家战略性矿产资源安全合作具有稳定性、持续性和长期性,需要以“共商共建共享共赢”思路构建我国与东盟国家战略性矿产资源安全合作运行机制,如合作沟通协调机制、合作信息共享机制、安全合作互认机制、合作风险评估机制、安全合作保障机制。另一方面，在全球战略性矿产资源产业链供应链的逆全球化形势下，有必要加强我国与东盟国家战略性矿产资源供应安全合作，紧盯全球战略性矿产资源产业的“断链”风险问题，做好强链设计和精准施策，构建“紧密型”安全链，预防地缘政治突发事件带来的各种风险。这些都是一些前瞻性与战略性的考量。

三是区域性与国际性相结合。随着我国制造产业升级以及新一代信息技术、高端装备制造业等新兴产业的快速发展，我国战略性矿产资源的需求仍将维持在高位态势。在国际局势复杂多变、区域摩擦冲突频发的背景下，许多国家相继建立了一些区域化的战略性矿产资源供应链联盟。我国战略性矿产资源安全仍面临一些风险，如应对国内外风险的韧性不强，初级矿产品本土储量不足，关键工艺技术不高，高附加值产业环节短缺，国内现代产业体系的支撑力不够等；因此有必要抓住有利时机，加强与东盟国家战略性矿产资源安全合作。该著作系统阐明了三个主要着力点：从区域层面，考察调研东盟国家战略性矿产储存、开发、利用情况，分析其对我国战略性矿产资源产业链供应链安全的影响，研判我国与该区域战略性矿产资源产业链的互嵌、互融关系；从区域内生因素、区域外部影响等角度，系统分析该类区域中可能出现的影响战略性矿产资源国际贸易、关键运输通道安全的地缘政治突发事件；从供应链安全风险的产生、发展和衰退三个过程和风险扩散的“点—链—网”三个层面，就我国与该类区域间战略性矿产资源产业链供应链现状、产业嵌入程度等，提出战略性矿产资源产业链供应链的合作构想。

总之,该著作的研究内容意义重大,学术价值和决策参考价值突出,极大地丰富了我国与东盟国家战略性矿产资源安全合作与制度创新研究,值得一读。廖欣博士系中国法律咨询中心和广西法学会首席法律咨询专家、广西法学会学术委员会委员,近年来与中国法学会和广西法学会有较多的课题和咨政业务合作,曾经长期从事矿产资源开发利用与管理等科研工作,是我国学界中为数不多的既懂矿产资源开发利用与管理又懂法律的复合型专家。因此该著作也呈现出了理论与实践高度融合的典型特征,相信该著作的出版一定能够为我国与东盟国家战略性矿产资源安全合作与制度创新提供全新的视角,贡献全新的智慧。因此,特别期待该著作的问世。

是为序。

2023 年 12 月 26 日

前言

战略性关键矿产关乎新兴产业的发展，是资源安全保障的重中之重。2020年10月29日，《中共中央关于制定国民经济和社会发展第十四个五年规划和二〇三五年远景目标的建议》提出，要提升产业链供应链现代化水平，形成具有更强创新力、更高附加值、更安全可靠的产业链供应链，实现重要产业、基础设施、战略资源、重大科技等关键领域安全可控，保障能源和战略性矿产资源安全。随着我国制造产业升级以及新一代信息技术、高端装备制造业等战略性新兴产业的快速发展，我国战略性矿产资源的需求仍将持续维持在高位态势。在国际局势风云变幻、地缘政治突发事件频发的背景下，我国战略性矿产资源产业链供应链的风险不断增大。深化矿产国际合作，增强海外供应稳定性，成为保障我国战略性矿产资源产业链安全的应有之义。

中国与东盟国家山水相连，经济互补，加快战略性矿产资源产业链供应链安全合作与制度创新成为建设中国—东盟命运共同体的重要内容。近年来，全球制造业采购经理指数（purchasing manager's index，PMI）连续下降，全球经济复苏动能持续减弱，也使得全球战略性矿产资源产业链供应链安全受到多重冲击。出于经济、政治、军事等安全考虑，许多国家和地区积极构建战略性矿产资源供应链安全体系，相继建立很多区域化供应链联盟。比如，美国、日本、欧盟等纷纷构建战略性矿产资源供应链安全体系，并加强与东南亚国家的合作。以稀土资源为例，当前以美国为首的西方发达国家在稀土资源的能源获取上，以越南为切口，加速拉拢东盟各国，图谋构建与我国"脱钩断链"的印太伙伴稀土矿产供应链联盟，危及我国战略性矿产资源产业链供应链安全，给我国周边安全、经济安全等带来最为直接的风险隐患。因此，推动中国—东盟国家战略性矿产资源产业链供应链安全深度合作与制度创新，以对冲（缓解）美国与越南建立新的半导体合作伙伴关系后美国支持越南量化其稀土元素资源给我国稀土产业与技术构成的压力。这既是保障我国经济持续发展与安全的现实需要，也是保障国防安全等的内在要求。

本书以总体国家安全观为指导，完整构建了新形势下中国与东盟国家战略性矿产资源产业链供应链安全合作与制度创新的体系框架。第一章阐述了当前中国与东盟国家战略性矿产资源产业链供应链安全合作的背景及意义，介绍了全球战略性矿产资源安全合作与制度创新的基本概况，分析了全球战略性矿产资源安全合作与制度创新的发展态势将会对中国与东盟国家战略性矿产资源安全合作与制度创新产生的深层次影响。第二章分析了双方在安全合作方面具有良好的合作基础并取得显著成效，但也存在一些亟待突破的"瓶颈"，如双方安全合作平台建设有待升级，安全合作相关制度性文件有待落实，受外部因素影响较大等。第三章和第四章论述了我国与东盟国家战略性矿产资源安全合作的支撑条件及面临的机遇和挑战，分析了安全合作与制度创新的必要性、紧迫性和可行性，认为在能源绿色革命加速能源转型的大背景下，未来双方安全合作与制度创新机遇与挑战并存，但机遇大于挑战。第五章提出了我国与东盟国家战略性矿产资源安全合作与制度创新的总体思路，从理论视角探讨如何进行安全合作与制度创新。认为要强化总体规划和顶层设计，共同谋划参与全球矿业合作与治理；坚持掌握实情与着眼长远相结合，及时分析研判双方的资源禀赋、互补优势、安全合作隐患等，科学合理地创建产业链与供应链，推动中国与东盟各国产业链的有机衔接；在人类命运共同体理念指导下，构建双方战略性矿产资源产业链供应链安全合作的理论体系、评价体系、治理体系、保障体系等内容。第六章和第七章提出了安全合作与制度创新的实现路径和对策建议，例如，提出在人类命运共同体理念指导下，制定安全合作体系框架；秉持"共商共建共享共赢"原则，构建安全合作运行机制；以"互嵌""融合""参与"方式，推动安全合作区域一体化发展；以"两国双园"开发合作模式、跨境经济合作区、跨境产业合作区为切入点，科学合理地设置安全合作产业链与供应链；共同制定安全合作规划，携手建立全球性的中国—东盟战略性矿产资源安全合作示范区，推动深化中国—东盟矿业国际化合作，有效提高全球战略性矿产资源治理能力；加强制度创新，完善相关法律和制度保障体系,提高安全合作能力,以期为中国与东盟国家战略性矿产资源产业链供应链安全合作与制度创新提供有价值的借鉴和参考。第八章着眼未来拓展,指出我国与东盟国家战略性矿产资源安全合作的重点项目,进一步深化我国与东盟国家战略性矿产资源安全合作。例如,聚焦优势且稀缺的矿产资源种类,加强与越南、印度尼西亚、马来西亚等国家的合作交流,重点打造中越关键矿产与能源产业跨境合作示范区、中印(印尼)两国双园镍矿产业合作示范区,以及中马两国双园铝土矿和锰矿产业合作示范区。并结合全球矿业资源的区域分布,进一步拓展国际矿业经贸合作,重点建设粤港澳大湾区—北部湾—孟加拉湾关键矿产与能源产业合作走廊,打造全球战略性矿产资源产业链供应链安全合作区,实现我国战略性矿业的全产业链“走出去”。

目录

第一章　战略性矿产资源安全合作与制度创新的背景及意义

第一节　战略性矿产资源安全合作与制度创新的国际背景

在全球范围内,战略性矿产资源安全合作与冲突相互交织。战略性关键矿产作为支撑核心技术和战略性新兴产业发展的关键原材料,是未来高端制造和数字经济的物质基础。以美国为首的西方发达国家为继续抢占高新技术产业优势,掀起战略性矿产资源争夺战,打造所谓的关键性矿产合作联盟,不断压榨发展中国家生存空间。伴随着跨国资本的涌入,以及地缘政治突发事件的影响,国际矿业形势越发纷繁复杂。

一、战略性矿产资源安全合作与制度创新的基本情况

20世纪70年代之前,发达国家在经历两次世界大战后进入战后重建阶段,这一时期的战略性矿产资源主要集中在对国防工业化比较重要的矿物方面。在这期间,10种矿物被列入战略性矿产资源目录,反映了欧美等发达经济体自身资源缺乏或存在较大的供应风险。20世纪70年代中期至21世纪初,传统资源型产业不断向高新技术密集型产业升级。这一时期战略性矿产不再将国防工业作为第一选择,而是随着技术产业升级拓展到高新技术的原材料供应方面。21世纪初期以来,全球范围内新能源、人工智能、集成电路等战略性新兴产业蓬勃发展,支撑这些产业发展升级的矿物质成为发达经济体乃至新兴工业体的重点关注对象。此时,战略性矿产资源被赋予更多内涵,涉及国家核心竞争,越来越多的矿产品被纳入战略性矿产资源目录,全球战略性矿产资源总量已经超过60种,几乎涵盖了所有稀有元素。欧美国家和地区陆续对战略性矿产资源的范围进行重新界定,基本上每3年进行一次更新。其中,欧盟在2011年发布关键原材料清单后,不定期对内容进行修订,截至2020年已经将清单内的关键原材料增加至30种。[1] 澳大利亚和日本早在2009年就相继制定稀有金属保障战略,将钨、稀土等稀有资源列为优先级。而美国早已将战略性矿产资源列为国家发展重大战略,在特朗普执

〔1〕 参见王安建、袁小晶:《大国竞争背景下的中国战略性关键矿产资源安全思考》,载《中国科学院院刊》2022年第11期。

政时期以及目前拜登执政期间，也不断强化战略性矿产资源的供应安全。全球的关键战略矿产资源主要集中在如乌拉尔—蒙古成矿区、非洲—阿拉伯成矿区、东亚成矿区、中朝成矿区、西亚成矿区和北美成矿区等重点区域。针对战略性矿产的空间分布差异和稀缺性，各国在矿产资源的保障政策上存在不同方案。

2008 年全球经济危机后，由于世界经济长期低迷，以美国为首的西方发达国家掀起了一波反全球化的浪潮。进入 2020 年，世界各国开始采取越来越严格的自我保护措施，如美国频繁使用贸易保护措施，旨在遏制中国等发展中国家不断壮大的高科技产业，世界贸易形势又一次受到不利影响。与此同时，全球矿产品价格也随之快速、大幅下跌，全世界矿业资本市场遭受严重挫折。2020 年 1 月，联合国发布的《2020 年世界经济形势与展望》报告表示，由于中美之间的贸易摩擦及投资的大幅缩减，全球经济增速在 2019 年降至 2.3%，为十年来的最低水平。据不完全统计，2019 年主要发达经济体、新兴和发展中经济体经济增速同步放缓，全球 90% 以上的国家或地区经济增长均放缓。2020 年以来，受新冠疫情影响，全球的交通运输业、制造业和商业大幅萎缩，矿产资源的勘查、开发、生产和利用等也受到了很大程度的影响，一些重大国际矿业项目被迫停产、暂缓建设、订单取消、投产下降、交易额严重下降等，也使得铁矿石、稀土等矿产品价格大幅上涨。[1] 在全球遭受这一史无前例的新冠疫情的背景下，各国经

---

〔1〕 参见张艳飞、郑国栋等：《后疫情时期全球铁矿资源格局分析》，载《地球学报》2021 年第 2 期。

济断崖式下跌,致使矿业周期性复苏受挫,矿业繁荣周期的到来严重滞后。按照普华永道的全球矿业并购与行业观察数据分析,2020年上半年,全球采矿和有色金属矿业的交易总量下降了25%。尽管2020年下半年新冠疫情形势有一定好转,但是在年底又有所反弹,英国、法国、德国、新加坡、巴西等国家再次严控边境往来、重启封锁措施,从而使得全球经济复苏的势头进一步放缓。据《2020年世界经济形势与展望》报道,2020年全球经济增速为-4.4%。显而易见,世界经济重启和复苏的进程任重而道远,全球经济的全面下滑将会深刻影响矿业,矿产资源需求在短期内难以恢复到同期水平。随着世界经济持续下行,国际矿山生产和运输受到影响,国际矿产品的贸易交易呈现出区域性、短缺性、波动性等特征,也导致全球矿业出现生产滞后、供不应求的不良态势,欧佩克、俄罗斯、巴西、澳大利亚、加拿大、秘鲁、南非等主要矿产资源国家和组织经济萎缩严重。据英国智库监测数据,新冠疫情发生后全球至少有34个国家出现了更强烈的资源民族主义趋势,部分国家强势推行资源国有化政策,将对全球矿业发展产生负面影响。[1] 与此同时,在新旧动能转换、高新技术开发、金融衍生品市场等领域,稀土、钨、锗、石墨、萤石、锑、铟、重晶石、钒、镓、镁等新型战略性矿产资源越发凸显其价值,并且与传统的矿产资源存在明显差异。以稀土为例,在民用和军事领域运用相当广泛,是新型材料、高端制造以及尖端科技的核心原材料,这种特殊矿产几乎没有替代品。在此背景下,这些资源成为极具重要

---

〔1〕 参见陈甲斌、刘超等:《矿产资源安全需要关注的六个风险问题》,载《中国国土资源经济》2022年第1期。

经济价值的高风险、高利润的国家层面战略资源，也逐渐成为全球多个国家开展矿业勘测、地质勘查和资源开发储备的重要目标。基于此，全球范围内的矿业生产结构也在不断调整和发展，全球主要矿产品产量的下降态势以及其他多种因素造成部分特殊矿种价格暴涨，重要矿业公司股价缓慢复苏，矿业并购活动趋于活跃，世界矿产勘查开发投资活动逐步恢复，原油、铁矿石等大宗矿产价格有望回升，全球固体矿产勘探投资触底回升，矿业公司市场条件逐步改善，黄金等稀散金属可能呈现供应紧张局面，传统和新兴矿产资源此消彼长。

2019 年，美国联合秘鲁、刚果（金）等 9 国发布《能源资源治理倡议》，表面是在强化电动汽车所需矿产资源的合作，本质上是在减少这些国家对中国新能源原材料的输出。2022 年 3 月，美国和加拿大发布的联合声明中提到，双方将建立能源转型特别工作组，致力于打造强大的、具有韧性的北美关键矿产供应链，加强双方产业政策的红利共享。2022 年 6 月，美国国务院又宣布与盟友建立“矿产安全伙伴关系”（Minerals Security Partnership，MSP），试图建立以西方国家为主导、排除中俄等竞争对手参与的矿产资源产业链联盟。2022 年 8 月，美国国务卿布林肯在南非发表演讲时提出“美国对撒哈拉以南非洲战略”，再次标榜非洲是美国外交的优先事项，要提高对非洲的矿产资源投资，深化与非洲的矿产资源合作。在对刚果（金）进行访问时，美国承诺提供超过 3000 万美元的经济援助，对该国进行“采矿业改革”，以期取得该国矿业的实际控制权。2022 年 9 月，在联合国大会期间，美国不断扩容 MSP 成员国，邀请了战略性矿产资源主要供应国代表参加部长级会议。在美国的强烈攻势下，加拿大等国家积极出头采取措施实施所谓的脱钩行动。2022 年 11 月,加拿大以国家经济安全为由,下令剥离中矿资源集团旗下中矿(香港)稀有金属资源有限公司等 3 家中国企业在加拿大战略性矿产公司的投资,使得该 3 家中国企业损失惨重。

总之,战略性矿产资源供应链安全并不是单一的矿产品供应多元化和可持续的问题,而是涉及上游矿产品的获取保障、中端矿产品的加工制造、下游技术和知识产权的控制等多个环节的问题,它牵涉供应、科技、政治和贸易等方面的全面竞争。战略性矿产资源产业通常具有技术高成本、价格低弹性、市场寡头化的特点,西方发达国家所控制的跨国公司尤其是金融资本集团与矿业垄断资本相互勾连,操纵国际矿业价格,既收割发展中国家财富,又以此作为打压竞争对手的筹码;而随着发达国家向发展中国家转移制造业,全球相当数量的发展中国家也正在崛起,这些新兴国家基于维护自身利益的需要也加强了对本国战略性矿产资源的控制,从而进一步加剧了国际矿业竞争。

二、全球战略性矿产资源安全合作与制度创新形势走向

经济基础决定上层建筑。当前国际经济形势风云涌动,全球战略性矿产资源安全合作也遭受到多方冲击。全球战略性矿产资源争夺战发生了根本性变化,已从初级矿产资源向高端技术所需的关键性矿产资源转变,从大宗矿物和能源向稀缺资源转变,从地区、国家资源获取向国际化、区域化组织演变。基于国家整体安全、产业发展利益等多方面的考虑,传统的西方发达经济体纷纷构建战略性矿产资源供应链战略,不断寻求与资源供应国之

间的经济合作，企图将其纳入专属的供应链体系内。[1] 战略性矿产资源供应链安全问题不再属于单纯的经济或贸易问题，而是预示着谁掌握这些战略性矿产资源就能够在下一轮科技革命中处于主导地位。随着地缘政治的演变与发展，世界各国也加速进行博弈和竞争，大国博弈所营造出的“逆全球化”现象已经对全球产业链供应安全产生重大影响。美国主导的“能源资源治理倡议联盟”，试图打造战略性矿产资源合作联盟，以实现战略性矿产品供应的自身安全，并且将战略性矿产品视为世界“安全形势问题”的根源，不断改变战略性矿产品的勘查与开发的贸易政策，加快对战略性矿产的国内立法保护，进一步降低项目准入标准，加大战略性矿产品的战略储备、科技研发与经费投入。以美国为首的西方发达国家建立了一系列区域性、集团化的战略性矿产资源产业链供应链合作联盟，更使战略性矿产资源全球配置、分工协作和自由贸易的格局被打乱。与此同时，加拿大为了巩固其全球战略性矿产供应国地位，积极融入美国主导的“能源资源治理倡议联盟”，以便成为全球战略性矿产的主要供应商。俄罗斯作为全球矿业资源重要输出国，拥有丰富的战略性矿产资源，是世界第二大的铂和镍生产国以及第四大的稀土储量国。在2018年，俄罗斯出台了《2035年矿产资源基地发展战略》，有计划地加大对国内矿业地质勘查开发的支持力度，进一步凸显其在北冰洋、北极和联邦国土中的地缘政治优势和利益。2019年，俄罗斯与刚果(布)共同签署合作协议，倡导在未来三十年内利用

---

〔1〕 参见徐占忱：《我国战略性矿产资源供给保障：总体环境、主要短板与体系构建》，载《学术交流》2023年第6期。

现代科学技术在刚果(布)合作勘查、开发利用金、银等一些重要和战略性矿产品,不断扩大俄罗斯在非洲国家和地区的矿产资源强国的优势与影响力。2022年,阿根廷外交部在新闻发布会上提出将联合玻利维亚、智利等国家建立类似于石油输出国组织OPEC的“锂佩克”,通过联合多个国家力量整合区域价值链,提升关键性产业附加值和全球定价话语权。亚非拉的发展中国家加大矿业工业的开发,推动下游冶炼产业发展,美欧发达国家加强矿业对高端制造业的支撑。全球矿产品市场震荡调整,矿业市场结构出现分异。一些国际大型矿业公司依托自身财力、金融和贸易优势,试图垄断和控制全球优质矿产品资源。国际能源署(International Energy Agency, IEA)的报告显示,“2010年至今,随着可再生能源在新投资中份额的上升,一个新的发电单位所需的平均矿物量增加了50%”。同时,目前世界冲突热点地区仍未消除,如俄乌危机、叙利亚冲突、巴以冲突极有可能再次升级,尤其是“北溪二号”管道爆炸后,更是导致天然气价格再创历史新高,直接将欧洲能源危机拖入“断气”的困境。

全球经济安全形势发生了深刻变化,经济结构不断重塑,战略性矿产资源的供需矛盾将会持续存在;矿产资源供应链已不再是初级矿产品获取,而是逐步向相互协作的勘探、采矿、加工、回收等全产业链蔓延,且分工日趋精细化、专业化,这对全球矿产资源安全合作提出了新的要求。[1] 值得庆幸的是,以中国为代表的新兴市场国家建立了区域矿产资源合作协同机制,如中国共建

---

〔1〕 参见于宏源:《关键矿产的大国竞合分化、治理困境和中国选择》,载《人民论坛·学术前沿》2023年第15期。

“一带一路”倡议的顺利推进，中国倡导新发展理念，共同构建人类命运共同体，这些变革正在推动着全球经济的增长，同时也改变和影响着以西方发达国家为主的矿业资源消费国和以发展中国家为主的资源输出国的全球矿业发展格局，为加快构建新型矿业勘查、生产和贸易体系，拉动全球矿业复苏、发展作出了积极贡献。目前，矿产资源投资与合作将逐渐转向基础设施，以及基建设施沿线的产业化和城镇化，进而引领全球矿业发展。在智能科技、绿色发展、开放合作等众多因素的影响下，全球矿业发展新阶段将进一步转型升级，矿产资源的供给与消费格局正在发生深刻变革，许多发展中国家崭露头角，既成为矿业资源供应国，也逐步发展为矿业资源消费国，因此可以说全球矿业的生产、消费、贸易一体化的全新格局正在进一步发展完善。以智能制造、电子信息、新技术革命、新能源材料等为主的新一轮产业革命推动着全球矿业市场结构趋向更加低碳，稀土、锗、铟、钒、镉、碲、锑、镓等特殊矿产资源也将迎来新的发展机遇。总之，全球矿业将由以竞争为主的模式走向合作共赢的新发展模式，全球矿业资源的地质勘查、规模开发和生产利用也将趋向于智能化、开放化、绿色化，以合作共赢为核心的全球矿业命运共同体正在逐步形成。

三、东盟国家战略性矿产资源分布与安全合作情况

东盟各国的总面积达 407 万平方公里，占亚洲总面积的 1/10，也是全球板块活动最为强烈的地区之一。特殊的地质构造，使得这些国家和地区拥有相当丰富的矿产资源，具有点多面广、矿种齐全、人均资源丰度值高的特点和优势，是当今世界上重要的资

源宝库。中南半岛 5 国不完全数据统计显示,已发现有用矿产 100 余种,已知矿床、矿点产地 1116 处,其中大型矿产地 137 处,中型矿产地 195 处。按矿类统计,在 1116 处矿产地中,以锡、钨、铜、镍、锑为主的有色金属矿产地数量最多,计 431 处;宝石及贵金属货币型矿产地次之,已知产地 184 处;品种繁多的建材非金属矿产地 170 处,居第三位;以铬、锰、铁为主的黑色金属矿产地有 127 处;以钾盐、钠盐、重晶石等矿产为主的化工原料矿产地有 96 处;油气资源矿产地 35 处,数量虽少,但潜在资源量大;煤炭产地 73 处。此外区内 40 个大陆架、陆边盆地,大部分尚未进行勘探。[1] 可见,东盟国家有色金属、黑色金属、非金属矿产资源丰富,不少矿产为我国所缺失或储量不足的。从矿产资源的储量和分布上看,我国与东盟国家矿产资源具有互补性。然而,由于东盟各国的经济发展水平不同,东盟各国的矿产资源开发利用程度也存在较大差异。不少东盟国家,如老挝、缅甸和柬埔寨,由于战乱不断、政局不稳或自身经济技术条件限制,对本国的矿产资源勘探、开发等做得不够。这些国家虽然拥有丰富的战略性矿产资源,但限于资金、技术和经验等,开发利用程度较低,不少资源处于闲置状态。如菲律宾拥有黄金、铜、镍和锰等丰富的矿产资源,约 3000 万公顷的国土上有 900 万公顷的土地拥有丰富的矿产资源,但目前只有 1.4% 得到勘探、开采。

在此背景下,拥有着完整矿产资源勘探、开发技术与雄厚资金储备的中国,无疑是东盟国家首选的合作伙伴。2002 年 11

---

〔1〕 参见李定平:《中南半岛地质矿产空间数据库》,第十届全国数学地质与地学信息学术研讨会论文,2011 年 11 月于北京。

月,中国政府与东盟国家在柬埔寨金边达成了《中国与东盟关于非传统安全领域合作联合宣言》,标志着中国与东盟的经贸合作进入了一个新的历史阶段。2004 年年底,《货物贸易协议》和《争端解决机制协议》签署,标志经贸合作建设进入实质性执行阶段。2009 年 8 月 15 日,《中国—东盟自由贸易区投资协议》签署,标志着主要谈判结束以及中国—东盟自由贸易区(China - ASEAN Free Trade Area, CAFTA,以下简称中国—东盟自贸区)的正式建成,对中国与东盟之间的矿产资源合作具有极为重要的意义。2020 年,中国等国与东盟正式签署了《区域全面经济伙伴关系协定》(Regional Comprehensive Economic Partnership, RCEP),矿产资源作为多边合作的重要内容,将为中国—东盟带来矿业投资和矿产品贸易自由化、便利化的红利。2021 年,东盟制定了《东盟矿产合作行动计划(2021—2025)》,推进区域矿业贸易和投资以及矿业可持续发展行动纲要。2023 年 5 月,第 12 届中国—东盟矿业合作论坛以"携手融入'一带一路'建设,共谋绿色矿业可持续发展"为主题召开,不断强化中国与东盟之间的矿产资源深度合作。此外,中国与《东盟共同体愿景 2025》《东盟互联互通总体规划 2025》的对接也在逐步加深,中国与东盟互为最大贸易伙伴和重要的投资合作伙伴。2022 年,东盟继续保持我国第一大贸易伙伴地位,双方经贸往来更加密切,进出口规模达到 6.52 万亿元,增长 15%。中国是多数东盟国家第一大投资来源国,2022 年东盟对华投资增长 8.2%,双方之间的贸易与投资在共建"一带一路"国家和地区中位居前列。与此同时,"一带一路"倡议与东盟各国发展战略的对接正在全面展开,中国—东盟地学合作中心和卫星遥感应用中心已建成,中国援建柬埔寨国家地质实验室，与老挝共建“中国—东盟地学信息大数据平台”，以及每年的中国—东盟博览会、中国—东盟商务与投资峰会，更是促进了中国与东盟各国在经贸投资等多个领域的合作。东盟正在成为“一带一路”建设的“深耕区”和“示范区”，中国与东盟国家在政治上不断增强互信，在经济贸易上互利共赢，为加强我国与东盟国家战略性矿产资源产业链供应链安全合作提供了强大的动力基础。中国与东盟之间的矿产资源合作将成为双方最为成功和最具活力的合作领域之一，未来在矿产资源开发领域的相互依存度将持续提高，进而实现多方共赢的新局面。

第二节　战略性矿产资源安全合作与制度创新的国内背景

党的二十大报告强调“以新安全格局保障新发展格局”，要“在关系安全发展的领域加快补齐短板，提升战略性资源供应保障能力”和“加强重点领域安全能力建设，确保粮食、能源资源、重要产业链供应链安全”。战略性矿产资源事关人类社会可持续发展，能够在关键核心领域发挥决定性作用。战略性矿产资源在高新技术产业发展与低碳能源转型中不可或缺，对保障国家经济安全和国防安全至关重要。近年来，全球矿产资源体系发生深刻变革，俄乌冲突等国际重大事件加速了全球格局调整，矿产资源地缘博弈等风险不断加剧。我国经济社会发展的矿产资源需求仍将刚性增长，对战略性矿产资源的需求仍将长期维持在高位水平，资源安全稳定供应仍面临诸多风险挑战。实践充分证明，只有统筹战略性矿产资源发展和安全、开发和保护、当前和长远、发展与减排，实现战略性矿产资源安全合作与制度创新，为国家经济社会发展提供源源不断的资源支撑，才能更好地构建起国内国际双循环相互促进、相互协调的新发展格局。

我国作为世界上最大的发展中国家，在经历几十年的高速发展后，已在部分高新技术产业上形成一定影响力和竞争力。被打上地缘政治烙印的战略性矿产资源，是国家安全和社会经济发展的基石。分析当前战略性矿产资源安全形势，挖掘战略性矿产资源对外合作与制度创新的需求，是实现战略性矿产资源安全困境破局的必由之路。

一、我国战略性矿产资源安全形势分析

我国是世界上矿产资源总量丰富、矿种比较齐全的少数几个资源大国之一，矿产开发利用也成绩斐然，目前已成为世界矿业大国之一，全国年矿石总产量为 50 亿吨。据有关统计，我国国有大型矿山开发利用的矿种数为 150 个，年产矿石量约 20 亿吨；小型矿山开发利用的矿种数为 179 个，年产矿石量约 30 亿吨。我国的煤炭、钢、磷、硫铁矿以及 10 种有色金属已跃居世界前列；我国固体矿产开发的总规模已居世界第二位。但是，我国大部分资源的人均消费量低于世界平均水平，除钨、钼、锑、锡、稀土 5 种战略性矿产外，我国仍有 15 种战略性矿产储备量低于全球比重 20%，处于劣势的战略性矿产数量超过了 66.7%。特别是石油

这一重要能源，我国储量仅为全球总量的1.5%。[1]

2018年，我国发布《新时代中国战略性关键矿产目录厘定》，将21种资源品种列为战略性关键矿产。近年来，以清洁能源为代表的战略性新兴产业快速崛起，使得战略性矿产资源目录的种类和数量都有较大幅度的增加。然而，受现有资源禀赋的限制，石油、天然气、铀、铁、铬、铜、锂等战略性关键矿产的国内储量和产量明显不足，因而存在较大的供应风险。况且，我国正处于工业化发展的关键上升期，一些涉及国防安全的战略性矿产资源供求矛盾至今未得到实质性改善，结构性短缺态势长期存在。即便我国加紧国内资源勘探，但是一些大型矿山和主要油田的探明储量增长速度仍然赶不上矿产资源消耗速度，一些大宗战略性矿产的缺口甚至不断扩大，储采比、储产比等国内资源保障程度的指标普遍低于发达国家。保障矿产资源供应链，特别是战略性矿产资源的供应安全，已然成为我国亟待解决的重大现实问题。我国战略性矿产资源供应链相对单一的现状很难在短时间内得以改善，在国际分工合作中的嵌入程度不深，容易受地缘政治突发事件的影响，安全保障机制较为脆弱，面临战略性矿产资源产业链供应链和先进基础工艺及关键环节上的技术等双重"断链"风险。加之乌克兰危机加速全球矿产资源合作阵营化，以美国为首的西方发达国家奉行霸权主义，通过打造战略性矿产资源产业链供应链合作联盟，企图实现与其他资源国的"战略利益"捆绑融合。美国积极与其盟友诸如加拿大、澳大利亚等国家达成优先采

---

〔1〕 参见王安建、袁小晶：《大国竞争背景下的中国战略性关键矿产资源安全思考》，载《中国科学院院刊》2022年第11期。

购协议,实现所谓的全产业链的"友岸外包"升级改造国内产业链,短期内可能付出较大的经济成本;但是随着新技术的攻关以及部分战略性矿产资源的垄断,将对中国企业正在逐步建立的全球市场中间产品国际贸易定价权产生重大影响。

当前,我国作为世界最大的矿产品消费国和进口国,资源安全形势异常严峻;一旦在战略性矿产方面受制于人,将对国内经济发展和战略安全产生巨大影响。战略性矿产资源关乎国家经济命脉,为此我们要不断强化与广大资源输出国的经济合作,多方位、多途径构建矿产资源供给体系,进一步避免资源安全风险。进入21世纪后,我国加速海外能源布局,在巴西、秘鲁、阿根廷、菲律宾、澳大利亚、加拿大、刚果(金)、赞比亚、纳米比亚、博茨瓦纳等国家加大矿产资源开发力度,基本达到了在境外投资的矿山项目的60%以上。就目前而言,我国矿产资源严重依赖进口的趋势未曾改变,铁、铬、铝、镍、钴、锆等对外依存度已经超过70%。石油、铁、铅、铬、铜、铝、锌、铂、锰、磷和锡等传统短缺矿产品,目前在国内的储备量与产量都十分有限,不能过度、无节制地开发,必须借助进口才能满足长远发展需要。同时,受到新兴行业的带动影响,稀土、锂、钴等战略性矿产需求急剧增长,多数矿产品可能会出现供不应求的局面,这也必然成为我国追逐和竞争的战略性矿产品。即便我国成为很多矿产输出国的主要输入地,与当地经济联系密切,但是在矿产品定价上并无太多优势。比如在与澳大利亚的铁矿石交易中,澳大利亚一手掌握全球铁矿石定价权,在2017年更是将铁矿石平均价格推高至76美元/吨,按照当年"中国进口10.75亿吨铁矿石,其中61%来自澳大利亚"来计算,这意味着澳大利亚仅从中国市场就获得了近500亿美元的收益。出现这些问题的主要原因在于我国并未掌握相关矿产品价格定价权。与邻近的日本相比,日本在本国严重缺乏资源的情况下,逐步形成了自己的定价机制,并与澳大利亚签订了15年至20年的长期合同,前5年至7年的铁矿石价格保持不变,逐渐形成了成熟的交易规则。此外,我国尚未实现全球布局,在处理矿产资源输出国事务上经验不足,特别是一些局势动荡国家政府更替后,一旦将中资企业或股份收归国有,我国企业的前期投入均将化为乌有。2020年10月,我国自然资源部发布了年度矿产资源报告,截至2019年年底,全国的煤炭、石油、天然气、页岩气、锰、铅、锌、铝土、石墨等34种主要矿产资源储量增长。其中,页岩气增长77.8%,锌矿增长6.8%,铅矿增长6.7%,铝土矿增长5.7%,石墨增长21.4%;下降比较明显的矿产有镍矿、萤石、硼矿,分别为9.4%、6.3%、4.3%。《全球矿产资源形势报告(2022)》显示,2021年我国28种矿产高度依赖进口,铌、铍、锆、镍、锰、钽、钴、铂族、铬、石油和铜11种矿产对外依存度超过70%;金、硼、锂、铝和铁5种矿产资源对外依存度在50%~70%;天然气、银、钾盐、钛和锡5种矿产对外依存度在30%~50%。但是2012年以来,我国地质勘查投入却连续多年下滑,储量增速放缓,供应能力和保障程度双下降。据中国矿产资源公报,有效探矿权数量持续下降,由2010年的33978宗降至2020年的10351宗。并且针对“弱链”“短链”“断链”风险的监测预警、安全评估以及风险处置预案制度仍不完善,具有比较优势的战略性矿产资源的作用尚未充分发挥,对超大规模国内需求市场加以“反遏制”利用的程度并不充分。除此之外,近年来我国原本一些优势矿种经过多年的大规模开采和低附加值出口,比如具有天然优势的稀土、钨、锑、钼、锡、铟、铋等矿种的对外依存度有所上升，包含锡在内的部分优势矿种甚至成为“忧虑矿种”。〔1〕战略性矿产资源和高新技术产业、新能源产业密切相关，甚至在一定程度上可以左右其发展进程。在创新驱动的产业转型中，我国长期依赖国外的工业芯片、通用软件、元器件，如稀土资源开发利用的核心专业技术一直都被日本和美国控制，钢铁产业的关键性技术参数则由韩国掌握，风电轴承、光伏银浆用银粉等专用材料和设备主要由日本、韩国和欧洲供应。美国主导关键矿产供应链“去中国化”将给中国带来更高的资源技术门槛和技术性贸易壁垒，少数关键零部件的缺失可能导致特定产业链的停摆，矿产资源安全形势不容乐观。

我国正步入新型工业化的关键时期，矿产资源需求量仍将维持在高位态势；如今恰逢百年未有之大变局，全球政治格局变幻莫测，矿业供应链安全也将面临更加严峻的形势。在此背景下，虽然我国产业结构不断优化，但第二产业几乎占到国民经济总产值的一半，说明产业结构不合理、初级矿产品消耗大，这些粗放型资源开发利用模式导致矿业效益并未得到明显提升。我国矿产品的需求、矿业结构逐渐变化，一定程度上影响了我国矿业的高质量发展。况且，我国是典型的煤炭消费结构，2018 年能源生产总量达 37.7 亿吨标准煤，比 1949 年增长 157.8 倍，年均增长 7.6%。然而传统产能结构性过剩、利用效率低下等问题尚未解决，反而大量出口低附加值初级产品，造成了初级矿产品过度消

〔1〕参见王修、刘冲昊：《“优势矿产”变“忧虑矿产”——中国锡资源供应风险评价》，载《中国矿业》2021 年第 7 期。

耗。我国的铁、钨、金、铜等矿产资源的采矿废石的利用率较低。比如,煤、铁、金、铜等矿产资源的采矿废石排放量超过25种战略性矿产资源的80%,但是它们的废石利用率均低于全国的17%。与此同时,传统的煤炭、钢铁、水泥等行业产能过剩问题长期未解决,加之世界新能源、新材料等新型产业方兴未艾,我国矿业结构调整的步伐亟须加快。目前,我国各地区为全面化解过剩产能,推进矿业供给侧结构性改革,通过退出、转型转产、兼并重组等方式,清理整顿高成本矿产产能、严格控制新增产能、减少无效供给和低端供给,化解矿业过剩产能。但也不得不面临一些现实问题,比如矿产发展层次低、结构性矛盾问题将会严重制约矿业的转型升级,我国仍然处于工业制造关键矿产的初级阶段,而不是高技术关键矿产的阶段,在战略性矿产资源产业链国际分工中仍处于较低层位。

二、我国战略性矿产资源对外合作与制度创新的需求

当今世界,矿产资源竞争是影响国与国之间关系的重要一环,甚至在某种程度上掐断资源供应就能实现不战而屈人之兵,例如美国在中东地区发动的多场战争本质上就是资源掠夺战。但是就未来发展趋势而言,对战略性新兴产业和高新技术产业所需的矿产资源争夺将会是竞争的核心和焦点。现实问题是,这些矿产资源的分布极不均匀,强权政治和地缘政治均深刻地影响着矿产资源供应国,这就为新兴矿产资源国际竞争以及国际环境的不确定埋下了伏笔。从金砖国家主要金属矿产品的产量、国际地位和发展状况来看,俄罗斯、印度、南非矿产工业发展态势良好,巴西不理想,但是金砖国家矿产品生产特色明显、优势互补。目

前,受新能源汽车快速发展的影响,锂资源消耗量成倍数增长,未来锂资源的开发有可能成为资源竞争的主战场之一。[1] 美国的拟征税清单中已经涵盖了锂、稀土及相关产品。战略性新兴矿产资源作为兼具经济价值和安全价值的双重属性资源,是目前世界各国开展地质勘查和资源储备的重要目标。因此,战略性新兴产业的快速发展,将会引发新一轮的矿产资源争夺战。我国唯有不断强化战略性矿产资源对外合作,实现制度创新,方能在风云变幻的世界局势中保障发展安全。值得警惕的是,我国战略性矿产资源的需求量已经飙升至世界首位,并且不得不面临的现实情况是,战略性矿产资源目录里有一半以上的矿产对外依存度超过了70%。对外依存度和来源集中度较高的风险使得我国战略性矿产资源进口存在更多的不确定因素,一旦遭受来源国局势变动、外交和国际政治变化以及海上通道阻塞等不利因素的干扰,矿产资源供应链风险将会进一步增加。2019 年,原油、天然气、煤炭、铁矿石、铜精矿进口额约占我国矿产品进口总额的 85%,在矿产品贸易中占有重要地位。其中,原油、煤炭、天然气进口量分别高达 5.1 亿吨、3 亿吨、1 亿吨,对外依存度分别为 78%、7%、43%;铁矿石、铜精矿(实物)进口量分别为 10.7 亿吨、0.22 亿万吨,对外依存度分别为 85%、78%;锂、钴等对外依存度也超过 80%(见表 1-1)。2019 年,我国有 2/3 的战略性矿产存在较高的对外依存度,其中约有 1/2 的战略性矿产对外依存度超过了 50%;预计到 2035 年,主要战略性矿产中,半数以上的矿产和一半以上的供

[1] 参见中国地质调查局全球矿产资源战略研究中心:《全球锂、钴、镍、锡、钾盐矿产资源储量评估报告(2021)》,载中国地质调查局,https://www.cgs.gov.cn/xwl/tpxw/tupian/202110/t20211022_682635.html。

应,均依靠进口解决。

表1-1 中国—美国—欧盟战略性矿产对比分析〔1〕

序号	对比归类	主要矿种	说明
1	中国具有优势且美国或欧盟对中国依赖性较强的矿产	稀土、石墨、萤石、重晶石、锑、钒、钼、锗、镓、铯、碲、砷	中国有优势地位,或在全球市场有较大影响力,美国或欧盟对中国依赖性较强
2	中国优势矿产但美国或欧盟对中国依赖性较弱	钨、铟、铋、镁、钛、铼、磷	中国虽有优势地位,或在国际市场上有较大影响,但美国或欧盟对此依赖较弱
3	中国、美国、欧盟都短缺且中国短缺更严重的矿产	铁矿、锰矿、铬铁矿、铜、钴、锂、钾盐	中国、美国、欧盟三方都短缺,但中国短缺更为严重,且境外获取资源能力更弱
4	中国、美国、欧盟都短缺,境外获取资源存在地域空间竞争	铌、钽、铂族金属	中国95%的铌需要进口,主要来源于巴西、加拿大;美国铌全部依赖进口,来源于巴西、卢旺达、澳大利亚。中国和美国钽都依赖进口,主要来源于尼日利亚、巴西、卢旺达、澳大利亚等
5	中国短缺但美国、欧盟不予重点关注的矿产	铝、锡、镍、锶、硼	2022年版美国关键矿产目录,把镍列为关注矿产。中国主要进口原矿,美国进口镍冶炼加工产品

〔1〕 参见陈甲斌、余良晖:《中美欧矿产资源形势对比分析》,地质出版社2020年版,第3~13页。

续表

序号	对比归类	主要矿种	说明
6	美国或欧盟有优势，但中国存在供应短缺的矿产	金、铍、锆、多晶硅	中国是最大金进口国，从美国进口，美国既是金重要进口国也是重要出口国。英国金进口主要来源于南非。中国铍依赖进口，美国可以满足需求。中国锆对外依存度接近90%，其中有从美国少量进口（从美国进口量在3%左右，从澳大利亚、南非进口分别占56%、15%）

矿产资源安全是全球性问题，绝大多数国家都不可能离开国际合作而获得矿产资源安全保障。为应对挑战，我国提出“互利合作、多元发展、协同保障”的新矿产资源安全观，兼顾了矿产资源消费国与矿产资源出口国的利益，得到越来越多国家的支持。在全球经济相互依存度不断加强的今天，任何国家在维护矿产资源安全问题上都不能独善其身，一味追求绝对的矿产资源收益只会破坏现有的国际政治经济秩序，最终损害本国利益。只有通过积极有效的国际矿产资源合作，加强矿产资源政策磋商和协调，才能保证稳定和可持续的国际矿产资源供应，维护合理的国际矿产资源价格，确保各国的矿产资源需求得到满足。当前，我国的经济利益已经遍布全球，与世界各国尤其是发展中国家的经济联系日益密切，推进丝绸之路经济带和海上丝绸之路的“一带一路”建设是党中央高瞻远瞩的重要策略。共建“一带一路”国家大多有着上千年的文明史，部分国家矿产资源也十分丰富，在充分利用亚洲基础设施投资银行、丝路基金等投资平台的基础上，对这些国家进行基础设施投资建设，不仅能极大地促进当地经济

发展，也在一定程度上保障了矿产资源的多元化，实现矿产资源全球布局。与此同时，利用“上海合作组织”等框架，在国内成立由政府、企业及研究机构共同组成的矿产资源治理机构，在国际上联合矿产资源输出国构建协作机制，按照市场化、国际化、专业化的原则，全面推进“一带一路”矿产资源治理体系建设，提高参与全球资源治理的能力。“走出去”政策实施以来，我国矿产资源企业积极向海外市场进发，铜、铝等矿业项目的海外产能已与国内产量基本相当。但是与美国、日本等成熟、发达的矿产资源开发体系相比，我国境外矿业的版图不大、经济效益较低、资源勘查开发进度慢，一定程度上存在“小、散、慢”的特征，这些现象在短期内难以得到根本的改变。如今，除部分矿业巨头外，世界上相当多的矿产企业将无法有效应对全球经济低迷所带来的较大冲击，不少中小型矿产企业可能会面临停摆、破产、倒闭等不良影响；一些优质矿业项目、核心资产将会脱离、挂牌，甚至转让出售等。正所谓危机与机遇并存。我国是世界上实现正增长的主要经济体，这对国内矿产企业来说，无疑是海外资产并购的重要机遇期。通过与共建国家开展长期的金属矿产品贸易活动，承建各种矿产资源以及冶金建设项目，契合金属矿业企业的实际需求，提高工程建设运营以及管理一体化的全生命周期服务能力。“一带一路”倡议为我国矿产企业与沿线的东南亚、南亚、欧洲等地开展矿业合作带来了便利，世界各国也希望借助我国先进的矿产资源勘探开发技术、资金和人才为本国服务。据统计，目前我国已与76个国家、地区开展了矿业资源的勘查开采与产能合作，其中共建“一带一路”国家比例高达80%，沿线投资的矿业项目超过300个。矿产资源天然的特点决定了任何一个国家都不可能做到单独囊括所有的矿产资源目录，任何一个国家的矿产资源品种都不可能满足所有产业的需要，矿产资源涉及全球资源合理配置的问题。未来，在中国的积极努力下，国际矿产资源合作将会迈向新的台阶，通过构建以国内大循环为主体、国内国际双循环体系相互促进的新发展格局，进行更大范围的资源配置，以满足国家经济社会发展需要。

第三节　开展战略性矿产资源安全合作与制度创新的重大意义

我国与东盟国家山水相连、血脉相亲、唇齿相依，立足于国内国际两个大局考虑，迫切需要加强我国与东盟国家战略性矿产资源产业链供应链安全合作，这对于各国经济发展和国防安全具有一定的战略意义。在全球化进程中，我国积极开展与东盟等国家的矿产合作，有利于改善我国矿产资源进口结构，分散经济安全风险。一方面，随着全球大宗矿产资源日渐“金融化”，原油、煤炭、铝、铜、铅、锡等资源能源定价受制于纽约商品交易所和伦敦金属交易所。另一方面，不仅全球高技术矿产生产能力被跨国矿业巨头垄断，部分国家还不断谋求通过区域集团化联盟削弱我国在战略性矿产资源产业链供应链领域积累的优势。这就要求我国深入参与战略性矿产资源产业链供应链全球治理，推动全球治理规则民主化、法治化，切实维护战略性矿产资源贸易的自由化和公平性，提升我国在战略性矿产资源全球治理上的话语权和影响力。从全球资源战略布局的高度出发，建立国外稳定的供矿基地和战略性矿产资源储备机制，保障我国部分短缺资源的稳定供应，从而有效防范矿产资源供给中断引发的经济安全问题。我国与东盟国家战略性矿产资源具有互补性，加强双方战略性矿产资源产业链供应链安全合作对于双方国家安全和长远持续发展都有重要意义。

一、历史意义

纵观人类发展历程，从原始时期的石器，封建时期的青铜器，直到近现代的铁器，无不彰显着资源的重要性，甚至很多重要时期都是以资源命名。人类最早出现的时间距今约有300万年。在漫长的原始社会，原始人类慢慢学会利用石英岩、花岗岩、石灰岩等非金属矿产制作石器，作为生产生活的基本工具。铜是最早被人类利用的金属矿产，人们最初先是发现自然铜，又偶然从铜发明出了冶金技术，此后铁的加入丰富了人类的生产形式。青铜器、铁器的相继应用，极大地促进了生产力的提升，加快了人类文明的进程，广泛应用在武器、食器、农具各个方面，农业和手工业得到迅速发展。作为文明发源地之一的古埃及在公元前6000年已经开始使用铜器，公元前2900年已经可以铸造出较为精致的青铜器；古巴比伦在公元前4000年制造的铁珠、匕首是迄今人类发现的最早铁器；我国作为四大文明古国之一，也在夏朝和春秋时代相继进入铜器、铁器时代，银和金等高价值矿产品被用于货币兑换，陆续发现的盐、铅、汞、玉石等矿产也先后被开采利用，陶器制品也渐渐发展成为瓷器制品，制盐业、制瓷业等其他产业也得以发展。18世纪60~80年代，第一次工业革命极大地解放了生产力，蒸汽机、纺织机运用到生产中，为其提供能源支撑的煤、铁等矿产资源得以大量开采，人类进入了工业时代。19 世纪 70 ~ 90 年代，内燃机引领第二次工业革命浪潮，电气时代产生的电灯、电话以及汽车、飞机、轮船逐步取代了蒸汽动力。以石油、天然气、煤炭等矿产资源开发速度达到了新的高度，各类工业产品如雨后春笋般出现，相对应的石油化工、煤炭工业、钢铁工业等新型工业门类蓬勃发展。与此同时，铝、镍、锰、磷、钨、钼等矿产也先后得到大规模开发利用。20 世纪 40 ~ 90 年代，美苏争霸导致原子弹、航空航天、人造卫星等领域飞速发展，此后出现的以电子计算机为代表的科学技术迎来大爆炸，第三次工业革命开创了人类信息技术时代，铀、锗、硅、锂、稀土等矿产为这些产业提供了支撑作用。进入 21 世纪，以人工智能、新型材料、绿色能源、微电子技术为代表的战略性技术产业相继进入人们视野，人类开始迈入后工业化时代。这些产业所需要的稀有金属矿产逐渐成为热门的国际矿产贸易对象，也是各国争相进行战略储备的首选资源之一，全球战略性矿产资源争夺日趋激烈。[1]

从冷兵器时代到热武器时代，铁矿石等战略性矿产资源一直都是抢夺对象，甚至在一定程度上能够决定战争胜负。虽然人类文明发展至今，总体呈现出和平态势，但是关键矿产品影响地缘政治格局的情形从来不曾改变。历史上很多战争本质上都是资源争夺战，近现代的两次世界大战更是如此。尤其是大航海时代新航路开辟以来，矿产资源掠夺长时间成为国际交往的主战场。苏联解体后，俄罗斯与欧美国家冲突、两伊战争和中东问题、非洲

---

〔1〕 参见闫卫东、林博磊等：《2022 年全球矿业展望》，载《中国矿业》2022 年第 1 期。

局部动荡等都直接或间接起源于资源争夺。从当前国际形势来看,和平与发展仍是时代主题,冲突和争端仅在局部发生,世界总体上趋于平稳发展。但就战略性矿产资源领域而言,潜在的资源争夺从来没有停止,甚至越发激烈。随着全球化和工业化浪潮的深入,在各国追求经贸往来和地区合作的同时,一些经济大国对国际矿产资源的争夺与资源大国对本国矿产资源的保护和利用成为目前国际外交的重要方向;且随着矿产资源不可替代性的增强,矿产资源本身也带有一定的政治色彩,使得部分国家滋生出资源民族主义,与全球化趋势几乎背道而驰。在此背景下,在战略性矿产资源领域实现多方合作,保证矿产资源安全,逐步成为包括中国在内的众多资源匮乏型国家的必由之路。

二、现实意义

近二十年来,众多发展中国家通过以资源换资金和技术等方式吸收国外资本进行本土资源勘探、开发,大力发展本国经济。在全球化进程中,我国顺应趋势,抓住机遇,积极实施"走出去"的开放战略,到资源输出国开采矿产资源。不但可以将较为先进的勘探开发技术和经营管理经验带到当地供其学习,以发展资源所在国经济;而且也有利于我国建立起稳定、安全的供矿渠道。这对双方来说是互惠互利的好事。通过推行和平外交和资源外交,还可以壮大反霸维和国际阵营的力量,提高我国的国际地位。我国战略性矿产资源进口来源地高度集中在亚非拉国家和地区。尽管随着经济全球化,我国的矿产品贸易正朝着多元化方向发展;但是,主要的矿产资源进口集中度仍处于较高水平。在2000~2010年的十年间,煤炭、钾盐、镍矿砂、铁矿砂、铜矿砂和锌矿砂等战略性矿产资源的进口集中度都在50%以上,排在前五位的进口来源国较为固定。重要矿产境外来源地高度集中,一旦出现问题,涉及经济安全的资源供应将面临严峻挑战。因此,积极开展与东盟等国家的矿产合作,有利于改善我国矿产资源进口结构,分散经济安全风险。一方面,随着全球大宗矿产资源日渐"金融化",原油、煤炭、铝、铜、铅、锡等资源能源定价受制于纽约商品交易所和伦敦金属交易所,还有一些高技术矿种逐渐也为跨国矿业巨头所垄断。[1] 在全球矿产金融市场影响下,一个小事件比如巴西矿山溃坝就会导致全球矿业市场价格激烈波动,再加上美联储实施量化宽松货币政策的影响,国际资本的加入更是起到推波助澜的作用,全球矿业定价权还是牢牢掌握在西方国家手中。再如近年来价格水涨船高的碳酸锂,短短时间内由较为合理的22万元/吨涨至30万元/吨,同样也是全球金融资本高度炒作的结果。另一方面,不仅全球高技术矿产生产能力被跨国矿业巨头垄断,部分国家还不断谋求通过区域集团化联盟削弱我国在战略性矿产资源产业链供应链领域积累的优势。这就要求我国深入参与战略性矿产资源产业链供应链全球治理,推动全球治理规则民主化、法治化,切实维护战略性矿产资源贸易的自由化和公平性,提升我国在战略性矿产资源全球治理上的话语权和影响力。

经过改革开放四十多年的发展,我国在地质勘查和矿业开发中已经初步形成了一批具有代表性的国际化矿业企业,在矿产勘探、开采、运输等各个环节均积累了先进的勘探开发技术。特别

---

〔1〕 参见张斌:《关于当前全球大宗商品储备调整的新变化及其潜在影响研究》,载《价格理论与实践》2022年第10期。

是近年来,相当数量的矿业企业已经具备了跨国企业运作机制和管理经验,能够应对当地矿产资源开发风险。我们应从全球资源战略的高度出发,建立国外稳定的供矿基地和战略性矿产资源储备机制,保障部分短缺资源的稳定供应,从而有效地防范矿产资源供给中断引发的经济安全问题。国家战略性矿产资源不仅关涉能源安全,还关乎国防、政治、经济、外交等诸多领域的安全与发展问题。我国与东盟国家战略性矿产资源具有互补性,加强双方战略性矿产资源产业链供应链安全合作对于双方国家安全和长远持续发展都有重要意义,这是双方基于现实需要的应然性选择。

(一)有助于进一步保障国家经济与国防安全

2020 年 10 月 29 日,《中共中央关于制定国民经济和社会发展第十四个五年规划和二〇三五年远景目标的建议》提出要提升产业链供应链现代化水平,形成具有更强创新力、更高附加值、更安全可靠的产业链供应链,实现重要产业、基础设施、战略资源、重大科技等关键领域安全可控,保障能源和战略性矿产资源安全。[1] 我国制造产业升级以及新一代信息技术、高端装备制造业等战略性新兴产业快速发展,我国对战略性矿产资源的需求始终处于高位态势。

在国际局势风云变幻、地缘政治突发事件频发的背景下,我国在战略性矿产资源领域存在一些安全风险,表现为我国战略性矿产资源应对国内外风险的韧性不强、初级矿产品本土储量不足、关键工艺技术不高、高附加值矿产产业环节短缺、对国内现代

---

〔1〕 参见《中共中央关于制定国民经济和社会发展第十四个五年规划和二〇三五年远景目标的建议》,载《人民日报》2020 年 11 月 4 日,第 1 版。

产业体系支撑力不够等方面。如以上问题得不到有效解决,不仅对我国国民经济社会持续发展产生影响,而且对我国国防安全构成威胁。[1] 安全与发展密不可分,两者之间的互动关系构成的"安全—发展联结"理论表明,安全需要发展,发展也需要安全,安全与发展的关联表现为一个领域的特征会显著影响另一个领域。战略性矿产资源产业链供应链安全就是一个典型例证。战略性矿产资源产业作为现代化工业基础能力的重要组成部分,具有传导性、潜在性、突发性、全球性等特点,其重大战略安全意义远远超出自身;这既是由战略性矿产资源不可再生性决定的,也是其不可替代性使然。在全球经济一体化进程加速推进的今天,任何国家都不可能完全依靠本国战略性矿产资源来确保国防安全和经济发展需要。[2] 从保障国家经济与国防安全战略高度看,加强我国与东盟国家战略性矿产资源产业链供应链安全合作是双方共同的现实需要。

（二）有助于抢占新一轮矿产科技革命制高点

战略性矿产资源作为新一轮科技革命的关键物资,将在众多领域内发挥重要作用。我国科技的创新发展,尤其是我国制造业、新一代信息技术、高端装备制造业等新兴产业的快速发展,都离不开战略性矿产资源。然而,我国部分战略性矿产资源分布不均,储量不足,直接制约着我国科技领域关键技术创新。保障我国有稳定且源源不断的战略性矿产资源供应以抢占新一轮科技

[1] 参见刘晓慧:《战略性矿产保障事关国家总体安全》,载《中国矿业报》2021年1月11日,第1版。

[2] 参见吕威:《我国战略金属矿产资源保障能力态势分析》,载《世界有色金属》2021年第4期。

革命制高点，支撑我国科技事业快速健康发展，走战略性矿产资源产业链供应链安全合作道路是必然选项。从产业链供应安全合作形势来看，我国存在的突出问题是资源、技术、市场“三头在外”，在战略性矿产资源产业链国际分工中处于出口初级产品、进口优质加工产品的不利地位。当前战略性矿产资源这种关键物质的合作不再是初级矿物质资源获取，而是延伸至勘探、采选、分离、冶金、回收等各个环节，形成产业供应链条。如果不加强我国与其他国家战略性矿产资源产业链供应链安全合作，在面临关键矿产、关键产品、关键技术“卡脖子”时我国仍然难以进行有效反制。加强我国与东盟国家战略性矿产资源产业链供应链安全合作，确保关键性矿产物资供应，有助于推动我国矿产领域科技革命，助力实现“双碳”目标，促进“新能源＋”产业崛起。

（三）有利于深入推进“一带一路”建设实施

习近平总书记顺应世界多极化、经济全球化、文化多样化的时代发展潮流，提出共建“一带一路”倡议。“一带一路”倡议自提出以来，已经取得丰硕成果，惠泽沿线许多国家和地区人民。东盟各国也对中国倡导的“一带一路”建设的态度发生转变，从最初的观望、谨慎逐渐转变为欢迎和支持。近年来，“一带一路”倡议积极与《东盟共同体愿景2025》《东盟互联互通总体规划2025》精准对接，促使双方在经贸投资等多个领域开展合作。2023年是“一带一路”倡议提出10周年。站在新的历史起点上，“一带一路”建设实施如何进一步深化？中国与东盟国家在战略性合作上如何实现新突破？加强双方战略性矿产资源产业链供应链安全合作不失为一个有效的突破口，这符合双方共同的利益诉求与发展要求，也是“一带一路”倡议深入实施的应有之义。

我国与东盟国家都是世界上重要的战略性资源能源宝库，双方在战略性矿产资源方面已经有一定的合作基础，但尚未形成完整的区域性的战略性矿产资源产业供应链，具体表现为“弱链”“短链”“断链”三种状态，这都不利于双方的稳定发展。“一带一路”建设以寻求与共建国家利益契合点为价值取向，加强我国与东盟国家矿产资源产业链供应链安全合作，可以起到引擎作用，推动“一带一路”建设向着纵深发展。

（四）有助于打造中国—东盟命运共同体

在矿业全球化的背景下，矿产资源领域合作是将地理毗邻、资源优势转化为经济增长新动力的关键内容。我国应抓住有利时机，利用与东盟国家海陆相连的地理优势，以积极、主动、开放的姿态，加强与东盟国家战略性矿产资源产业链供应链安全合作；这是进一步深化与东盟国家安全合作的战略需要，也是基于双方安全与发展需要的战略考量。习近平总书记在多个外交场合倡议各国人民同心协力构建人类命运共同体。随着全球经济一体化不断深入，世界各国相互联系更加紧密，依存程度不断加深，在同一个历史和现实交汇空间里，谁也离不开谁，你中有我、我中有你。就矿产资源而言，其在全球的分布极其不平衡，人均资源占有量也差异较大。资源在国家间、区域间实现优势互补是人类社会进步与发展的必然选择。对于每个国家来讲，只有实施“两种资源、两个市场”的全球资源战略布局，充分利用国内外两种资源产业链供应，才能确保其国防建设和经济发展需要。党的十八大以来，习近平总书记不失时机地提出切实抓好周边外交工作、打造周边命运共同体，以此作为指导我国发展与周边国家外交的工作方针。中国与东盟陆海相连，隔海相望，打造中国—东盟命运共同体既有必要，也有优势。从某种意义上讲，加强我国与东盟国家战略性矿产资源产业链供应链安全合作就是打造“中国—东盟命运共同体”的重要体现和举措。因为战略性矿产资源不同于一般的商品贸易，实现双方合作也就意味着政治、经济、国防、外交、科技、文化等更加紧密地联系在一起，形成共同繁荣的局面，这正是中国—东盟命运共同体的价值指向。

三、时代价值

在全球经济复苏、矿业产业加速发展的新时期，以中国为代表的一些新兴经济体表现十分活跃，逐渐成为推动世界矿产品市场高质量发展的中坚力量。但是国际贸易保护主义抬头，矿业投资环境分化，全球有色金属工业格局重塑，发达经济体依然占据垄断地位等因素，造成了当今世界矿业发展的外部环境动荡不稳，一些风险挑战明显增多。2020 年 5 月，自然资源部专门印发了完善矿产资源储量动态更新机制的有关文件，强调要重视战略性矿产资源的国情调查，制定矿产资源储量的分类新标准，尤其是针对国家紧缺的石油、铀、铁、铬等关键矿产，认真做好国情调查，摸清矿产资源底数。2021 年 11 月，中央政治局会议在审议《国家安全战略（2021—2025）》时，再次提出要确保能源矿产安全。2021 年 12 月，中央经济工作会议提出正确认识和把握初级产品供给保障，明确重要能源资源国内生产自给的战略底线；而且基于资源产业的特点，对中国来讲，必须时刻保持长期战略的重要性，而不是短期权宜之计。2022 年政府工作报告再次强调确保粮食能源安全，明确要增强国内资源生产保障能力，加快油气、矿产等资源勘探开发，完善国家战略物资储备制度，保障初级产品供给。我们必须牢牢把握国际市场主动权,贯彻国家能源资源安全战略,及时调整对外投资策略,以国家利益至上为原则保障战略性矿产资源供应,加强矿产资源安全的形势预判与战略安排。一旦国际形势发生剧变,我们也能有效应对各种突发情况,避免国内矿产资源供应陷入混乱局面。加强与东盟国家矿产资源合作,有利于我国进行战略性矿产资源储备,较好地弥补战略性矿产资源短期供应不足,改变我国对外进口来源地集中度高的结构,使我国企业不易受制于国外矿产资源开采商,较好地预防由于高价进口矿产品造成国内相关行业的成本增加和价格上涨可能引起的通货膨胀影响等局面出现。同时,可以实现与东盟国家矿产资源捆绑,建立国外稳定的供矿基地,解决部分短缺资源的稳定供应,建立战略性矿产资源的储备机制,从而有效地避免国外资源价格暴涨或供给中断而对我国经济产生突然打击,维护国家经济安全。

我国广西与东盟国家越南海陆相连,与其他东盟国家隔海相望,地处中国—东盟自贸区的中心位置,是我国华南、西南、中部地区连接中南半岛的咽喉。“一带一路”倡议实施以来,中国与东盟各国坚持共同发展、互利共赢,政治互信进一步增强,地区安全稳定,这为我国与东盟国家战略性矿产资源产业链供应链安全合作奠定了良好的政治基础。加强我国与东盟国家战略性矿产资源产业链供应链安全合作,要坚持人类命运共同体理念,持续推进“一带一路”建设,从顶层设计着手,构建共同发展、互利共赢的安全合作体系。一方面,由相关部门牵头制定《中国—东盟国家战略性矿产资源产业链供应链安全合作体系框架》,明确中国—东盟国家战略性矿产资源产业链供应链安全合作的指导性原则、内容、定位等,使中国—东盟国家战略性矿产资源产业链供应链安全合作磋商、沟通交流、项目实施、风险评估等都在这个"框架"下进行,确保方向性、导向性符合我国国家安全与发展战略。另一方面,以安全合作为宗旨,通过综合评估、精准识别,掌握我国与东盟国家战略性矿产资源产业链供应链存在的"弱链""短链""断链"等实际状况,根据不同状况采取不同措施,选择最有利于开展国家战略性矿产资源产业链供应链安全合作的国家和项目,在人类命运共同体理念下,进行积极沟通与战略对话,多点布局、以点带面,发挥示范效应,全面开花。毗邻能源蕴藏丰富的东盟国家,对广西乃至中西部地区的能源供应都起到重要支撑作用。目前,广西已建成出海大通道,主动服务西部陆海新通道建设,形成了与东盟对接的立体交通网络,初步发挥了作为连接中国与东盟国际大通道的作用。随着平陆运河的开建,广西与东盟国家的经济联系将会更加密切,双方的矿产资源合作将会再上新的台阶。建立中国—东盟自贸区和泛珠三角经济区,使广西的区位优势日益彰显,客观上成为双向沟通中国与东盟的桥头堡,为促进广西经济发展,深化与东盟国家矿产资源开发国际合作提供了地域优势。在这风云变幻的时代,深化与东盟国家战略性矿产资源安全合作,实现区域内资源优势互补,走区域经济一体化道路,最大限度地实现区域内人文资源、自然资源的合理配置,增强区域经济发展活力和国际竞争力,具有十分重要的时代意义。

第二章　我国与东盟国家战略性矿产资源安全合作与制度创新的现状与问题

第一节　安全合作与制度创新的基础良好

党的二十大报告提出要着力提升产业链供应链韧性和安全水平。[1] 韧性和安全是产业链供应链的两个关键因素，是产业链供应链稳定健康可持续发展的重要基础和前提。2020年4月10日，习近平总书记在中央财经委员会第七次会议上

---

〔1〕 参见习近平：《高举中国特色社会主义伟大旗帜　为全面建设社会主义现代化国家而团结奋斗——在中国共产党第二十次全国代表大会上的报告》，人民出版社2022年版，第28页。

强调,产业链、供应链在关键时刻不能掉链子,这是大国经济必须具备的重要特征。必须维护产业链、供应链的全球公共产品属性,坚决反对把产业链、供应链政治化、武器化。2023 年 1 月,习近平总书记主持二十届中共中央政治局第二次集体学习时强调,继续深化供给侧结构性改革,持续推动科技创新、制度创新,突破供给约束堵点、卡点、脆弱点,增强产业链供应链的竞争力和安全性,以自主可控、高质量的供给适应满足现有需求,创造引领新的需求。同时,要推进高水平对外开放,稳步推动规则、规制、管理、标准等制度型开放,增强在国际大循环中的话语权。[1] 党的十八大以来,中国对外开放力度、程度前所未有,中国开放的大门越开越大,其中,中国—东盟开放合作成效十分显著,逐步形成中国—东盟特有的制度型开放合作模式。中国—东盟开放合作并不是一帆风顺的,双方在政治对话基础上,持续深化经贸合作,双边合作成效日益显著。在制度型开放合作模式下,中国—东盟在多个领域合作发展方兴未艾,发展仍具有较大潜力。国家战略性矿产资源关涉双方的核心利益,是未来双方深化合作的重点领域之一,具有广阔前景与空间。分析我国与东盟国家战略性矿产资源安全合作与制度创新的现状,把握趋势,明确问题,有利于双方进一步加强合作,在国家战略性资源安全合作和制度创新方面取得更好成绩。

一、政治基础:政治互信,和平共处

中华民族历来是一个爱好和平的民族,自古就有“亲善友

---

〔1〕 参见张杰、逯艳:《提升产业链供应链韧性和安全的理论探究与实现路径》,载《中州学刊》2023 年第 7 期。

邻”“以和为贵”的文化传统。中华人民共和国成立后,就向世界宣告奉行独立自主的和平外交政策。1953 年 12 月,周恩来代表中国政府首次提出和平共处五项原则。在访问印度、缅甸时,他重申和平共处五项原则,得到两国积极响应。在万隆会议上,中国倡议的和平共处五项原则得到充分彰显,国际社会反响热烈。1974 年 4 月,邓小平在联合国大会上向世界作出“中国永不称霸”的庄严承诺。“一带一路”倡议实施以来,中国与东盟各国坚持共同发展、互利共赢,政治互信进一步增强,地区安全稳定,这为我国与东盟国家战略性矿产资源产业链供应链安全合作奠定了良好的政治基础。

二、经济基础:资源互补,共同发展

东盟国家位于全球板块活动最为强烈的地区之一,特殊的地质构造,使该地区拥有相当丰富的矿产资源,是当今世界上重要的资源宝库,据不完全统计,东盟地区已发现矿产多达 100 余种,矿产地 1300 余处。矿产类型比较齐全,如贵金属、有色金属、黑色金属等金属矿产,能源矿产和非金属矿产等,其中优势矿产铜、铬、镍、铝土和钾盐等为我国紧缺型矿产资源。中国是矿产资源极为丰富的国家之一,多种战略性矿产资源为东盟国家所需。以云南为例,云南有中国的“有色金属王国”、中国“锡都”之称,以矿产储量大、矿种全著称,与东盟国家在矿产资源领域开展系列合作的空间较大。另外,我国已建立起矿产资源采、选、冶等工业体系,在某些领域拥有先进的冶炼加工技术,有助于深化我国与东盟国家战略性矿产资源产业链供应链安全合作。在资源互补基础上,中国秉持互惠互利、共同发展原则,加强对东盟国家投资

与经贸往来，双方经济良性互动、韧性强、收益高，实现了“双赢”目标，为我国与东盟国家战略性矿产资源产业链供应链安全合作奠定坚实的经济基础。

三、文化基础：地缘相近，文脉相通

我国与东盟各国拥有先天地缘优势，从地理上看，我国云南与越南、缅甸、老挝三个东盟国家接壤，边境线长达4000多千米。我国广西与东盟国家越南海陆相连，与其他东盟国家隔海相望。随着交往程度加深，一些华人移居东盟各国，进一步推动中国与东盟各国的文化交流，使民众间相互理解，民心相知相通。当前，双方人员流动量大，教育合作密切，文化交流频繁，中文、粤语、闽南语在东盟国家随处可闻；春节、端午节、中元节、中秋节、重阳节等逐渐成为东盟国家的重要节日；东盟国家建立不少孔子学院，学习汉语热度不减；华文报刊在东盟国家特别是在印度尼西亚、菲律宾、柬埔寨等国家大量发行；儒家文化对东盟国家产生广泛而深远的影响。中国与东盟各国形成“形异神同”“相似相通”的文化形态，“地缘”“文脉”无疑成为我国与东盟国家战略性矿产资源产业链供应链安全合作的重要文化基础。

第二节　安全合作与制度创新成效显著

中国与东盟国家在战略性矿产资源安全合作和制度创新上有一个渐进式的历史发展过程。20 世纪 70 年代初，中国就与菲

律宾、泰国等东盟成员国开展了关涉战略性矿产资源能源的贸易合作。早期的中国—东盟战略性矿产资源能源贸易合作主要是由中国向部分东盟成员国出口原油。例如,1978 年 7 月,中国与菲律宾签订了为期 5 年的原油贸易协议,约定 1979 ~ 1983 年中国向菲律宾供应原油 120 万吨,这是中国与东盟成员国签订的第一份能源产品贸易协议,根据最后的统计数据,中国实际上共向菲律宾出口了 393 万吨原油,超额履行条约规定的义务。[1] 1979 年 3 月,中国与泰国也签订了类似的原油贸易协议。20 世纪 90 年代之后,中国与东盟成员国的矿产资源能源贸易合作进一步深化,并呈现出一些新的特征,例如,早先的以中国单方出口为主,逐渐演变为双向交流,即中国既向东盟出口矿产资源能源产品,同时也从东盟进口矿产资源能源产品。特别是 1991 年 7 月,中国政府派出高级官员出席在马来西亚吉隆坡举办的第 24 届东盟外长会议,全面开启了中国—东盟的对话进程。2000 年 5 月,在亚洲开发银行理事会年会期间,东盟与中国、日本、韩国等国财政部部长在泰国北部清迈市举行会谈,会议不仅讨论了东亚区域的宏观经济形势,还讨论了如何加强东亚财金合作的议题。当时达成这样一个协议:当某个国家面临外汇资金短缺困难时,其他国家可以帮助其缓解危机。会议取得重要成果,最直接的一个体现就是发表“10 + 3”财长会议联合声明,共同提出了著名的“清迈倡议”,此举标志着中国与东盟经贸关系开始向制度化迈进。

---

〔1〕 参见中国驻菲律宾大使馆经济商务参赞处:《中菲两国双边协议》,载商务部,http://ph. mofcom. gov. en/article/zxhz/sbmy/200302/200302000 69439. shtml。

一、安全合作与制度创新总体情况

中国—东盟战略性矿产资源能源贸易安全合作的主要制度性依据既包括 WTO 协议这样的普遍性多边条约，也有 CAFTA 协议这样的区域性多边协议，还有在大湄公河次区域经济合作(Great Mekong Subregion Cooperation, GMS)框架下达成的《GMS 政府间电力贸易协议》等。其中 WTO 是规范各国政府国际贸易管理行为的国际组织，也是一个独立于联合国的永久性国际组织。世界贸易组织的职能是调解纷争。它是贸易体制的组织基础和法律基础，还是众多贸易协定的管理者、各成员贸易立法的监督者，以及为贸易提供解决争端和进行谈判的场所。其成员之间的贸易额占世界的绝大多数，因此也被称为“经济联合国”;其调整国际贸易关系的规则体现在 WTO 协议之中，如《贸易政策审议机制》《关于世界贸易组织争端解决规则与程序的谅解》等。中国和所有东盟成员国均是 WTO 的成员，WTO 为中国与东盟国家开展战略性矿产资源安全合作提供了基础框架。

中国与东盟国家之间也有诸多双边条约。中国与文莱、马来西亚之外的所有东盟成员国均签订有双边贸易协定，同时与新加坡还签订有《中新自由贸易协定》;这些协定在鼓励开展双边贸易合作方面发挥着重要作用，由于并未将能源领域明确排除在外，因此对能源贸易理当同样适用。东南亚友好合作条约组织是根据《东南亚友好合作条约》于 1976 年成立的一个旨在维护东南亚地区和平的政治性国际组织;该组织主要向东南亚国家开放，也包括少数东南亚地区之外的重要国家。中国于 2003 年以第一个区外大国的身份加入。东南亚地区共有 11 个国家，包括

10 个东盟成员国。该条约对中国与东盟国家加强战略性矿产资源安全合作具有重要影响。除东盟成员国外,目前加入该条约的有中国、印度、日本、韩国、俄罗斯和新西兰等国。东南亚友好合作条约组织继承并发展了《联合国宪章》关于国家间关系以及该宪章第 8 章"区域办法"的规定,对东南亚地区维护能源通道安全和解决争议领土能源资源归属,具有不可忽略的作用。

此外,2009 年 3 月,中缅两国在缅甸首都内比都签订了《关于建设中缅原油和天然气管道的政府间协议》(以下简称《中缅油气管道协议》)。2009 年 6 月,缅甸能源部与中国石油天然气集团公司签署了《关于开发、运营、管理中缅原油管道项目的谅解备忘录》。2009 年 12 月,缅甸能源部与中国石油天然气集团公司签署了《中缅原油管道权利与义务协议》。根据相关协议规定,缅甸联邦政府授予东南亚原油管道有限公司对中缅原油管道的特许经营权,并负责管道的建设及运营等。东南亚原油管道有限公司同时还享有税收减免、原油过境、进出口清关和路权作业等相关权利。协议还规定,缅甸政府保证东南亚原油管道有限公司对管道的所有权和独家经营权,保障管道安全。中缅油气管道是继中哈原油管道、中亚天然气管道和中俄原油管道之后又一条重要的能源进口通道。这些协议有利于增强双方合作的安全性,利于两国经济社会快速发展。

中国与东盟全体成员国于 2002 年 11 月共同签署的《南海各方行为宣言》,是中国和东盟为解决"南海问题"而达成的一项政府间协议。根据《南海各方行为宣言》的规定,南海争端各方必须:保障南海航行及飞越自由;依据《联合国宪章》《联合国海洋法公约》等公认的国际法处理南海问题;保持自我克制,不采取使争议复杂化、扩大化及影响和平与稳定的行动。2011 年 7 月，中国与东盟国家达成了落实《南海各方行为宣言》指导方针，决定建立海洋科研、海上搜救等务实性合作项目。此外，中国与东盟成员国均签订有双边投资保护协定，主要有 1985 年中国和泰国《关于促进和保护投资的协定》、1985 年中国和新加坡《关于促进和保护投资协定》、1992 年中国和菲律宾《关于鼓励和相互保护投资协定》、1992 年中国和越南《关于鼓励和相互保护投资协定》、1993 年中国和老挝《关于鼓励和相互保护投资协定》、1994 年中国和印度尼西亚《关于促进和保护投资协定》、1996 年中国和柬埔寨《关于促进和保护投资协定》、2000 年中国和文莱《关于鼓励和相互保护投资协定》等。

中国—东盟开放合作在制度上不断取得突破性进展，宏观层面的安全合作与制度创新逐渐完善。2002 年 11 月，中国—东盟签署《中国—东盟全面经济合作框架协议》，这标志着中国与东盟的经贸合作进入了一个新的历史阶段。该框架协议不仅涉及国家安全、人类健康、公共道德、文化艺术保护等 WTO 允许例外的产品以及少数敏感产品，而且还强调其他全部产品的关税和贸易限制措施都应逐步取消。该框架协议被看作中国—东盟自贸区的法律基础，可以说是中国—东盟安全合作与制度创新的一大突破，并在此基础上推动各方合作。

“一带一路”倡议提出后，经过双方不懈努力，中国—东盟制度型开放合作模式进一步升级与发展，一个重要导向就是坚持互联互通，这成为双方合作的重要基础。这里既包括东盟层面的《东盟互联互通总体规划 2025》，也包括与“一带一路”倡议的对接方案，例如“泰国 4.0”、菲律宾“大建特建”计划、柬埔寨“四角战略”等，这些都事关具体国家发展战略的对接，将中国与东盟国家的安全合作与制度创新推向了更高水平。

从一定程度上讲，中国与东盟制度型开放合作模式已经发生了重要变化，突破传统贸易、投资，正向更深层次的国际战略合作方向发展。2020 年 11 月 15 日，由东盟发起的《区域全面经济伙伴关系协定》正式签署，实现了新的历史性突破。该协定关系到当前世界上人口最多、经贸规模最大、最具发展潜力的自贸区，覆盖世界近一半人口和近 1/3 贸易量。中国与东盟自贸区极具发展活力，中国与东盟制度型开放合作动力越发强劲。

我国与东盟国家战略性矿产资源安全合作与制度创新也不断取得新突破。从近几年来看，中国和东盟是彼此最大的贸易伙伴，双方不仅有频繁的经济贸易往来，而且已经有深度的产业分工，推动经贸合作升级的主动性明显上升；同时，也有利于推动双方在国家战略性矿产资源领域的安全合作与制度创新。“一带一路”倡议的推进，使中国与东盟区域产业链进一步整合，双方制度型开放合作模式也将迈上新台阶。[1] 2022 年 9 月 1 日，东南亚国家官员在中国香港第七届“一带一路”高峰论坛上提到，共建“一带一路”使其国家经济发展受益。马来西亚国家贸易与工业部副部长林万锋指出，“一带一路”倡议是重要经济增长动力，推动东盟国家在包括制造业、能源行业的各个经济领域进步。[2] 有学者指出，在彼此合作制度化持续推进的基础上，中

---

〔1〕 参见崔日明、李丹：《后疫情时代中国—东盟区域价值链的构建研究》，载《广西大学学报（哲学社会科学版）》2020 年第 5 期。

〔2〕 参见姜志达、王睿：《中国—东盟数字“一带一路”合作的进展及挑战》，载《太平洋学报》2020 年第 9 期。

国—东盟在各领域的合作成果显著。[1] 这当然也包括国家间战略性矿产资源领域的安全合作与制度创新。

二、安全合作与制度创新重点领域

习近平总书记指出，我们要全面发挥《区域全面经济伙伴关系协定》的作用，尽早启动中国东盟自贸区3.0版建设，提升贸易和投资自由化便利化水平，拓展数字经济、绿色经济等新领域合作，共建经贸创新发展示范园区。[2] 在中国—东盟自贸区推动下，中国—东盟产业链、供应链体系日渐完善，成为全球产业链关键组成部分。[3] 当前中国与东盟国家在重要能源领域的安全合作成效显著，例如，水电、风电、光伏发电装机均居世界第一位。另外，通过加强能源互联互通，加快能源转型，加强安全合作，不断完善制度，加大制度创新，中国—东盟将实现可持续的能源安全，能源低碳转型合作将迎来新一轮"井喷"。中国驻东盟大使侯艳琪在举办的"中国—东盟能源转型：携手实现可持续的能源未来"交流会上表示，中国—东盟能源领域的可持续发展将推动双方全面战略合作伙伴关系走深走实。这些都为双方在战略性矿产资源领域的安全合作和制度创新奠定了基础。

近年来，面对复杂动荡的国际能源市场，中国与东盟国家能

---

〔1〕 参见冯晓玲、王玉荣、赵鹏鹏：《东盟贸易位次提升：原因分析与前景展望》，载《国际贸易》2020年第9期。

〔2〕 参见《习近平在中国—东盟建立对话关系30周年纪念峰会上的讲话（全文）》，载外交部，https://www.mfa.gov.cn/web/ziliao_674904/zyjh_674906/202111/t20211122_10451226.shtml。

〔3〕 参见唐红祥、谢廷宇：《RCEP框架下中国—东盟跨境产业合作的路径》，载《人民论坛》2022年第6期。

源合作不仅没有遇到阻碍,反而进展迅速,既实现了从能源贸易和投资转向技术研发和交流,也实现了从传统化石能源向清洁能源和可再生能源拓展。环境保护、经济发展与能源安全是三大重要安全合作与制度创新领域。

（一）油气领域的安全合作与制度创新

根据相关的统计数据,截至2022年年底,中国企业在印度尼西亚、缅甸、泰国、新加坡、文莱5个国家合作运作16个油气投资项目,例如勘探开发、管道、炼厂等,总投资超200亿美元。当前,东盟国家也参与中国的油气建设,例如印度尼西亚、马来西亚两国仍是中国液化天然气(liquefied natural gas,LNG)的重要来源国,中缅油气管道已累计向中国输送石油约3000万吨、天然气约265亿立方米。双边能源基础设施的互通合作发展较为迅速,这主要得益于制度创新方面的突破,例如签署的一系列"协议""制度""办法""规划"等。中国—东盟自贸区、大湄公河次区域经济合作组织和中国—东盟海上合作基金等,为区域内能源贸易和投资提供了一定的制度框架,促进了区域内双边及多边油气合作。中国与东盟国家中,既有能源生产国,也有能源消费国。如印度尼西亚、马来西亚、文莱三国的油气资源相对丰富,是东南亚重要的油气生产与出口国。东盟诸国具有一定地理位置、气候环境等优势,如海岸线长、日照强、地处两大板块交界处,风能、太阳能、地热能源等清洁可再生能源发展潜力巨大。中国油气资源对外依存度较高,但技术先进、资金充足,国内油气工业发达,原油加工与炼厂产能较高。由此可见,区域内在能源生产与消费、技术与资金等方面存在一定互补性,区域能源合作仍有一定发展与提升的空间。[1] 有学者指出,“中国—东盟有相似的经济基础和能源转型需求,均在大力推进能源低碳绿色发展”。[2] 中国工程院院士谢和平表示,目前双方能源消费主体仍是化石能源,可再生能源消费均呈快速增长态势。

(二)矿产资源领域的安全合作与制度创新

国家为支持“一带一路”建设提出的打造“伙伴关系网络”倡议为矿产资源领域的高质量合作提供了高端平台。东盟许多国家已经成为中国的能源伙伴关系成员国,如柬埔寨、老挝、缅甸等;我国注重与这些国家的安全合作与制度创新,尤其是积极推进与这些国家的政策交流、高端人才培养、项目技术交流与对接,着力打造矿产资源伙伴关系的合作示范区,进而发挥示范引领作用。以双边共建“一带一路”与“一带一路”框架下的多边合作机制为基础,鼓励建立国家层面的多边能源伙伴关系,扩大政府间的能源合作伙伴关系网络。为凝聚中国—东盟国家内在动力,进一步深化与东盟国家的矿产资源合作,科研院所、行业协会等社会组织的力量也参与进来,构建非政府主体间的能源伙伴关系网络,既能落实双多边能源合作项目,也将扩大区域内能源伙伴关系理念的影响力。[3] 要进一步拓展与东盟国家在矿产资源领域的合作,优化区域环境不可缺少,这需要对各国能源产业的生产经营规模、生产条件、竞争状况、市场供求、能源政策、沟通机制、

〔1〕 参见龙桂杰:《能源对外依存度视域下中国—东盟能源命运共同体构建研究》,载《中国发展》2022 年第 5 期。

〔2〕 苏南:《中国—东盟能源合作基础坚实潜力巨大》,载《中国能源报》2023 年 7 月 17 日,第 2 版。

〔3〕 参见余晓钟、罗霞:《东盟“10 + 5”能源高质量合作与中国的策略选择》,载《亚太经济》2023 年第 1 期。

行业壁垒、发展前景等进行全景式梳理和分析，进而明确优势与缺点，寻找突破点。针对区域整体存在的共性问题，以“五通”建设为载体，持续为区域能源产业环境的改善提供应有的政策、人力资源、资金、基础设施、贸易和人文支持，同时各国也应配套相应的产业促进政策。做好顶层设计，明确愿景规划，推动传统能源产业的高效转型。同时，还要注重各国的宏观环境变化，积极全方位应对日益复杂的政治经济形势，深入推进双多边的“五通”合作，进而在矿产资源领域实现安全合作与制度创新；尤其是要系统梳理区域内纵向产业链合作的状况，针对勘采、加工、运输、销售等合作相对较少的环节，分析原因，加强制度创新，以制度上的进步来突破安全合作上的“瓶颈”。另外，中国与东盟国家实现矿产资源领域内的安全合作与制度创新，还需要为能源全产业链合作提供充足资金与多元化人才支持；这要求区域内各国应从政策制度入手，协调双边、多边关系，推动既支持能源产业链合作也带动相关产业的区域合作，实现多产业合作的联动发展目标。

（三）煤炭领域的安全合作与制度创新

煤炭是 18 世纪以来人类世界使用的主要能源之一。对于现代化工业来说，无论是重工业，还是轻工业，无论是能源工业、冶金工业、化学工业、机械工业，还是轻纺工业、食品工业、交通运输业，煤炭都发挥着重要的作用；各种工业部门在一定程度上都要消耗一定量的煤炭，因此有人称煤炭是工业的“真正的粮食”。虽然现在煤炭的重要位置已逐渐被石油所代替，但在今后相当长的一段时间内，因石油资源的日渐枯竭，储量巨大的煤炭，在新技术日趋成熟并得到广泛应用的背景下，必将成为人类生产生活中无法替代的能源之一。改革开放以来,在党和政府的高度重视下,通过国际交流合作与自主创新,中国煤炭绿色安全高效的开采技术取得了重大突破。在特厚煤层、大采高、千万吨级井工矿智能化综采成套装备,年产 2000 万吨级大型露天矿成套装备以及复合式干法选煤等装备上均达到国际先进水平。煤炭清洁高效利用技术取得重大进展,煤化、煤电等一批具有我国自主知识产权的现代煤化工关键技术和装备研制取得突破,燃煤电厂超低排放技术标准处于世界先进水平。东盟是我国十分重要的战略合作伙伴之一,中国政府和煤炭企业十分重视与东盟各国在煤炭及相关领域的技术交流与合作。中国政府重视企业进一步扩大对东盟国家的投资范围和投资规模,不断创新合作方式,提升合作层次,提高质量水平,实现由重点突破向全方位、多层次、宽领域的合作方式转变。由印度尼西亚、马来西亚、菲律宾、泰国、新加坡、文莱、越南、老挝、缅甸、柬埔寨 10 个东南亚国家组成的东盟,是全球经济增长最快的地区之一。但代价是很大的,东盟每年向大气中释放约 15 亿吨二氧化碳,成为比日本(每年 13 亿吨)或德国(每年 7.96 亿吨)更大的温室气体排放源。不仅如此,东盟还是全球唯一预计煤炭在能源结构中所占份额将上升的地区。东盟拥有 6.5 亿人口,国内生产总值合计已达 9.34 万亿美元(约合人民币 59.41 万亿元),预计到 2030 年将成为世界第四大经济体。与此同时,煤炭在东盟的能源结构中占绝大部分,预计到 2040 年由此导致的温室气体排放量将占该地区温室气体排放总量的一半左右。根据东盟能源中心的数据,2017 年至 2040 年,该地区与能源相关的二氧化碳当量(CO_2e)将增长 34%。尽管东盟成员国给予了发展可再生能源越来越多的关注,但气候行动依然受到化石燃料特别是煤炭消费增长的影响。

相对于煤炭能源，清洁能源具有突出的波动性、离散性、利用率低等特征，且对地理位置、设备设施要求高，容易产生环境与生态问题。大多数东盟国家正处于引进减排新技术的初期阶段。例如，随着风能和太阳能发电变得更具竞争力，它们正成为减少排放量最有价值的选项。风电是中国新能源企业参与“一带一路”建设的战略重点，风电“扬帆出海”有利于展示中国的技术和实力，体现中资企业的绿色环保形象。同时，这也有利于带动中国的风电装备、标准、施工、资金“走出去”，增强中华民族品牌的影响力。推进与东盟国家的深入交流与合作，需要制度创新。通过制度创新坚定在此领域的合作决心与信心，发挥各自优势，循序渐进，特别是要重视包括煤炭在内的各层次行为体的能力建设，以增强能源合作韧性。能力建设包括经济、军事、科技、战略制定、提供公共产品等硬实力与软实力。中国虽在部门设置、合作政策研究、完善配套机制、人员保障、资金投入等方面为参与区域能源合作提供了较多支持，但在区域合作议题的研究和提出、理念与政策的解释宣传、国内外政府互动协调机制的升级、高端专业人才储备等方面仍存在短板。因此，我国应进一步加强以上各方面软实力的提升。

三、安全合作与制度创新主要成效

成效一般指所获得的好的效果和功效，我国与东盟国家战略性矿产资源安全合作与制度创新带来的成效是多方面的。2023年2月16日，习近平总书记在《求是》杂志上发表《当前经济工作的几个重大问题》。文章指出要切实提升产业链供应链韧性和安全水平,抓紧补短板、锻长板,特别强调要加强重要能源、矿产资源国内勘探开发和增储上产。当前世界经济下行明显,国际矿产资源市场波动加剧,面对前所未有之挑战,许多国家都在寻求矿产资源的合作空间和发展机遇。我国与东盟国家应立足于国内国际两个大局,进一步加强战略性矿产资源安全合作与制度创新。

(一)从国防安全角度来看成效

战略性矿产资源对国家经济发展、国防建设至关重要。随着我国制造产业升级以及新一代信息技术、高端装备制造业等战略性新兴产业的快速发展,我国在战略性矿产资源产业链供应链安全方面存在一些不足;主要表现为应对国内外风险的韧性不强,初级矿产品本土储量不足、关键工艺技术不高,高附加值产业环节短缺,对国内现代产业体系的支撑力不够等问题。战略性矿产资源产业作为现代化工业基础能力的重要部分,具有传导性、潜在性、突发性、全球性等特点,其战略安全意义远远超出自身,关涉国防、外交、国际贸易等多个领域的安全问题。如果不解决战略性矿产资源产业链供应链安全问题,不仅会对我国国民经济社会持续发展产生影响,而且也会对国防安全等构成严重威胁。中国与东盟无论是地理、历史,还是政治、经济、文化等都有着密切联系,基于“安全—发展联结”理论,加强我国与东盟国家战略性矿产资源安全合作与制度创新,既能保障我国经济持续发展与安全,也有利于保障国防安全。近年来,世界经济持续下行,全球战略性矿产资源产业链供应链安全也受到了冲击。出于经济、政治、军事等安全考虑,一些国际组织和国家积极加强战略性矿产资源供应链合作,如美国、日本、欧盟等纷纷构建战略性矿产资源供应链安全体系,并与部分资源国结成供应链安全联盟。美国政府相继发布《关键矿产清单》《确保关键矿产安全可靠供应的联邦战略》《供应链百日评估报告》等;欧盟国家相继通过“保护性措施”意味浓厚的供应链法草案;日本、印度和澳大利亚三国启动“供应链弹性倡议”。全球战略性矿产资源的争夺形势正从国家资源能源获取向集团化、区域化国际组织合作转变。我国战略性矿产资源对外依存度高,易受地缘政治突发事件影响,战略性矿产资源在国际分工中处于出口初级产品、进口优质加工产品的不利地位。我国与东盟国家加强在国家战略性矿产资源领域的安全合作与制度创新,有利于双方长远安全与发展。

(二)从经济贸易的角度来看成效

我国与东盟国家战略性矿产资源安全合作与制度创新,使双方贸易投资合作不断升级。例如,在新冠疫情影响下,2020 年全球货物贸易萎缩 5.3%,中国却同比增长 1.9%,中国与东盟贸易额不但没有减少,反而同比增长 6.7%。以 2020 年为例,当时全球其他国家对东盟国家的投资都在减少,直接投资甚至减少四成,但是中国对东盟国家的直接投资同比增长 52.1%,直接投资额达到 143.6 亿美元,这不得不说是个奇迹。直接投资较多的国家分别是新加坡、印度尼西亚和越南。根据我国海关总署数据,2022 年我国对东盟进出口中间产品 4.36 万亿元,增长 16.2%,占我国与东盟进出口总值的 67%,这表明彼此之间的制度型开放合作模式是一个正增长的合作模式。

第三节　东盟国家战略性矿产资源相关制度分析

一、越南

越南,全称越南社会主义共和国,是亚洲的一个社会主义国家,也是东盟国家之一。它位于东南亚的中南半岛东南端,三面环海,地形狭长,大致呈 S 形,北与中国广西、云南接壤,西与老挝、柬埔寨交界,面积约 33 万平方公里,紧邻南中国海。越南矿产资源丰富,种类多样,主要有煤、铁、钛、锰、铬、铝、锡、磷等,其中煤、铁、铝储量较大。越南矿产资源分布不均匀,主要集中分布于越南北部、中部地区,南部仅零星散布,北部主要以黑色、有色、稀土金属矿为主,而南部主要以铝土矿和金矿为主。越南矿产资源具有四大特点:矿床分布面广;矿带集中,大中型矿床比例大(占一半以上);共生、伴生矿床多,富矿和易选矿比例高;邻近铁路、海港。越南属世界级的大型矿床较少,大多数矿床属于中、小型,不过其中有些矿产具有开发潜力,如油气资源、铝土矿等。越南已探明煤炭储量约 38 亿吨。其中优质无烟煤约 34 亿吨,主要分布在广宁省境内;其余为褐煤和泥煤,主要分布在红河三角洲地区和湄公河三角洲地区。越南原油储量约 44 亿桶,居世界第 28 位,天然气储量约 1 万亿立方米。越南原油开采规模排名世界第 36 位,石油出口在东南亚排名第 4 位。

越南规范矿业活动的主要法律是《矿业法》;该法由越南立法机关于 2010 年 11 月通过,并于 2011 年 7 月 1 日生效。新的《矿业法》取代了 2005 年修订的《矿业法》。新法规范了矿产资源地质调查，对未开发矿产资源的保护、勘查和开采，以及对越南所有领土范围内矿产资源的管理。为了促进可持续发展并确保矿产品有效利用，政府每10年公布一次包含20年展望的矿业总体规划。该规划覆盖国家矿产资源的未来发展方向、可持续发展的促进、国家防御和安全等。此外，该规划通过规定矿物开采需用环境友好和最有收益的方式进行，来确保对矿产资源的保护。[1]

二、柬埔寨

柬埔寨王国通称柬埔寨，西部及西北部与泰国接壤，东北部与老挝交界，东部及东南部毗邻越南，南部则面向泰国湾。柬埔寨领土为碟状盆地，三面被丘陵与山脉环绕，中部为广阔而富庶的平原，占全国面积3/4以上。境内有湄公河和东南亚最大的淡水湖——洞里萨湖（又称金边湖），首都金边。柬埔寨矿藏主要有金、磷酸盐、宝石和石油，还有少量铁、煤。

执行矿业法律和政策的柬埔寨工矿和能源部主要职责是引导和促进工业的发展。现行的《矿产资源开发和管理法》是2001年7月13日颁布的，规范了柬埔寨境内矿产资源的开发，规定所有在柬埔寨王国国土范围内的岛屿、陆地、海床、领海、水体中发现的矿产资源都属于国家所有。在柬埔寨开采的所有原矿都禁止出口，需要留在国内加工为成品矿物，才能出口。该法律还规定了六种矿业许可证：手工艺性的采矿许可证、宝石类采矿许可

---

〔1〕 参见李馨：《中国—东盟自贸区矿业投资制度研究》，中国政法大学出版社2017年版，第52页。

证、工业采矿许可证、矿产勘查许可证、矿物(宝石)切割许可证、矿井和采石场开采许可证。许可证申请人按照 MIME 的规定提交申请材料;政府部门根据申请人的技术和财政能力评估是否授予其许可证,并在 45 日内作出决定。在柬埔寨发展委员会同意之后,许可证才能签发。勘查许可证的期限为 6 年,开采许可证的期限为 30 年,可延期 2 次,每次 5 年。管理外国直接投资的政策基于 1994 年《投资法》而实施,其宗旨在于保护和促进在柬埔寨的外国投资,使之更加有效。这些措施包括使支持商业活动的现行法律结构更加现代化,强化政府部门的结构,以及在柬埔寨实施支持商业活动的法律法规。该法为外国直接投资提供了优惠和激励措施,外国投资人可享有几乎与国内投资者无异的地位;但其《宪法》规定外国投资人只能以租赁的方式获得土地使用权,期限是 70 年,期满之后可以重新申请。[1]

三、缅甸

缅甸联邦共和国,简称缅甸,西南临安达曼海,西北与印度和孟加拉国为邻,东北靠中国,东南接泰国与老挝。缅甸自然条件优越,资源丰富,矿产资源主要有锡、钨、锌、铝、锑、锰、金、银等,宝石和玉石在世界上享有盛誉。缅甸商务部数据显示,2018 ~ 2019 财年缅甸矿产品出口额达 14.7 亿美元。石油和天然气在内陆及沿海均有较大蕴藏量。缅甸的金、银、铜、铅、锌、锡、钨、锰等有色金属分布很广,从克钦邦北部一直到德林达依南部的麻力

---

〔1〕 参见李馨:《中国—东盟自贸区矿业投资制度研究》,中国政法大学出版社 2017 年版,第 56 页。

温都有分布。其中,金分布于克钦邦马科、夏都塞,实皆省班毛附近及掸邦孟密、葛鲁一带;银铅共生矿分布于克钦邦东南部和恩梅开江沿岸,掸邦波顿,曼德勒省勃力、皎栖,克伦邦高鲁都、迪恰亚,德林达依省的土瓦等地;锡钨混合矿分布于掸邦东枝,克耶邦莫契,克伦邦直通,毛淡棉及德林达依省的土瓦、墨吉一带;锌和锰分布于掸邦南部;锑分布于掸邦西北部、北部和东部,克耶邦,克伦邦一带。

缅甸《外国投资法》于2012年11月2日获得通过,2013年1月31日公布。新的投资法给予投资经营前5年的减税优惠,允许外国公司独资经营,允许登记的投资人有5年期限的租赁权,并提供两次10年的延期。依靠出口获得利润的外国制造公司,如果能够在1年内将所得收益进行再投资,可能获得50%的税收减免。外国投资人与缅甸人或缅甸政府的合资企业,其股份分配可按照当事人的意愿进行(之前外国投资人最小持股比例为35%)。在某些情况和限制下,外国投资人可以拥有企业的全部股份。政府矿业部门负责为了执行与矿业相关的法律法规而实施政府的矿业政策,审查和评估所有矿业许可申请是否符合《矿业法》及其他相关法规的规定,并监管生产经营及促进矿业投资。根据《矿业法》的规定,在缅甸的领土和大陆架上发现的任何自然矿物,都属于国家所有。[1]

四、老挝

老挝是中南半岛北部唯一的内陆国家,北邻中国,南接柬埔

---

〔1〕 参见李馨:《中国—东盟自贸区矿业投资制度研究》,中国政法大学出版社2017年版,第58页。

寨,东接越南,西北达缅甸,西南毗邻泰国。老挝境内大部分为山地和丘陵,山地约占全国面积的80%,地势自东北向西南倾斜。湄公河自北而南纵贯全国,为最大河流,沿岸有若干小型平原,在老挝境内的大部分区段是和泰国、缅甸的界河。南乌河是湄公河在老挝的最大支流。东端有安南山脉与越南相隔,西北有龙坡邦山脉和泰国西北高地相隔。上寮地区地势最高,有“东南亚屋脊”之称。川圹高原号称“老挝屋脊”,其南边的普比亚山海拔2818米,为其国内最高峰,而在老挝南部则有布拉万高原。

老挝矿产资源多未开发,有金、铜、锡、铅、钾、铁、石膏、煤、盐等20余种矿产。全国锡储量为6.5万~8万吨,迄今得到少量开采的有锡、石膏、钾、盐、煤等。铁矿床有两处,即位于川圹省的珐兰和会农;蓝宝石产地主要在占巴塞省会晒地区附近,在波罗芬高原也发现了蓝宝石资源;紫水晶主要产于占巴塞省流纹岩的晶洞或裂隙中;锆石和黄玉产于占巴塞省冲积型沉积物中;石膏、盐岩和钾盐主要产于沙湾拿吉东部和万象盆地,在沙湾拿吉盆地白垩系厚层蒸发岩中有储量巨大的石膏矿床和高品位盐岩矿床;铜矿资源丰富,主要分布在西北部琅南塔省,中部川圹和南部的色贡、沙拉湾以及占巴塞地区;已知煤产地有3个,即南部的沙拉弯、中部的万象西北部和北部的丰沙里。老挝地质矿产调查程度很低,矿产资源的开发程度更低,基本属于全球尚未开发的地区之一。

2012年10月,老挝矿业和能源部宣布老挝与中国政府签订了援助修建从万象到云南的运输原材料的铁路合同,中国政府同意提供70亿美元的援助款。该铁路总长约420公里,计划于2017年投入使用。通过该条铁路的运输,中国可从2020年开始,每年获得 500 万公吨的原材料,包括铝土矿、铜、金、铁矿石、铅、碳酸钾和锌,同时还包括农产品和木材制品。老挝矿业受 2008 年《矿业法》调整。矿业项目从 2009 年开始被暂停,起因是有些获批项目在续展期限内仍然没有实施,导致了环境的损害,引发社会关注。政府计划一旦该国有效的监管系统和适当的土地管理系统实施后,就恢复受理许可证的申请。

2021 年 12 月中老铁路正式开通运营,翻开我国与老挝乃至东盟各国矿产品贸易和产业合作的新篇章。据统计我国通过中老铁路进口的货物,约有 70% 是矿产品,主要的矿产品种类包括铁矿石、铜、铅、锡和锑,极大促进了我国与东盟矿产业合作。

另外,老挝政府正在努力对法律体系进行改革,以期使其更加标准化且更具有计划性,政府还审查了与自然资源管理相关的法律。自然资源和环境部负责编制地理数据,方便其更加有效地对矿业活动进行管理。虽然矿业批准被暂停,但是老挝政府允许土地评估和测量。[1]

五、菲律宾

菲律宾共和国,简称菲律宾,位于亚洲东南部。北隔巴士海峡与中国台湾地区遥遥相对,南和西南隔苏拉威西海、巴拉巴克海峡与印度尼西亚、马来西亚相望,西濒南海,东临太平洋。共有大小岛屿 7000 多个,其中吕宋岛、棉兰老岛、萨马岛等 11 个主要岛屿占全国总面积的 96% 。菲律宾境内矿产资源主要有铜、金、

〔1〕 参见李馨:《中国—东盟自贸区矿业投资制度研究》,中国政法大学出版社 2017 年版,第 51 页。

银、铁、铬、镍等20余种。铜蕴藏量约48亿吨,金1.36亿吨;地热资源预计有20.9亿桶原油标准能源;巴拉望岛西北部海域有石油储量约3.5亿桶。

矿业活动,包括生产和贸易等环节,并建立矿产资源储备数据库,且鼓励私人和公共领域的直接投资流向菲律宾矿业领域。政府授予合格的申请人矿业勘查许可证进行矿产资源的勘查,勘查许可证的有效期是2年,在非金属矿产领域可以延期4年,金属矿产领域可以延期6年。1995年《矿业法》允许三种类型的采矿合同,每种合同的有效期为25年,并可以延期25年。第一种矿业合同是政府授予国内投资人在合同区域内进行排他性矿业活动的权利;第二种是金融或技术援助协议(FTAA),授予国内或外国投资人在最大岸上81000公顷或离岸324000公顷范围内进行矿业开采;第三种是矿业产品分成合同,作业面积最大不超过16200公顷范围,该合同面向国内和外国投资人。[1]

六、新加坡

新加坡是亚洲的发达国家,被誉为"亚洲四小龙"之一,毗邻马六甲海峡南口,北隔狭窄的柔佛海峡与马来西亚相邻,并在北部和西部边境建有新柔长堤和第二通道相通。南隔新加坡海峡与印度尼西亚的民丹岛和巴淡岛等岛屿都有轮渡联系。新加坡的土地面积是718.3平方千米,海岸线总长约200公里,其由新加坡岛、圣约翰岛、龟屿岛、圣淘沙岛、姐妹岛、炯岛等60余岛屿

[1] 参见李馨:《中国—东盟自贸区矿业投资制度研究》,中国政法大学出版社2017年版,第48页。

组成，最大的三个外岛为裕廊岛、德光岛和乌敏岛。新加坡是全世界最繁忙的港口，并把自身定义为“亚洲和西方的交汇之地”。新加坡的矿产资源有限，用于制造的原材料绝大多数需要进口。

七、泰国

泰国，东南临泰国湾与越南相望，西南临安达曼海。西部及西北部与缅甸交界，东北部与老挝毗邻，东连柬埔寨，南接马来西亚。从地形上划分为四个自然区域，北部山区为丛林、中部平原分布有广阔的稻田、东北部高原为半干旱农田，南部半岛为热带岛屿，有较长的海岸线，国境大部分为低缓的山地和高原。泰国矿产资源分为三类，即燃料矿、金属矿和非金属矿。燃料矿有天然气、石油、煤炭和油页岩；金属矿有锡、钨、锑、铅、锰、铁、锌、铜及钼、镍、铬、铀、钍等；非金属矿有萤石、重晶石、石膏、岩盐、杂盐（光卤石）、磷酸盐、高岭土、石墨、石棉、石灰岩和大理石等。

锡是泰国最重要的矿产，储量 150 万吨，居世界首位。锡矿主要分布在南部的春蓬、拉廊、攀牙、普吉、素叻他尼、洛坤、董里、宋卡、也拉和北大年等地区。泰国锡矿为二氧化锡矿，多数是黑色和棕色矿，其余为红色、黄色矿，锡矿中多有钛铁矿、锆石、独居石、钨、铌铁矿等伴生。钨是仅次于锡的重要矿产品，主要分布在清莱、清迈、夜丰颂、南邦、北碧及南部洛坤、巴蜀、普吉等锡矿产地，主要有白钨矿和锰铁钨矿，还有钨锰矿和钨铁矿，蕴藏在从北至南的西部山脉地带的火成岩及花岗岩中。锑矿分布在南奔、南邦、素叻他尼、春武里、董里、洛坤、占他武里和北碧等地区，主要有辉锑矿和黄锑矿。几乎各府都有铁矿，已探明的储量为 4673 万吨，有赤铁矿、磁铁矿和褐铁矿。方铅矿储量不多。锌矿主要分布在达、北碧、黎3个府,有闪锌矿、菱锌矿、异极矿和红锌矿四种。铜矿主要分布在呵叻、程逸、黎和孔敬四府,有黄铜矿、蓝铜矿、孔雀石、赤铜矿。锰矿种类很多,主要有软锰矿、硬锰矿、菱锰矿、蔷薇辉石,还有水锰矿、隐钾矿和褐锰矿。南奔、那拉提瓦、罗勇、黎、南邦等府均有分布。其他金属矿的分布情况为:武里南和巴真有钼、钨、钙矿和镍矿,程逸有铬铁矿,宋卡、素叻他尼、乌泰他尼府有铀矿,巴蜀、拉廊、普吉等府有钍矿。

工业部是泰国的矿业监管部门,其中的基础工业和矿业部门负责管理矿业活动和发布矿业法规。大多数非能源类和矿业加工企业都是私人拥有和运营。电力发展局和许多煤业公司经营国家主要的煤炭开采活动。石油局、石油局开采和生产公共有限公司,以及二者的合资企业,联合主要的跨国石油公司拥有该国主要的石油和天然气开发项目。

八、印度尼西亚

印度尼西亚位于亚洲东南部,地跨赤道,与巴布亚新几内亚、东帝汶、马来西亚接壤,与泰国、新加坡、菲律宾、澳大利亚等国隔海相望。印度尼西亚是世界上最大的群岛国家,由太平洋和印度洋之间约17508个大小岛屿组成。陆地面积约190.4万平方千米,海洋面积约316.6万平方千米(不包括专属经济区)。北部的加里曼丹岛与马来西亚隔海相望,新几内亚岛与巴布亚新几内亚相连,西南部是印度洋,东南与澳大利亚相望。印度尼西亚的石油、天然气和锡的储量在世界上占有重要地位。根据印度尼西亚能源矿产部的统计(2013年),印度尼西亚的煤炭资源储量约为580亿吨,已探明储量193亿吨,其中54亿吨为商业可开采储量。由于还有很多地区尚未探明储量,印度尼西亚政府估计煤炭资源总储量将达 900 亿吨以上。印度尼西亚拥有巨大的天然气储量,约有 123589 兆亿立方米(相当于 206 亿桶石油),其中已探明的为 24230 兆亿立方米,主产于苏门答腊岛的阿伦和东加里曼丹的巴达克等地。印度尼西亚镍储量为 560 多万吨,居世界前列。金刚石储量约为 150 万克拉,居亚洲前列。此外,铀、铜、铝矾土等储量也很丰富。亚洲地区是印度尼西亚煤炭出口的主要目的地,占出口总量的 70% 以上,其次为欧洲和美洲。在亚洲地区的主要出口对象是印度、日本、中国等。印度尼西亚煤炭,已经成为中国南方部分地区的主要煤炭来源。

2009 年,印度尼西亚国会通过了新的《矿业法》,规定外国企业进行矿业活动,必须直接与印度尼西亚政府签订产品分成合同。《关于通过选矿和冶炼增加矿产品附加值的第 7 号法案》,已于 2012 年 2 月 6 日通过,旨在发展该国国内矿产品加工企业和增加矿业税收。附加值高的矿产品受到金属、非金属、煤等矿产品规则的影响。这些规则为那些需要优先出口的矿产品设定了最低限度的加工要求,并禁止将这些矿物以原矿的形式出口。这项禁令从 2012 年 3 月开始逐步实施,直至 2014 年全面施行。这些规则还为矿业权人在进行或参与相关矿业活动时与其他人进行合作,提供了便利。

对矿石出口进行限制的法规于 2012 年 5 月 1 日生效,从铝土矿和某些未加工的金属矿石开始,为优先出口的矿种设定最低限度加工要求。2012 年 5 月 6 日,为减少出口禁令全部生效之前大量原矿石出口的现象,政府对出口禁令尚未覆盖的 14 种原矿石的出口征收 20% 的税款,这些矿种包括铜、金和镍。锡矿原石出口的禁令于2010年出台,2013年中后期出口禁令已经扩展至21个其他矿种。目前已经有不包括煤在内的65种矿原石应征收额外的税收。这项税收旨在增加矿业的财政收入,是政府鼓励矿业企业在国内加工矿原石,出口附加值更高的产品的措施。

九、文莱

文莱位于加里曼丹岛北部,北濒中国南海,东、南、西三面与马来西亚的沙捞越州接壤,并被沙捞越州的林梦分隔为不相连的东西两部分。文莱海岸线长约162公里,共有33个岛屿,东部地势较高,西部多沼泽地。文莱已探明原油储量为14亿桶,天然气储量为3900亿立方米。除了天然气和石油资源以外,文莱还拥有少量的碳酸盐矿石、煤、高岭土、沙砾和硅。天然气主要出口至日本和韩国,韩国是该国石油出口的主要目的国,其次是印度、澳大利亚、印度尼西亚、新西兰、泰国和越南。马来西亚和新加坡仍然是文莱主要进口来源国,其次是美国和中国。文莱的经济与其油气生产息息相关。文莱政府预测,若石油生产持续减少,则文莱经济的增速便会放缓。

十、马来西亚

马来西亚位于赤道附近,大部分的沿海地区是平原,其余则是布满茂密的热带雨林的丘陵和山地。马来西亚境内自然资源丰富,橡胶、棕油和胡椒的产量和出口量居世界前列。曾是世界产锡大国,因过度开采,产量逐年减少。马来西亚石油储量丰富,此外还有铁、金、钨、煤、铝土、锰等矿产。马来西亚矿业活动受到1994年《矿业发展法》和州矿业法的调整。1994年《矿业发展法》规定了联邦政府规制矿产勘查、开采及其相关活动，包括实施检查的权限。州矿业法赋予了州政府签发勘查许可证和开采租约的权力，除了向联邦政府缴纳企业税收之外，矿业企业还需要向企业所在的州缴纳以价值为基础的特许权使用费，使用费依据各州对矿产品的评估而定。政府在2012年修订了2006年的《保障法》，并于2013年9月1日生效。马来西亚的矿业由小部分煤矿业以及金属和非金属矿业构成。金属和非金属矿业的加工设备掌握在私人公司手中。石油和天然气的开采、生产、加工活动及设备由国有企业及其与外国公司的合资企业掌握。外国投资者允许拥有在马来西亚投资公司的全部股份，也可以与当地企业进行合资。[1]

第四节　安全合作仍障碍重重

战略性矿产资源可以看作一种重要的"战略物资"，被誉为"工业的血液"，对于世界各国来说，影响其对外政治、经济、军事、外交工作，因此各国对战略性矿产资源展开了激烈争夺。[2]伴随着经济的高速发展，能源问题日益成为许多国家经济发展的"瓶颈"，仅依靠国内能源已远远不能满足需求，必须积极寻求对外能源合作，才能保证能源供给的稳定与安全。中国与东盟的矿

〔1〕 参见李馨：《中国—东盟自贸区矿业投资制度研究》，中国政法大学出版社2017年版，第38页。

〔2〕 参见安尼瓦尔·阿木提等编：《石油与国家安全》，新疆人民出版社2003年版，第3～4页。

产资源安全合作,是双方基于安全与发展需要的战略选择,两者之间的互补性也使得双方具有较大的安全合作空间。但是需要指出的是,中国与东盟的战略性矿产资源安全合作并不是一路坦途,而是面临着各种风险挑战。就目前而言,安全合作还存在不少的问题。

一、安全合作与制度创新认同有待加强

一方面,我国与东盟国家战略性矿产资源产业链供应链安全合作平台建设有待升级。我国与东盟国家战略性矿产资源安全合作离不开高端平台。在中国与东盟国家共同努力下,建立了一系列有利于推动战略性矿产资源产业链供应链安全合作的重要平台,主要有中国—东盟矿业合作论坛、中国—东盟商务与投资峰会、中国—东盟博览会、中国—东盟矿业人才交流培训中心、中国—东盟地学合作中心、中国—东盟卫星遥感应用中心、中国国际矿业大会、中国—东盟矿业信息服务平台、中国—东盟信息港以及我国援建柬埔寨国家地质实验室等。其中,中国—东盟矿业合作论坛截至目前已经连续举办 12 届,成为中国与东盟国家每年定期举办的国际矿业盛会,级别高,规模大。在矿产资源领域,中国与东盟国家已经建立长期友好沟通合作关系,也签署了一系列政府间合作协议,合作领域不断扩大。从目前来看,这些合作平台的战略性作用发挥得还不够。与西方国家相比,我国与东盟国家在战略性矿产资源领域的合作有待进一步提升;特别是随着中国宣布正式建立中国—东盟全面战略伙伴关系(2021 年)以及《区域全面经济伙伴关系协定》正式生效(2022 年),中国与东盟国家战略性矿产资源产业链供应链安全合作迎来重要机遇期,双

方战略性矿产资源产业链供应安全合作平台建设面临升级问题；只有实现升级，各平台才能协同发挥作用，适应新阶段双方战略性矿产资源产业链供应链安全合作新要求。

另一方面，我国与东盟国家战略性矿产资源安全合作相关制度性文件有待落实。加强我国与东盟国家战略性矿产资源产业链供应链安全合作离不开制度性保障。自中国—东盟自贸区建立以来，我国与东盟国家签署的制度性文件不在少数，包括“全面经济合作框架协议”“投资协议”“货物贸易协议”“争端解决机制协议”等，这些制度性文件涉及战略性矿产资源，如“全面经济合作框架协议”明确指出“矿业、能源”属于合作领域范畴。“投资协议”也含有对矿产资源的勘探、培育、开采、开发等内容，但是这些制度性的文件在执行中并没有真正落实，存在“说得多，做得少”的状况，在合作上没有实质性突破。原因是多方面的：其一是制度性文件宏观架构不利于实践层面上的操作，需要不断修订、完善或出台具有可操作性的制度性文件。其二是东盟各国国内法的差异性较大。基于国家作为主体的“理性人”或“经济人”假设，一些国家以国内法形式专门对战略性矿产资源投资与合作进行限制，实质是合作背后的利益博弈，难以协调一致。其三是面临生态环境保护问题的挑战。传统经济模式下，重视矿产资源开发，忽视环境保护，造成生态破坏、环境污染等，引起一些国家的担忧。这些因素都制约着双方合作的制度性文件的执行与落实。

二、安全合作与制度创新领域有待拓展

虽然中国与东盟国家矿产资源安全合作已经从现实与制度

两个层面得到开展,但是仍然存在一些不足之处;如果不在制度创新方面进一步拓展,会影响中国与东盟国家矿产资源安全合作的进一步深化。

首先是针对矿产资源安全合作的专门性制度是缺乏的。以约束性程度的不同,可将国际能源合作机制分为:(1)政治性机制,主要是指非正式的多边能源会议,其产生的相关文件大多数属于宣言和共识性质,并无严格的拘束力,如国际能源论坛;(2)法律性机制,主要是指政府间的国际组织,其产生的相关文件大多是国际条约,缔约国必须切实遵守,如前述的 OPEC、IEA、ECT。[1] 虽然在能源安全合作方面,中国与东盟国家已形成了一定的专门性机制,如中印(印尼)能源论坛、"10 +3 能源部长级会议"、APEC 能源工作组、中菲越三国南海油气资源的联合调查、中越两国北部湾油气资源的联合勘探开发等;但这些专门性机制要么属于能源企业之间的合作,法律层次仍然较低,要么属于政府间的对话,并无严格的法律拘束力[2]。中国与东盟国家也存在具有拘束力的法律机制,不过大多数属于共同参与的综合性机制,如 WTO、CAFTA、双边贸易与投资保护协定,它们确实可以为中国与东盟成员国在能源货物贸易、能源服务贸易、能源投资、能源争端解决等方面的合作提供一定的制度框架,但是由于并未对能源问题加以专门考虑,因此存在调整范围过宽、效率低下等缺陷,不能对战略性矿产资源安全起到应有的

[1] 参见谭民、邱寅莹:《中国—东盟能源贸易合作国际法问题探讨》,载《昆明理工大学学报(社会科学版)》2013 年第 5 期。

[2] 参见谭民、邱寅莹:《中国—东盟能源贸易合作国际法问题探讨》,载《昆明理工大学学报(社会科学版)》2013 年第 5 期。

作用。[1] 由此可见,中国与东盟国家要进一步深化战略性矿产资源安全合作,就必须在制度创新上不断开拓。

战略性矿产资源开发集勘探、开采、冶炼、加工、销售于一体,综合性很强,需要许多配套政策的支持和制度创新,进而为中国与东盟国家战略性矿产资源安全合作提供保障。此外,中国与东盟国家战略性矿产资源安全合作离不开各方面的人才,特别是懂技术、会经营、善管理、懂周边国家语言和熟悉所在国政策法规的复合型人才,从目前来看,双方这方面储备的人才还远远不够,需要大力培养。这就需要双方在合作机制上进一步拓展,出台相应的人才培养保障制度、教育制度等。东盟各国资源禀赋不一样,人口数量差异也较大,文化传统以及经济发展水平不一,许多国家还缺乏相应的基础设施与制度体系,例如缅甸、老挝、越南、柬埔寨等国家,不健全的法律法规和较低效的政府管理增加了能源项目推进风险,一定程度上影响了中国与东盟国家战略性矿产资源安全合作的进程。另外,战略性矿产资源勘查开发属于高风险、高投入、周期长和专业性强的行业,有一套能管长远的、健全的配套政策、规划和制度是非常必要的,不然就可能陷入盲目之中,在短时间内难以取得突破。

三、安全合作受到限制与干扰

服务贸易对国家安全有重大影响。为了保障本国利益,各国对服务贸易领域的开放持谨慎的态度,要么不予开放,要么予以

[1] 参见谭民、邱寅莹:《中国—东盟能源贸易合作国际法问题探讨》,载《昆明理工大学学报(社会科学版)》2013 年第 5 期。

开放但施加市场准入和国民待遇方面的限制,这种做法也受到国际社会的普遍认可。因此,各种服务贸易协议不是对此加以禁止,而是对服务消费国的限制行为进行约束。服务贸易是在等价有偿基础上进行的服务活动,能源服务贸易即指在商业基础上进行的与能源产品直接相关的服务的购买与销售。当服务贸易跨越国境时,便成为国际服务贸易。而能源服务贸易涵盖的范围又极广,从上游的勘探、开采、施工、建设,到中游的加工、提炼、运输、装配,再到下游的分销、储存、营销等,几乎覆盖了整个能源产业链。

国际能源货物贸易的出口限制,是整个国际社会面临的共同问题,中国与东盟成员国也不例外。国际能源货物贸易的出口限制措施包括出口关税和非关税措施两类:前者是通过提高能源产品的出口关税来达到限制能源产品出口的目的;后者是通过实施除出口关税之外的其他非关税措施,来达到限制或禁止能源产品出口的目的。[1]

对能源产品的出口施加关税或非关税措施限制,其原因主要有:一是国内需求增加。在能源生产量不变或增长缓慢的情况下,如果一国国内的能源需求量增加,为了保障国内的能源供应,能源生产国会主动对能源产品的出口施加限制。二是国内能源生产量减少。由于能源资源不可再生,在没有获得足够的新资源补充的情况下,生产国的能源可采储量总是呈现不断下降的趋势。在这种情况下,生产国也会对能源产品的出口施加

〔1〕 谭民:《中国—东盟能源安全合作法律问题研究》,武汉大学出版社2016年版,第188页。

限制。[1] 中国和东盟成员国不仅对能源产品的出口征收关税，也对能源产品的出口实施非关税措施限制，这里就包含了许多战略性矿产资源。由于在制度设计时可能欠缺充分考虑，或者是在谈判过程中各方的利益分歧无法得到协调，当前的各类国际组织和国际条约，除了极少数外，基本上都没有将包括战略性矿产资源在内的产品出口关税纳入关税减让表进行约束，这为其缔约方提高或实施能源产品的出口关税创造了制度上的条件。国际能源服务贸易的壁垒障碍是国际社会面临的又一问题。其中，国际能源服务贸易的壁垒障碍主要包括市场准入方面的限制和国民待遇方面的限制。市场准入方面的限制是指国家可以自行决定是否对外开放本国的能源服务市场，以及外国服务及其提供者进入本国能源服务市场的条件。从中国与东盟成员国当前共同缔结或参与的国际条约来看，虽然中国与 10 个东盟成员国都明确开放了部分国内的能源服务部门，但也存在未将能源服务部门予以单列、开放程度不够、限制性规定较多等问题。[2] 有的东盟国家允许外国公司在其领土上获得利润的同时，也会从出于保护自身利益的角度出发，制定一些针对外国企业的规定，收取诸如合同签字费、生产定金、利润提成等费用；并在外国企业进入时，设有投资额门槛，多数表现为承担最低义务工作量、交纳各种费用、必须完成的基础设施建设以及各种援助等。有的国家还规定，外国公司在产品分成合同中必须将一定比例的义务油按规定价格

---

〔1〕 参见谭民：《中国—东盟能源安全合作法律问题研究》，武汉大学出版社 2016 年版，第 66 页。

〔2〕 参见谭民：《中国—东盟能源安全合作法律问题研究》，武汉大学出版社 2016 年版，第 69 页。

卖给当地政府,但支付给外国公司的是本国货币。个别东盟国家存在一些不符合国际惯例的法律法规,也会对中国与东盟国家在战略性矿产资源安全合作方面造成干扰和障碍。

四、安全合作风险需要防控

我国与东盟国家战略性矿产资源产业链供应链安全合作受外部因素影响较大。除了南海争端之外,一些国家频繁制造事端威胁地区的安全稳定,使得中国与东盟国家的合作交流存在一些外在的风险因素。

(一)一些东盟国家局势动荡,冲突时有发生

特别是东盟局部地区时有冲突爆发,给我国与东盟国家战略性矿产资源产业链供应链安全合作带来巨大挑战。东盟国家民族众多,例如,缅甸有135个民族,越南有60多个民族,泰国有30多个民族等。宗教信仰存在差异,部分地区的民族运动活跃,这有可能对中国与东盟国家矿产资源安全合作产生不利影响,有可能对某些能源项目顺利推进造成干扰。另外,其他不确定因素也需要加强预判和防控。在东盟内部,许多成员国之间在海洋问题上也存在矛盾。例如,菲越之间的矛盾、印度尼西亚与马来西亚之间的矛盾等,东盟国家之间几十年来都没有解决好领海争端,这些纠纷"从来没有停歇过"。

(二)非传统安全领域的问题值得防范

非传统安全领域的问题指非军事、政治和外交等新安全领域中的问题。非传统安全领域如果防范不到位,也会影响中国与东盟国家合作与发展,所谓"城门失火,殃及池鱼",如恐怖主义、武装袭击等一旦发生,无形之中就会给中国与东盟的战略性矿产资

源合作带来巨大挑战。矿产资源安全已经上升为非传统安全领域中的突出问题。维护马六甲海峡和南海的航行安全以及新建能源运输通道安全既是中国与东盟之间非传统安全合作中的重要内容,也是双方能源合作中非常引人注目的内容。马六甲海峡和南海的非传统安全方面的问题依然比较突出。马六甲海峡和南沙群岛附近的南海海域对于中国来说非常重要:它既是中国进口原油的重要海上通道,同时又是海盗活动的“重灾区”。相对于大国军事封锁与禁运,马六甲海峡能源运输安全最现实的威胁主要来自海盗、恐怖主义、非法武装袭击、运输事故等非传统安全问题。[1] 当前我国与东盟国家在非传统安全领域的合作还不够,特别是针对矿产资源合作中的非传统安全合作更加不足,这也不利于双方进一步深化战略性矿产资源领域的安全合作。

---

〔1〕 参见赵宏图:《“马六甲困局”与中国能源安全再思考》,载《现代国际关系》2007 年第 6 期。

第三章　我国与东盟国家战略性矿产资源安全合作与制度创新的支撑条件

第一节　安全合作与制度创新硬件支撑条件

30 多年来,中国与东盟之间的交易越来越密切,双方的贸易规模也从 1991 年的不足 80 亿美元,增长到 2022 年的 9753 亿美元,扩大 100 余倍。从 2009 年开始,中国连续 13 年都是东盟最大的贸易伙伴;2020 年,东盟也第一次成为中国最大的贸易伙伴。中国与东盟各国互相的投资与合作蓬勃发展,互为对方的重要外资来源地。截至目前,中国与东盟累计双向投资额度超过 3000 亿美元。双方携手奋进，推动了很大一批关系国计民生、助力互联互通、综合效益好、带动作用大的基础设施项目落地，为促进区域经济和社会的繁荣发展作出了重大贡献。

一、各国战略性矿产资源蕴藏潜力巨大

东盟国家矿产资源丰富，与中国有天然的地缘优势。中国和东盟国家（新加坡除外）的矿产资源都很丰富，但是他们的矿物禀赋在商品形式或相对数量上都差别甚大。这也是中国和东盟国家之间可以开展矿业合作的最基本条件。中国与东盟近年来在矿业勘查、矿业开发、矿业加工、矿业贸易、矿业下游产业园等全产业领域的合作都在深化，同时也不断探索在矿业科研、人才培养等方面的交流与合作。显然，矿业合作已成为中国与东盟最为成功和最具活力的合作领域之一。

东盟地区位于特提斯成矿域与滨太平洋成矿域的交汇地带，是我国西南三江（怒江—澜沧江—金沙江）成矿带及华南成矿带的向南延伸地区，区内复杂的地质构造和强烈的岩浆活动为矿产资源的形成提供了优越的条件。东盟地区矿产资源种类较多，已勘查、开发利用的各类矿产多达100余种，矿产地2500余处。主要的矿产有锡、镍、铜、金、铁、钾盐、铝土矿、锰、稀土、铬、锌、铅、钴、钛、锑、银，以及石膏、重晶石、磷、高岭土和膨润土等，其中，锡、镍、铜、金、铁、钾盐、铝土矿、锰、稀土、铬是其优势矿种。东盟国家部分优势矿种资源储量见表3－1，东盟各国主要矿产资源见表3－2。

表 3-1　东盟国家部分优势矿种资源储量

矿种	印度尼西亚	越南	缅甸	泰国	老挝	马来西亚	柬埔寨	菲律宾
锡	储量 46 万吨，资源量 146 万吨	储量 8.6 万吨，资源量 20.3 万吨	储量 2 万吨	储量 150 万吨	储量 6.5 万～8 万吨	储量 100 万吨	—	—
镍	探明储量 560 万吨	探明储量 152 万吨	储量 200 万吨	—	—	—	—	储量 10.9 亿吨
铜	储量 4100 万吨，资源量 6600 万吨	储量 795 万吨，资源量 1000 万吨	储量 1068 万吨	—	储量大于 16.6 万吨	储量 2 亿吨	—	储量 48 亿吨
金	储量 3200 吨，资源量 5300 吨	储量 90.5 吨	储量 13.9 吨	储量 126 吨	储量大于 60 吨	储量 223 吨	储量 34.7 吨	储量 1.36 亿吨
铁	储量 4 亿吨，资源量约 21 亿吨	储量 13 亿吨	储量约 1.1 亿吨	储量 4673 万吨	储量 6.5 亿吨，资源量 15 亿吨	储量超过 1 万吨	储量 700 万吨	储量 5 亿吨，资源量约 53 亿吨
钾盐	—	—	—	资源量 430 亿吨	资源量 10.32 亿吨，资源量 133.62 亿吨	—	—	—

续表

矿种	印度尼西亚	越南	缅甸	泰国	老挝	马来西亚	柬埔寨	菲律宾
铝土	储量 2400 万吨,资源量 19 亿吨	储量 54 亿吨,资源量 70 亿吨	—	—	储量约 2.5 亿吨,资源量 20 亿吨	—	储量近 2 亿吨	储量 1.5 亿吨
锰	储量 1000 万吨	储量大于 2000 万吨	储量大于 2000 万吨	—	—	—	储量 12 万吨	—
石油	储量 36.9 亿桶	储量 44 亿桶	储量 32 亿桶	储量 25 亿桶，资源量 1.49 亿桶	—	储量 40 亿桶	储量 7 亿桶	储量 3.5 亿桶
天然气	储量 286.01 万亿立方米	储量 1 万亿立方米	储量 2.46 万亿立方米	储量 5465 亿立方米	—	储量 2.35 万亿立方米	资源量 10 万亿立方米	储量 1076 亿立方米

资料来源:笔者根据网络公开数据自行整理。

表 3-2 东盟各国主要矿产资源

序号	国家	已发现矿产种类	优势矿产
1	印度尼西亚	40 多种	石油、天然气、煤矿、镍矿、锡矿、铅矿、铜矿、金矿、铬矿、铝土矿、锰矿、铀矿
2	缅甸	60 多种	锡矿、钨矿、铜矿、金矿、镍矿、铬矿、铅矿、锌矿、天然气、石油、翡翠
3	越南	100 多种	铝土矿、铁矿、铜矿、金矿、锡矿、钨矿、镍矿、铬矿、铅矿、锌矿、煤矿
4	菲律宾	50 多种	金矿、铜矿、镍矿、铬矿
5	老挝	40 多种	钾盐、铝土矿、铜矿、金矿、铁矿、铅矿、锌矿、锡矿
6	泰国	60 多种	钾盐、锡矿、钨矿、锑矿
7	马来西亚	30 多种	锡矿、铁矿、石油、天然气、铜矿、金矿、锑矿、锰矿、铝土矿、钛矿、铬矿、钴矿
8	柬埔寨	30 多种	铝土矿、铁矿、铜矿、金矿
9	文莱	20 多种	石油、天然气、金矿、汞矿、锑矿、铅矿、矾土、硅矿

资料来源：胡鹏、张海坤、程湘：《东南亚地区地质成矿特质及找矿潜力》，载《华南地质和矿产》2019 年第 3 期。

二、各国战略性矿产资源的互补优势

我国矿产资源丰富，种类齐全。目前，已经发现的矿产种类达 173 种，其中已经探明储量的矿产有 162 种。我国多种矿产资源的储量居世界第一，包括稀土矿、钨矿、锡矿、钼矿、锑矿、钒矿、钛矿、钽矿、菱镁矿、萤石矿、石墨矿、重晶石矿、膨润土矿、滑石矿、芒硝矿等。其中，稀土矿和钨矿的储量占全世界储量的 80%，锑矿储量占全世界储量的 40%，钛矿储量占全世界储量的 50%。但在很多重要矿产资源的储量上也处于相对劣势地位，包括油气、铁矿、铜矿、铝矿、镍矿等在内的 15 种战略性矿产资源储量不足全世界储量的 20%，煤炭储量在全世界占比 13.2%，石油储量更是仅占 1.5%。据统计，我国有 2/3 的矿产资源具有很高的对外依存度，其中有一半战略性矿产资源的对外依存度高于 50%。2020 年，我国进口的矿产品中，煤炭、原油、铜矿、天然气、铁矿共占比 85%；其中原油进口量为 5.1 亿吨，天然气进口量为 1 亿吨，铁矿石进口量为 10.7 亿吨，铜精矿进口量为 2200 万吨。[1] 随着经济的高质量发展，我国对铜矿、锰矿、铝矿、铁矿、镍矿、锡矿、铬矿的进口需求会呈上升趋势。预计到 2035 年，一半以上的战略性矿产资源需求要依靠进口满足。

据 2015 年广西地质矿产勘查开发局（以下简称广西地矿局）《广西“十三五”时期矿产资源保障程度研究》的数据，到 2025 年，广西矿产资源中，自产量不足产能需求量一半的矿产

---

〔1〕 参见干勇：《我国有 12 种战略性矿产资源对外依存度超过 70%！建议：成立国家矿产资源统一管理机构；组建矿产资源咨询委员会！》，载微信公众号“冶金信息网”2022 年 11 月 12 日，https://mp.weixin.qq.com/s/bwN_q8tketbDbajKV66UOQ。

有:煤(占比10%)、原油(占比0.2%)、铁(占比26.5%)、铀(占比25%)、氧化锰(占比35%)、钛(占比28%)、铅锌(占比27%)、钨(占比35.8%)、锑(占比17.6%)、金(占比3.64%)、银(占比45.8%)、钼(占比7.45%)、稀土(占比26%)等,镍、钴、锂等资源满足度几乎为零。优势矿种中锡、铜、铝土、高岭土等虽然到2025年满足度较高,但从长远来看,仍然不能满足需求。比如锡矿,据预测到2026年,广西锡矿资源将处于基本消耗殆尽的状态,满足度会低于12%。国内的矿产勘查开发环境很严峻,短期内我国矿产资源供应增长比较乏力。

我国在推动矿产资源高效利用方面进行了积极主动的探索。我国在矿业新技术的研发及锰矿全流程产业升级方面的探索都取得了不错成绩。在矿业新技术的探索方面,我们研发了有机物和无机物结晶的产业化技术。同时我们使得海水的资源得到了更充分利用,提取出海水中的氯化镁和氯化钾。在锰矿的开采和废物利用上也积极探索技术的升级,通过对新工艺的使用,尾矿坝库得到有效利用,废渣的数量明显减少,矿物利用效益提高。

2019年,我国投资了1.2万亿元,对4万座矿山进行开采,生产出大约240亿吨的矿石,开采的矿山面积达到25.5万平方千米,其中油气资源面积16.9万平方千米,非油气资源面积达8.4万平方千米。实现的矿业产值达到2.9万亿元,创造了1822亿元的资源税,占全国财政收入的1.1%~1.2%。原矿开发也产生了包括尾矿、矸石、粉煤灰等在内的废弃物37亿吨。这些固体废物有56%得到了有效利用,对矸石的利用更是达到了71%。此外,也加强了对有色金属的利用,开采利用的数量达到了1300万吨。非能源的资源单位GDP能耗比2012年下降了24.4%。

虽然我国的能源开采已经取得了很大的进步,但是与发达国家相比,我国矿产资源的产出率还有很大的提升空间。不管是能源产出率,还是非能源产出率,我们与发达国家相比还有很大的差距,这也是我国未来的发展方向。

我国的矿产资源高质量发展遇到了四个方面的困难:(1)资源利用总量很大,但是安全保障程度不够。我国的大宗矿产在全世界排名靠前,如 2020 年,我国铁矿石的产量占全球产量的 53%,石油消费量占全球总量的 15%。但是我国的基础安全保障明显不足,地质勘查投入指标持续走低。(2)绿色发展不够,科技创新能力明显欠缺,具体体现为粗放式开发利用、勘查开采技术水平参差不齐、矿山环境治理不够、核心技术的使用受到制约。(3)国内市场活力不够,对资源的治理能力欠缺。截至 2020 年 12 月,我国有效期内非油气探矿权较 2019 年减少了 15.9%,还有 9561 个,登记勘查的面积比 2019 年减少了 34.6%,面积为 11.38 万平方千米。(4)国际环境日益严峻,我国应对风险的能力却明显不足。我国对原油的进口依赖程度很高,油气等矿产资源的储备低于国际标准的 1/3,部分矿产品来源地非常集中,90% 的矿产品进口主要依靠海上运输。

这些数据说明了我国是矿产资源大国,而不是矿产资源强国,我国的矿业发展道路前景不容乐观。为此我国需要采取下列举措,才能够为我国的社会主义现代化建设提供稳定的矿产资源保障。这些举措有:(1)绿色发展才是我国矿业发展的出路。根据不同矿山的具体情况,因地制宜地制定绿色发展战略。绿色矿山建设的目标是协调矿产资源开发与环境保护的关系,实现资源效益、环境效益、经济效益和社会效益的统一,最终实现矿山的可持续发展及绿色发展。绿色矿山的建设要坚持资源的高效利用、环境的保护及矿地的和谐发展。(2)合理制定矿产资源的开发利用上限。(3)全面提高矿产资源的利用效率,注意节约和保护并重,积极探索新技术的利用。(4)深化在国际矿产资源上的合作,优化国内的营商环境,充分利用世界资源,坚持高质量引进来和走出去,实现与国际市场的优势互补、互利共赢。我们需要充分利用国内和国际市场,出口自己的优势矿产资源,进口自己的劣势矿产资源。中国—东盟的矿产资源合作正给我国提供了机遇,我们可以借机寻求突破。

东盟地理位置在亚洲东南部,主要由中南半岛和马来群岛组成。中南半岛在中国南部,其南部的狭长区域是马来半岛。马来群岛是世界上最大的群岛,分散在太平洋和印度洋之间,由20000多个岛屿组成,占地约243万平方千米。位于马来群岛的国家有印度尼西亚、菲律宾、马来西亚、文莱、东帝汶等。东盟地处地壳运动最活跃的地区之一,在欧亚板块、印澳板块和太平洋板块的交汇处,经历了古特提斯、中特提斯、新特提斯演化,形成了如今复杂的沟—弧—盆体系构造格架。东盟地区的主要矿产有石油和锡,且拥有世界上最大的锡矿带。东盟富含金、铝、锰、铜、锡、钨、铅锌、钾盐等重要经济矿产资源,是我国在境外的重要资源供应基地。因此,我们要积极参与实施“走出去”的战略。

东盟地区镍、锡、钨、钾盐、铝土、金等矿产储量全球占比超过20%(见表3-3)。马来西亚锡矿砂的产量在全球排第一;印度尼西亚则是东盟主要的石油和天然气出口国,且其镍储量居全球第1位,锡储量居全球第2位,金储量居全球第6位;越南稀土储量居全球第2位;菲律宾镍产量居全球第2位;缅甸锡产量居全球第3位,且是全球第二大稀土出口国。

东盟重要国家矿产资源情况如下[1]:

1. 越南[2]

锡矿是越南的重要矿产资源,储量达8.6万吨,年开采量达数千吨;铜矿的储量是795万吨,前景储量达1000万吨;已经探明的镍矿储量有152万吨,前景储量大概为500万吨。镍矿主要分在班福地区,镍铜储量大约有19.3万吨,其中镍的储存量为12万吨。

2. 马来西亚[3]

马来西亚的矿产资源丰富,是亚洲主要的矿产资源净出口国。马来西亚的锡矿是世界上品质较高的锡矿,且储量全世界排第二;铜矿也是马来西亚重要的矿产资源,储量达到近2亿吨;铁矿储量超过1万吨,且品位较高,铁含量超过50%;石油储量超过40亿桶;天然气储量超过2.35万亿立方米,马来西亚是世界第二大液化天然气出口国;同时马来西亚还出产金矿、铜矿、钨矿、煤矿、铝土矿、锰矿等矿产资源。

1994年马来西亚出台《矿产资源开发法》,对全国的矿产业进行统一的监督和管理,促进全国矿产资源的有序开发、深度加工及广泛利用。

---

〔1〕 参见《中国—东盟矿业分析》,载中国—东盟自贸区2012年5月15日,http://www.cafta.org.cn/show.php? contentid=64146。

〔2〕 参见《山海图:越南的矿产资源丰富吗?》,载搜狐网2023年10月31日,https://www.sohu.com/a/732685857_121696212。

〔3〕 参见杨贵生:《马来西亚矿产资源开发法解析》,载中国政府网2013年1月5日,https://www.mnr.gov.cn/dt/kc/201301/t20130105_2319643.html。

3. 柬埔寨[1]

铜矿和锰矿都是柬埔寨的重要资源。其中锰矿储量大约为12万吨,其锰的含量为15% ~39%,具有较高的开采价值;铁矿的储量有700万吨;柬埔寨还出产铅矿、锌矿、银矿、钨矿、锡矿等矿产资源,但是储量比较小;柬埔寨的宝石资源也较丰富,主要是红宝石和蓝宝石。

4. 缅甸[2]

缅甸的矿产资源非常丰富,金矿、银矿、铜矿、铅矿、锌矿、锡矿、钨矿、锰矿等矿产都分布很广。2005年公开数据显示,缅甸的石油储量达到32亿桶,天然气储量达2.46万亿立方米,其中,陆上油田或油气田有19个,海上气田有3个;缅甸的煤炭资源储量不够优越,已探明的储量仅有2.58亿吨;铅矿储存量为30万吨;锌矿储存量为50万吨;银矿储存量为750吨;钨矿的储存量为7500吨;锡矿的储存量为2万吨;镍矿的储存量为200万吨;铬矿的储存量为2.32万吨。

缅甸的宝石矿产资源(翡翠除外)品种很多,主要有红宝石、水晶石、黄玉、琥珀、蓝宝石等。位于曼德勒省的抹谷宝石区是缅甸著名的宝石矿产区,主要产红宝石和蓝宝石。

5. 老挝[3]

老挝矿产资源较为丰富,但是开发程度严重不足。金矿、铜

---

〔1〕 参见《柬埔寨十大资源矿产排名》,载个人图书馆2023年8月16日,http://www.360doc.com/content/12/0121/07/1092657370_1092657370.shtml。

〔2〕 参见《缅甸国家概况》,载外交部2023年7月31日,https://www.mfa.gov.cn/web/gjhdq_676201/gj_676203/yz_676205/1206_676788/1206x0_676790/。

〔3〕 参见《老挝矿业投资现状及投资建议》,载河北省自然资源厅2018年9月27日,https://zrzy.hebei.gov.cn/heb/gongk/gkml/kjxx/gjjl/101537934147394.html。

矿、钨矿、锡矿、铅矿、石膏矿、煤矿、宝石、滑石、石英砂、铝土矿是老挝的重要矿产资源。老挝的金矿分布较广,其中最大的两个金矿的储量超过了60吨;铜矿的储量超过了16.6万吨;老挝还是亚洲钾盐储量最高的国家,已经探明的基础储量达到10.32亿吨,预测的储存量达到133.62亿吨。就目前而言,老挝的矿业开采还不够发达,未来的发展空间很大。

6. 菲律宾[1]

铜矿资源是菲律宾最重要的矿产资源,占金属矿总储量的67.5%,储量为48亿吨,且以斑岩铜矿为主,地质勘探结果证明,菲律宾还有大量的铜矿床及铜矿远景点;镍矿有49亿吨;金矿1.36亿吨;地热资源有20.9亿桶原油标准的储量。菲律宾的金矿主要以复合矿和冲击矿的形式存在。菲律宾的金矿勘探已经开始向浅层储藏区开采。某探矿公司在Rapu-Rapu岛发现了储量超过600万吨的金—铜—银矿,每吨矿石含金量为3克,含银量为37克,铜占比1.46%,锌占比2.33%。

7. 泰国[2]

在泰国的金属矿产资源中,锡是十分重要的矿产,储量为150万吨,主要以二氧化锡矿形式存在,大多数都是黑色矿和棕色矿,少量为红色矿,黄色矿;钨也是泰国的重要矿产品,主要分为白钨矿、锰铁钨矿、钨锰矿、钨铁矿;锌矿也是泰国的重要矿产资源,分为菱锌矿、闪锌矿、异极矿、红锌矿,其中,达府锌矿储量

---

[1] 参见《菲律宾国家概况》,载外交部2023年11月31日,https://www.mfa.gov.cn/web/gjhdq_676201/gj_676203/yz_676205/1206_676452/1206x0_676454/。

[2] 参见《泰国矿产资源》,载中国经济网,http://www.ce.cn/ztpd/tszt/hgjj/2005/dmgh/js/zrst/kczy/200507/05/t20050705_4122339.shtml。

就达 370 万吨；泰国还产铜矿和锰矿；据泰国民办银行估计，泰国的天然气储存量达到了 5465 亿立方米；泰国的非金属矿中，萤石储量达到 1150 万吨，重晶石储量为 3553 万吨，岩盐储量为 2.4 亿吨；泰国也是有名的宝石出产国，泰国的宝石矿产资源有红宝石、蓝宝石、绿宝石、石英、锆石、电气石、黄玉尖晶石、翡翠等，其中红宝石和蓝宝石享誉最高。

表 3-3　2015 年东盟优势矿种储量统计及全球占比

矿种	东盟地区	全球	占比	单位
铁	24.43	810.90	3.0%	亿吨
铬	3636.56	57000	6.4%	万吨
钛	160.00	82000	0.2%	万吨
稀土	2204.30	12000	18.4%	万吨
铜	11682.86	87000	13.4%	万吨
金	10238.93	50000	20.5%	吨
铅	541.46	8900	6.1%	万吨
锌	464.11	22500	2.1%	万吨
银	44362.90	560000	7.9%	吨
锰	2.40	81000	0.0%	万吨
钴	282900	7000000	4.0%	吨
镍	3148	8269	38.1%	万吨
锑	4.44	150	2.96%	万吨
锡	154.10	470	32.8%	万吨
钨	100.40	320	31.4%	万吨
铝	61.10	300	20.3%	亿吨
钾	9.37	36	26.0%	亿吨
石油	14.00	2446	0.6%	亿吨
天然气	4.50	198.80	2.3%	万亿立方米

资料来源：SNL、USCS、中国地质调查局、成都地质调查中心。

2020年,东盟国家出口镍矿石3748万吨,占全球出口总量的93.8%,主要出口国为菲律宾;出口镍铁296万吨,占全球出口总量的80.6%,主要出口国为印度尼西亚;出口锡矿及锡产品10万吨,占全球出口总量的35.7%,主要出口国为印度尼西亚、缅甸和马来西亚;出口稀土约6万吨,占全球出口总量的19.8%,主要出口国为缅甸和马来西亚。

综上,东盟国家的锡、镍、铜、金、铁、钾盐、铝土矿、稀土、铬等优势矿种,正好是我国紧缺的,与我国紧缺战略性关键矿种形成明显的优势互补。

能源矿产资源问题已经成为制约经济发展的重要因素。广西对东盟国家优势矿产资源缺乏系统认识,需要系统研究东盟国家矿产资源情况,为建立境外矿产原料保供基地奠定基础,从而更好地保障广西乃至我国资源安全,支撑"一带一路"建设,落实习近平总书记赋予广西的"三大定位"新使命。随着中国—东盟自贸区的建成,广西被推到了我国与东盟国家开放合作的前沿。广西煤矿、油气等储备、开采不足,而东盟国家能源矿产资源丰富。这种能源矿产资源自然禀赋的非均衡性为我国与东盟各国的合作创造了空间。扩大东盟各国在矿产资源勘查及开采方面的投资,既可以满足我国对产自东盟国家的煤炭、石油、天然气、铁、锰、铅、锌、钾盐等矿产的利用需求,促进东盟国家经济增长,扩大对外贸易,增加就业岗位,同时也为东盟引进我国的电力资源等提供了便利。通过深入合作,逐步形成你中有我、我中有你的能源矿产资源利益共同体,同时促进彼此间的政治互信和深度合作。

当前,广西和东盟在矿产资源合作领域已经打下了良好的基础。能源矿产资源领域一直是广西和东盟的重要合作领域，主要体现在以下几个方面。一是电力资源的合作。中国南方电网(广西)公司已经与老挝、缅甸、越南等国家的电网实现互联互通。2019 年，广西电厂的装机总量已经超过了 4800 万千瓦，但是广西的用电量在 1100 万千瓦左右。广西丰富的电力资源有助于解决东盟国家电力短缺的问题。此外，广西还可充分发挥自身在勘探开发、电站设计、设备的安装检修、工程的承包、输电管网的设计和施工等方面的技术优势，与东盟国家在技术、人才等方面开展深度合作。二是煤炭资源的合作。广西 85% 以上的煤炭需求都是通过外调的途径解决，其中从越南和印度尼西亚进口煤炭是广西解决煤炭需求的重要途径。例如，广西防城港和钦州的电厂主要从印度尼西亚进口煤炭以满足需求。防城港和北海的港口还建设了煤炭储存配送基地，为煤炭的运输和储存提供了便利的基础设施支持。三是油气资源合作。近些年，广西一直在积极探索和东盟各国在油气资源领域的合作。目前，钦州已经建成了千万吨级的炼油项目，为拓展与东盟国家在资源勘探、开采、炼油、管道输送等方面的合作打下了坚实的基础。四是有色金属矿产资源的合作。广西每年 40% 以上有色金属矿产资源需要通过进口解决。为节省成本，目前，南方有色集团已经舍弃从澳大利亚进口有色金属，选择就近从东盟国家进口。

东盟国家有着丰富的矿产资源，这是东盟国家经济发展的重要推动力。一些东盟国家的采矿业极大促进了本国经济的发展。在经济发展的同时，东盟国家也开始意识到环境污染和区域变暖等严峻问题。《巴黎协定》生效之后，气候变化成为了全球共同关注的问题，实现零碳目标成为各国的美好愿景。世界各国面对环境污染的挑战，调整了自己的政策目标，致力于减少碳排放，以实现零碳目标。东盟各国也实施了节能减排规划，通过采用碳减排技术，以减少火力发电产生的温室气体排放。主要使用天然气和其他生物能源，减少使用煤炭、柴油、汽油，即通过使用可再生资源以替代传统能源。

我国在减碳领域已经积累了丰富的经验，东盟国家通过和我国开展深入的合作，可以学习我国在降碳方面的经验。

三、各国基础设施建设及相关政策正在改善

我国矿产资源丰富，基础设施和产业布局日益完善，可以在与东盟深入开展矿业投资与加工贸易的合作中，充分发挥产业技术优势和基础设施优势，促进我国与东盟矿业的深入交流与合作。在共建“一带一路”倡议下，我国与东盟各国的矿产资源主管部门找到了加强矿业合作的契合点。国际矿产资源开发与合作，不仅需要技术支撑，更需要政策支持和投资保护。中国和东盟通过矿业形势发展国家论坛加强交流和沟通，同时还通过举行地学研究合作论坛、矿业政策研究及投资保护论坛、地质环境保护论坛等对矿产勘查与开发、矿业安全与环境等专业技术问题进行交流和研讨。

（一）中国—东盟海陆空跨境大通道发展顺畅

顺畅的跨境供应链是连通国内市场和国际市场的关键，而要建立一个健全的跨境供应链，确保互联互通的基础设施建设至关重要。我国西部地区拥有对外开放的区位优势和丰富的矿产资源，在推进“一带一路”建设与国家重大区域发展战略对接，推动新发展格局加快构建中具有重要支撑作用。

在过去的几年中，广西作为我国面向东盟的国际大通道，一直致力于优化软硬环境，已经构建起面向东盟的跨境产业链供应链。同时，广西已初步建立了以北部湾港为出海口，铁路、高速公路多通道共担，连接四方，海陆空齐发力的通向东盟的国际大通道。

海运方面，截至2022年，北部湾港已经建成了10个项目，全年新增加设计项目的吞吐能力为3000万吨，且已开通75条集装箱航线，其中47条为外贸航线，可以通往全球113个国家和地区的335个港口，基本全面覆盖了东盟国家及全球主要的沿海港口。

公路方面，根据《广西高速公路网规划（2018—2030年）》，广西共规划建设13条高速公路，可通往与越南衔接的边境口岸。目前，已建成高速公路5条，在建8条。今后，广西将继续加大高速公路的建设力度，加快推进与东盟交通互联互通中国境内段项目建设。

铁路方面，广西目前面向东盟的铁路只有湘桂铁路，因此广西规划建设了北、中、南三条铁路通道，以加速与东盟国家铁路互联互通，这三条铁路通道分别是：（1）北通道为南宁—靖西—龙邦—太原（越）—河内（越）通道；（2）中通道为南宁—凭祥—同登（越）—河内（越）通道；（3）南通道为南宁—钦州—防城港—东兴—海防（越）—河内（越）通道。在以上规划的铁路中，南宁至凭祥的高铁和防城港至东兴的铁路在建。

航空方面，根据《广西壮族自治区民用航空发展规划（2021—2035年）》，到2025年，广西面向东盟的航空大通道基本成型。2023年，广西恢复通向东盟重点城市的航线不少于12

条、每周航班达到27班以上。今后，广西将不断拓宽国际航空货运服务范围，力争覆盖东盟国家的主要城市，增强货运竞争力；提升航空客货运输能力，大力推动南宁国际航空枢纽项目和临空物流项目的落地和建设。

我国与东盟各国在跨境物流建设方面的合作，对战略性矿产资源的合作产生了正面的推动作用。随着我国对外开放力度的加大，许多境外矿产项目在国内落地实施。借助更为迅速和便利的物流路径，双方可更为高效地开展贸易活动，其中就涵盖了矿产资源的进口与出口。这不仅有助于满足我国旺盛的矿产资源需求，同时也为东盟各国提供了一条便捷、畅通的矿产出口渠道。未来，双方将继续加大合作力度，进一步推进战略性矿产资源开采及加工，促进区域内资源流通，并推动彼此经济增长。除此之外，我国与东盟各国通过共同建设国际大通道等多种方式，也有助于加强在战略矿产资源方面的合作与开发。在此基础上，建立高效合理的国际大通道是实现区域资源有效配置，提高资源利用效率和保障安全供应的重要路径之一。这样的跨境物流通道建设有助于优化基础设施，提高资源运输的效率，降低运输的成本，从而增强跨境合作吸引力。双方还可以借助物流网络扩展，更为有效地管理和监督矿产资源的流通，确保资源的开发和交易都是安全与合规的。我国与东盟各国在跨境物流建设方面的发展为战略性矿产资源合作创造了一个更为高效、便捷和可持续的平台，这对于双方在经济和资源方面的合作大有裨益。

为助力区域高质量发展，广西高标准、高质量推进西部陆海新通道骨干工程平陆运河建设，促进区域深度融合发展，通过全面提升陆海贸易新通道及北部湾国际门户港的现代化服务水平,加快建设中越边境智慧口岸,加快建成中国与东盟之间效率最高、成本最低、服务最优的国际陆海贸易新通道。

(二)优化通关服务

自2023年1月8日我国优化防疫措施后,广西迅速调整通关服务模式,科学调度口岸,优化口岸通关服务,边境口岸货物通关常态化保持高位运行,同时推动友谊关、东兴口岸获准开展中外人员出入境业务。通过减少通关环节,取消代驾、甩挂、对查验人员进行闭环管理、对车辆返程消毒等举措,降低物流成本,促使整个通关过程的衔接更加畅通。

优化口岸通关模式后,广西跨境物流恢复生机。仅2023年2月20日当天,广西边境公路口岸出入境的车辆就达3411辆,再创新高。优化通关服务有利于打破物流"中梗阻",加速物流流通、减少运输成本,促进合作项目的推进,使双方更好地实施一体化政策,实现互联互通,从而为我国与东盟国家的战略性矿产资源合作提供有力支持。

(三)广西面向东盟的金融开放门户已经基本建成

自2018年12月《广西壮族自治区建设面向东盟的金融开放门户总体方案》获批以来,广西加快推进各项金融改革创新措施,为我国与东盟的深度合作助力。截至2022年年末,广西面向东盟的金融开放门户建设任务已完成98%。2022年,广西跨境人民币年度结算量达2211.65亿元,实现同比增长20.23%。这一举措创造了更加便捷的金融合作环境,为矿产资源合作提供了多元化的融资渠道,有助于降低融资成本、提供风险管理工具,促进双方合作项目融资,增强贸易和投资的便捷性,同时鼓励创新金融产品和服务，创造多元合作机会，共享新模式，推动我国与东盟国家在战略性矿产资源领域的合作和发展。

（四）用好 RCEP 红利推动矿产资源合作升级

2022 年 1 月 1 日，RCEP 正式生效实施，首批生效的包括 6 个东盟国家（文莱、柬埔寨、老挝、新加坡、泰国、越南）和 4 个非东盟国家（中国、日本、新西兰、澳大利亚）；2022 年 2 月 1 日起，RCEP 对韩国生效；2022 年 3 月 18 日起，RCEP 对马来西亚生效；2022 年 5 月 1 日起，RCEP 对缅甸生效；2023 年 1 月 2 日起，RCEP 对印度尼西亚生效；2023 年 6 月 2 日，RCEP 对菲律宾生效。RCEP 的生效，标志着经贸规模最大、最具发展潜力的自贸区正式落地。各方将共同维护多边主义和自由贸易、促进区域经济一体化发展，这将为我国与东盟国家的矿业投资与合作的扩大起到重要推动作用。RCEP 成员国通过降税、区域原产地累积规则等，可以加大优势产品出口和国外有竞争力的产品进口。

RCEP 项下原产地证书是进出口企业享受 RCEP 关税优惠的凭证。相关企业可以在中国国际贸易促进委员会原产地证申报系统免费申请和领取，从而最大限度地享受关税减免。RCEP 提供了更广泛的市场准入，激发我国与东盟国家企业积极参与矿产资源的投资和开发合作，推动资源项目的可持续发展。此外，该协定鼓励成员国加强地质和矿业合作，共享绿色矿业技术和最佳实践成果，有助于提高矿产资源的开发效率，构建更加和谐健康的产业链生态圈，包括原材料产业的绿色低碳发展，促进环境保护和可持续发展。这一区域合作协定为我国与东盟国家的矿产资源合作提供了更多机会，促进了矿产资源的可持续开发和共赢发展。

综上所述,我国及东盟各国政府都在努力为自贸区的深度合作加大基础设施的建设力度,未来将进一步完善基础设施的建设,为我国与东盟之间的合作提供便利。

(五)中国—东盟信息港建设成效明显

近年来,广西紧扣中国—东盟信息港建设总体规划的目标要求,扎实推进中国—东盟信息港的建设工作,取得了很好的成绩。一是加大数字化建设资金支持。2022 年 4 月,广西印发《关于支持面向东盟的数字化建设实施意见》,明确每年对与东盟开展数字化合作的项目、园区、平台和企事业单位等给予资金补助,以激励市场主体积极与东盟开展数字化建设。截至 2022 年年底,广西新建成 2.40 万座 5G 基站,远超出政府工作报告中的 1.50 万座目标任务,目前已累计建成 5G 基站 6.70 万座;广西超 50% 的行政村实现 5G 网络覆盖,智慧农业物联网终端用户达到 3.35 万户。互联网省际出口带宽高达 4080.00 万兆,广西境内的光缆线路总长度达 317.04 万千米,物联网终端用户数量高达 4531.26 万户。完成广西北斗综合应用示范项目,并将进一步加快推动面向东盟的北斗时空信息枢纽构建,赋能东盟国家的千行百业。二是信息共享基础设施持续拓展。截至 2022 年,广西移动、广西联通成功完成跨境陆缆传输系统相关工程;中国电信东盟国际信息园建成开园;广西电子政务外网云计算中心、中国电信广西东盟云计算中心正式运营,广投数字经济示范基地、中国—东盟信息港南宁五象远洋大数据产业园、中国移动(广西)数据中心(一期)建成并运行;中国—东盟检验检测认证基地的建设正在有序推进,中国—东盟(钦州)华为云计算及大数据中心正式启用;老挝、柬埔寨和缅甸云计算中心一期建设完成;菲律宾、越南数据中心项目正在加快建设。

中国—东盟信息港通过“数字智造”激活合作新动能，提升产业与技术层面的合作水平，用高科技保障和增强合作，为我国与东盟各国矿产资源的合作开辟更高层次和更广阔的发展空间，也有助于增进双方对矿产资源市场的了解，实现信息共享，减少信息不对称，促进合作项目的相互认可。同时，信息港也为投资者和企业提供了更便捷的渠道，以便参与矿产资源的勘查和开发。这种信息流畅性加快了合作决策的制定进程，有助于提高合作的效率。

（六）面向东盟的物流金融联盟正式成立

2023 年 9 月 18 日，广西正式宣布成立面向东盟的物流金融联盟。联盟的成立获得了广西地方金融监督管理局的大力支持，广西北部湾港务集团、广西北部湾银行、中国铁路南宁局集团、广西现代物流集团、广西机场管理集团为主要发起人，并联合广西的物流企业、金融机构、金融科技企业共同参与联盟的设立。联盟作为非营利性的社团组织，可以促进成员之间的供需对接和信息共享，实现“抱团增信”，帮助物流企业提高融资能力和信息交换能力。

面向东盟的物流金融联盟以广西为起点，优化对西部陆海新通道沿线的物流企业、贸易企业、供应链企业的金融服务，进而将西部陆海新通道打造为运输通道、物流通道、贸易通道、产业通道和金融通道，进一步推动中国—东盟经贸金融深度合作。

面向东盟的物流金融联盟还将通过构建面向东盟的物流金融指数体系，有效监测我国与东盟的融资、结算、保险等经济活动，以便及时把握中国—东盟贸易金融及大宗商品交易的趋势，有效防范对外经贸合作风险。

（七）矿业开发政策的支持

东盟大多数国家都积极鼓励外国企业到本国投资矿业，但不同国家的政策取向不同。缅甸鼓励能够创造就业机会的行业，认为矿业就业机会少，因此不支持矿业投资；菲律宾积极支持矿业投资，但对外资企业的股权进行限制；老挝积极支持矿产资源投资，并鼓励矿产品出口；印度尼西亚规定矿业企业必须在矿产地投资建厂，且不允许出口；柬埔寨法律规定，只有经过加工的矿产资源才能出口，投资公司需要在当地建立加工厂，并在柬埔寨实现技术转移，解决当地的就业。

东盟国家不同的矿业开发政策给我国与东盟国家的战略性矿产资源合作带来了多样性，这种多样性为双方合作提供了更大灵活性，能够根据不同国家政策制定精准的合作方案。我国企业可根据各国政策选择合适的地点和方式进行矿产资源开发，以最大限度地降低风险。例如，一些国家要求在本地建立加工厂，我国企业则可以与当地合作企业共同建立加工厂，以满足政策要求。这种合资合作模式有助于建立良好的合作关系，并使我国企业更容易适应当地法律环境，规避跨国经营风险。该合作模式不仅有助于提升当地附加值和技术水平，也有利于促进我国与东盟国家之间的技术合作和技术转移。这种合作有助于提高地区内部的竞争力，使我国和东盟国家在全球市场上更具竞争力。总之，东盟国家矿业开发政策的多样性为我国与东盟国家的战略性矿产资源合作创造了更多机会，促进了互利合作，有助于地区内的繁荣和稳定。

（八）东盟部分国家通过税收政策强化本土矿业权益

印度尼西亚、菲律宾、老挝等国家积极调整税费政策、延伸矿业产业链，以达到强化本土矿业权益的目的。东盟国家通过税收政策强化本土矿业权益，有助于激发本土矿业的发展，增加合作机会。我国与东盟国家可以共同参与矿业项目，分享知识和技术，共同开发资源，从而增强合作，实现互利共赢。同时，这种方式可以减少对外部资源供应的依赖，降低供应风险，有助于确保资源的可持续性，维护稳定的矿产资源供应链，从而对我国与东盟国家的战略性矿产资源合作产生积极影响。

第二节　安全合作与制度创新软件支撑条件

一、安全合作与制度创新的历史认同

我国与东盟国家战略性矿产资源安全合作与制度创新具有良好的历史认同基础。自 1991 年我国与东盟国家开启对话进程以来，经过 30 多年的共同努力，双方政治互信明显增强，经贸合作成效显著，其他领域合作不断拓展和深化。中国—东盟关系充满活力，发展前景广阔。

在政治外交上，我国于 2003 年作为东盟对话伙伴率先加入《东南亚友好合作条约》，与东盟建立了面向和平与繁荣的战略伙伴关系。双方建立了较为完善的对话合作机制，主要包括领导人会议、部长级会议等。2009 年，我国设立驻东盟大使。2002 年，我国与东盟国家签署《南海各方行为宣言》，就和平解决争议、共同维护地区稳定、开展南海合作达成共识。2011 年就落实

《南海各方行为宣言》后续行动指针达成一致，为开展南海务实合作铺平道路。面对各种重大自然灾害和突发事件，我国与东盟真诚合作、共同应对。双方召开了非典型性肺炎特别峰会和防治禽流感特别会议，制定了一系列合作措施。2005 年，我国为遭受印度洋地震海啸袭击的东盟国家提供了无私帮助。2006 年是中国—东盟建立对话关系 15 周年，双方在广西南宁成功举办了纪念峰会。2011 年是中国—东盟建立对话关系 20 周年和友好交流年，双方举行了纪念峰会、领导人互致贺电、纪念招待会等一系列友好交流活动。2011 年 11 月，中国—东盟中心正式成立。2012 年 9 月，中国驻东盟使团成立。2013 年是中国—东盟建立战略伙伴关系 10 周年，双方举行了中国—东盟特别外长会、互联互通交通部长特别会议、中国—东盟高层论坛等一系列庆祝活动。2014 年是中国—东盟文化交流年，双方在人文交流领域开展了丰富多彩的活动。2015 年是中国—东盟海洋合作年，双方围绕海上联通、海洋环保、防灾减灾、海洋经济、海洋人文等领域开展系列活动。2016 年是中国—东盟建立对话关系 25 周年和中国—东盟教育交流年，双方举办了一系列纪念活动。2017 年是东盟成立 50 周年和中国—东盟旅游合作年，中方支持东盟举办 50 周年庆祝活动，并与东盟在旅游领域开展了一系列合作与交流活动。

在经济交流上，2010 年 1 月，中国—东盟自贸区全面建成。截至 2023 年，中国是东盟第一大贸易伙伴，东盟也是中国第一大贸易伙伴。2014 年 8 月，双方宣布启动中国—东盟自贸区升级谈判。2015 年 11 月，双方签署《中华人民共和国与东南亚国家联盟关于修订〈中国—东盟全面经济合作框架协议〉及项下部分协议的议定书》，标志着中国—东盟自贸区升级谈判正式结束。中国—东盟博览会及商务与投资峰会自2004年起每年在广西南宁举行，已成功举办20届，成为我国与东盟国家经济往来的重要平台。

在国际地区事务上，双方进一步加强协调与配合。双方在东亚—拉美合作论坛、东亚峰会、亚欧会议、东盟地区论坛、亚太经合组织、亚洲合作对话等区域与跨区域合作机制框架下建立了良好的沟通与合作关系。中国始终坚定认为东盟在东亚合作关系中处于中心地位。

东盟是我国高质量发展"一带一路"的重点区域，也是我国发展周边外交关系的优先选择。截至2022年年底，合作成绩显著，包括尼日利亚拉各斯轻轨的一期项目竣工、柬埔寨的第一条高速公路顺利通车、东盟首条高速铁路开通运行、巴基斯坦卡洛特水电站正式投入运行、克罗地亚佩列沙茨大桥顺利通车运营等，基础设施建设项目逐渐完成，大大提升了中国与世界的互联互通水平。2023年9月，作为东南亚首条高速铁路的雅万高铁开通运行。全长142.3千米的雅万高铁是共建"一带一路"倡议及我国和印度尼西亚开展务实合作的重要项目。可见，在"一带一路"高质量发展过程中，我国和东盟逐渐提高政治互信，经贸往来越发频繁，全面战略伙伴关系已经形成，这些都为我国与东盟国家战略性矿产资源安全合作与制度创新打下了坚实基础。

二、安全合作与制度创新的文化认同

我国与东盟国家地缘相近，文化相通，这使双方的合作更加稳固。

从历史来看,我国与东盟具有文化认同基础。我国与东盟多国拥有三大共同文化,儒佛文化、华人文化和那文化。儒家文化作为古代中国的主导文化,对东南亚国家也产生了深远影响。佛教文化从中国传入东南亚地区后,给当地增加了很多中国文化的特色。泰国、柬埔寨和缅甸等在今天仍然信奉佛教,且与中国的佛教文化很相似。移居东南亚的华人们将中国的语言、文化、历史、饮食、民俗和价值观念也带到了东南亚。随着各国对外开放政策的扩大和深化,在东南亚地区生活的华人也越来越多,对当地的生产生活、经济、政治、文化建设,均产生了巨大影响。“那”在壮语里为水田、稻田之意,壮族人民在长期的稻作生产中,孕育出了那文化,那文化就是壮族的土地文化及与此相关联的文化。它体现了长期以来的生产制度、生活习惯、语言规范、宗教信仰等,具有丰富的内涵。总之,这三种文化是中国与东南亚在长期的交流与合作中形成和发展起来的,它奠定了中国和东南亚在意识形态上的共同点,促进双方相互理解和互信。

近年来,我国与东盟国家的深入合作使区域意识不断增强。各国也认识到本国的发展必须以地区为平台和依托。美日与东盟国家的经济关系日渐衰退,中国的和平崛起让东盟国家看到了潜在利益,并逐步加强与中国的合作,以实现自身利益最大化。

近些年,东盟多国通过建立孔子学院、互派留学生、开展中国—东盟文化产业论坛等方式促进双方文化的深度合作。这些实践活动都促进了中国文化在东南亚的多样性传播。

我国与东盟文化认同对社会发展的推动作用主要体现在三个方面。一是文化认同有利于增进彼此间的相互了解和信任,构建对彼此的身份认同感，帮助消除误解，维持我国与东盟区域的和平与繁荣发展。同时，通过文化交流和融合，寻求更多的合作契机，使得国家或者地区间的政治和经济联系更加密切，区域的一体化程度进一步提高。二是文化认同可以指引我国和东盟国家形成共同的利益和价值观，采取共同的行动，整合区域资源，以提高区域的整体效益。三是文化认同可以促使双方都有更强的地区使命感和责任感，进而在处理国际事务时，增强国际影响力和话语权，推进构建共同发展的命运共同体，以维护双方的共同利益。

三、安全合作的机制与制度建设及其认同

(一)中国—东盟矿业合作论坛成功举办

自 2010 年以来，中国—东盟矿业合作论坛已经在南宁成功举办 12 届。中国—东盟矿业合作论坛已经成为我国和东盟国家进行矿业合作的重要推介平台，累计接待的参会嘉宾超过 1.1 万人，参展参会的企业约 3400 家，促成洽谈的项目 1390 多个、成功签约的项目 160 多个，签约金额累计 660 多亿元。

在矿业论坛的催化下，双方还成立了中国—东盟地学合作中心、中国—东盟卫星遥感应用中心、柬埔寨国家地质实验室，为我国与东盟在矿业资源勘查开发合作领域提供了重要技术支持。广西企业也借此与东盟多国成功签订多个重要矿产资源的开发合作合同，并取得了不错的经济和社会效益。

2023 年 5 月 18 日，第 12 届中国—东盟矿业合作论坛暨推介展示会在南宁开幕，参会嘉宾纷纷为中国和东盟的矿产资源合作建言献策。中国地质调查局局长李金发建议建立减碳、治污、增

绿的矿产资源协同发展机制；通过积极主动的技术创新，淘汰落后产能，加快矿业探、采、选、冶全过程的绿色低碳转型；大力发展“互联网+矿业”，全面构建绿色智慧矿业发展模式。老挝能源和矿产部部长坡赛·赛雅颂则建议通过共建中国—东盟地学信息大数据平台，加强矿业科学研究和行业现代化建设，以寻求老挝和国际更多的矿产资源合作和发展机会，从而推动老挝的经济发展。

论坛同时举行柬埔寨、老挝、马来西亚国际矿业专场推介会及国际矿业人才交流与培训班、矿业展览等活动，为我国与东盟的矿产资源合作提供更多的合作平台、挖掘更多的合作机会。

（二）积极发展跨境电商，紧密相互商贸联系

2022年3月28日，“总领事三月三线上直播带货”活动在南宁综合保税区举办。马来西亚、泰国、越南驻南宁总领事馆总领事通过直播，不仅与我国消费者分享了“东盟好物”，同时也向东盟的网友分享了广西名优特产。本次活动特意选择在RCEP生效实施之后举办，充分发挥南宁跨境电商的渠道优势，在新冠疫情下积极探索东盟产品“引进来”与广西品牌“走出去”的新渠道。

2018年12月15日，中国（南宁）跨境电子商务综合试验区正式开区运营，南宁成为全国第三批设立跨境电子商务综合试验区的城市中率先开区运营的城市之一。2021年，该跨境电子商务综合试验区迅速发展壮大，入驻企业累计100多家，进出口总额达77.7亿元，实现同比增长259%。

（三）大力培养“外语+法律”的复合型人才

随着RCEP的正式生效，我国将进一步加快与东盟各国的经

贸往来,涉外法律业务必然增加。一直以来,我国和东盟在法律与司法领域的合作呈现出碎片化的特点,缺乏系统化和规则治理。在此背景下,培养涉外法律人才是我国与东盟各国健康开展矿产资源合作的重要战略保障。

2020年12月24—26日,由广西社会科学院主办的RCEP背景下"外语+法律"复合型人才培养研讨会在南宁召开。广西社会科学院东南亚研究所、广西民族大学相思湖学院和来自中国、马来西亚、越南等国家的专家和学者通过线上+线下的方式,就RCEP框架下中国—东盟合作进程的法律分析、"外语+法律"复合型人才培养模式等内容进行交流和探讨。

目前,"外语+法律"的复合型人才培养在我国还处于探索阶段。培养"外语+法律"复合型人才不仅是我国与东盟加强合作的需要,也是高校语言教育改革的需要,还是高校间学科优势互补的重要举措。

广西民族大学相思湖学院在探索培养应用型人才上走在了全国的前列,通过构建以专业能力为本位的课程体系和以"现代学徒制"为基础的实践教学体系,同时将法学专业培养贯彻为第二课堂活动,以提高专业建设与社会现实需求的契合度。通过学科之间的优势互补,联合培养面向东盟的法律人才,逐步实现"1+1>2"的人才培养目标,"外语+法律"复合型人才培养取得了可喜的成绩。

广西外国语学院与西南政法大学从2020年起,尝试联合培养"外语+法律"复合型人才,成功实现两校之间的资源优势互补,且已经逐步走向专业化。

今后,不仅需要更多的高校参与培养复合型人才,还需要创新学制，建议实行弹性学制，即4~6年的学制，以保证学生有足够的时间和精力把语言与法学专业知识都掌握并能灵活运用，增强核心竞争力。同时还要注意加强与对象国语言类高校的合作，精准培养复合型人才。

（四）中国—东盟博览会是重要的开放合作平台

2023年9月16—19日，第20届中国—东盟博览会在南宁成功举办，同时举办的，还有第20届中国—东盟商务与投资峰会，二者已成为中国与东盟之间最重要的开放合作平台，是服务中国—东盟自贸区高质量建设的重要载体。

我国和东盟各国的企业通过中国—东盟博览会提供的平台，积极发展合作伙伴，将产品销售到东盟市场，参与彼此的重要铁路公路项目建设等。中国—东盟博览会先进技术展还向世界展示了不同领域的先进技术和最新的科技创新合作成果。各方客商可以借此了解科技发展、寻找技术合作机会、获取新的商机。国内外知名企业家通过峰会共商合作，在能源、新材料等领域签约一批合作项目。

在第20届中国—东盟博览会上，我国企业重点展示了8万吨模锻压力机、国内生产的最大直径的盾构机、钻爆法隧道施工设备等产品模型，以及数字化通信—新能源综合解决方案、“一站式”物流供应链在线解决方案平台等，展现了我国企业在全球高端装备制造领域的实力，也向东盟各国证明了我国企业具有承接更多来自东盟国家重要项目的实力。

（五）人文交流密切

政治安全、经贸合作、人文交流是国际关系重要的支柱，其中人文交流是人与人之间沟通的桥梁，是国与国之间增进理解和信任的纽带。通过人文交流,国家之间可以加深理解、深化合作。人文交流在中国和东盟国家的关系中发挥着先导性、基础性、持久性和广泛性的作用。

我国和东盟国家一衣带水、山水相连,命运紧密联系。千年来,舟船继路、商使交属,使亚洲文化呈现出兼收并蓄、万物并育的特点,亚洲人民也因此形成了开放包容、倡导和平的价值理念,孕育出我国和东盟携手共行、开拓现代化道路的精神追求。建立对话关系30多年来,中国—东盟之间的人文交流得到全方位开展,且取得了丰硕的成果,夯实了合作的民意基础。通过30多年多层次、多渠道的文化交流与合作,我国与东盟各国之间人文交流不断深化,增进了我国和东盟之间的相互了解、尊重和欣赏,促进了双方旅游经济的发展,双方互为对方的主要旅游客源地。此外,新兴领域的交流也在不断拓展,我国与东盟国家不断加强议会、政党、民间组织、商会、协会之间的交流和往来,密切了各界群体的交流,逐步构建了多元化的人文交流格局。随着国际科技创新合作的加深和技术转移的加快,我国与东盟之间逐渐搭建起创新创业合作平台,为科技人员交流协作提供了便利。

我国与东盟国家的人文往来在多领域都取得了显著的成绩,其中文化、教育、影视传媒和旅游领域的成绩最突出,为我国和东盟之间的民心相通起到了重要的推动作用。

1. 文化互动是我国与东盟人文交流的重要形式

第一,孔子学院及孔子课堂是推广中国语言文化的重要媒介。随着我国国际影响力的日益增强,世界各地学习汉语及了解中华文化的热情空前高涨。在海外设立孔子学院,是我国对外推广中国语言和文化的重要方式。自 2004 年，我国在韩国设立了首所孔子学院以来，截至 2023 年，我国已经在全球 162 个国家和地区设立了 500 多所孔子学院、近 1200 个中小学孔子课堂。其中，在东盟 10 个成员国设立了 40 所孔子学院和 18 个孔子课堂（见表 3－4）。通过孔子学院和孔子课堂学习已经成为东盟国家的民众了解我国文化的重要方式。

表 3－4　东盟 10 个成员国设立孔子学院及孔子课堂数量

国家	孔子学院数量（所）	孔子课堂数量（个）
泰国	16	11
印度尼西亚	8	0
马来西亚	5	1
菲律宾	5	0
老挝	2	1
柬埔寨	2	0
新加坡	1	2
越南	1	0
缅甸	0	3
文莱	0	0
总计	40	18

资料来源：笔者根据网络公开资料自行整理。

第二，中国—东盟博览会文化展是我国与东盟进行文化交流的重要平台。2014 年是中国—东盟文化交流年，因此当年的中国—东盟博览会首次开设了文化展览。2017 年，我国和东盟之间更是举办了 85 场高标准的文化交流活动。南宁国际民歌艺术节即为每届中国—东盟博览会服务的集文化、旅游和经贸合作于一体的大型文化交流活动。

第三,打造“欢乐春节”活动,助力传播中国文化。春节是我国最重要、最具特色的传统节日,也是我国文化的重要载体。随着我国综合国力的不断提升,越来越多的国家通过春节学习中国文化、了解中国国情。在海外大范围举办“欢乐春节”活动为我国的文化走向全世界打开了一个重要窗口。“欢乐春节”活动自开办以来,在国内外受到了广泛欢迎。截至 2023 年,我国“欢乐春节”活动已经覆盖全球上百个国家和地区,成为我国与世界人民共享欢乐、共倡合作的桥梁,吸引了无数海外人士的关注和参与。世界各国人民通过“欢乐春节”活动认识了我国的太极剑、古筝演奏、书法、国画、品茗赏茶、剪窗花、猜灯谜、包饺子、做包子等传统文化,海外华人及外国友人可以在“欢乐春节”举办地购买我国的传统手工艺品,品尝我国的各式特色小吃。

2. 教育交流是中国与东盟进行人文交流的重要方式

教育是国家间进行人文交流的重要载体。我国和东盟各国一直通过各种形式的教育活动传播知识,包括教育培训、职业教育合作、旅游培训等。我国和东盟还定期举行教育相关会议,如中国—东盟教育部长圆桌会议、中国—东盟大学校长会议、中国—东南亚教育科研网络会议等。2016 年是中国—东盟教育交流年,这一年在东盟国家的主要城市举行了多种形式的教育交流活动,包括学术论坛、教育培训、语言文化交流、展览会议、主题宣传等。

第一,中国—东盟教育交流周搭建人文交流之桥。2008 年,我国和东盟举行了第一届文化交流周,到 2023 年,该活动已经成功举行 15 届,开展了近 500 项教育交流活动,通过举行教育部长圆桌论坛、大学校长会议、学术研讨活动、教育资源展、学生专业技能比赛、研修班等，成功推动签署各类合作协议及合作备忘录近 2000 份。

2023 年 8 月 29 日，第 15 届中国—东盟教育交流周在贵州开幕。2023 年围绕主题“教育合作新愿景、‘一带一路’共繁荣”，共举办 122 项活动，持续深化中国与东盟的数字教育合作、国际高校之间的合作、职业教育合作、国际青少年交流等。2023 年文化交流周，举行了数字教育论坛、公共卫生合作论坛、职业教育论坛、第三届“机甲大师”机器人挑战比赛等活动。同时公布了最新的合作成果和联合项目成果，发表学术论文集 5 项，可以成功推动签署合作协议和合作备忘录 50 多项。

第二，扩大留学生规模和增设奖学金助力人文交流。留学生是国与国之间加强交流的重要桥梁。中国和东盟国家学生的留学活动可以促进对彼此文化的学习，增强了解和互信，促进民心相通。这些留学生毕业后，有的留在求学的国家继续求学深造、工作，有的回自己的祖国从事管理、技术、教育等工作，他们用自己所学的知识，搭建起中国与东盟之间往来和发展的桥梁。

为了促进中国与东盟各国民众之间的相互了解，我国设立东盟国家博士研究生奖学金项目，以资助来自东盟的留学生到我国攻读博士学位。我国广西，最为重视与东盟的教育交流合作，不仅为来自东盟国家的留学生设立奖学金项目，部分高校也专门设立学校奖学金。目前，我国已经形成了国家、省/自治区和学校三个层面的留学生奖学金体系。奖学金帮助来华的留学生减轻经济压力，有助于留学生潜心学好专业知识，毕业以后成为助推中国—东盟互联互通的高精专螺丝钉。

第三，建立高校联盟以培养更多的高精专人才。为了更好地培养为中国—东盟合作服务的高端人才，中国高校和东盟国家高校一直在积极探索高质量合作办学模式。2014 年，我国卓越大学联盟的 9 所顶尖的工科大学联合东盟的 8 所大学成立中国—东盟工科大学联盟。联盟内的所有成员高校之间互相开放专业课程，开发共享课程。通过学生交换、长短期交流、假期培训班等，促进成员高校之间的学生、老师及其他职工的交流与合作。2017 年 3 月 16 日，中国—东盟艺术高校联盟在广西南宁成立，联盟由中国和东盟 10 国共 19 所艺术高校结成，旨在共同培养艺术人才，繁荣区域性的文化艺术事业，为深化中国与东盟的人文交流注入新活力。2019 年 10 月 14 日，由北京大学医学部牵头的中国—东盟高校医学联盟成立，旨在推动中国与东盟国家的医学教育、医学研究，深化在医疗卫生等领域的交流与合作，促进跨国高端医学人才的培养和医疗水平的提高，为发展区域人民的健康事业作出贡献。

2023 年 8 月 28 日，由贵州理工学院与北京工商大学联合主办的“中国—东盟高校创新创业教育联盟第六届年会”在贵阳举行。参会嘉宾围绕“数字化转型下的教育创新”主题，具体交流和探讨教育数字化转型如何赋能高校国际交流，提出数字化发展对人才培养的新标准、数字化时代的机遇与挑战，并分享了数字化教育取得的成功经验。

为了促进中国—东盟高等教育的一体化建设，提高中国—东盟区域内高等教育的竞争力，为我国与东盟的合作与建设提供专业人才和智慧支持，双方正在积极筹办中国—东盟联合大学，以培养各国紧缺的专业技术人才、各类管理人才，其培养形式包括学历教育和在职培训两种。

3. 影视和传媒是中国与东盟相互交流的重要窗口

影视和传媒的跨国传播有利于国家间的文化传播，也有助于对彼此的生活状况和文化的了解。

第一，影视交流。一方面，我国大量热播影视作品走出国门。《甄嬛传》《花千骨》《芈月传》《青年医生》等影视作品在泰国、菲律宾等受到了民众的广泛喜爱，促进了这些国家对我国的了解，密切了我国与东盟国家的联系。另一方面，我国还积极同东盟国家合拍影视作品和举办影视交流活动，以促进彼此间的人文交流。《舞乐传奇》《越囧》《占芭花开》分别是我国与缅甸、越南、老挝合拍的影视作品，促进了人民的友好交流。依托中国—东盟博览会平台，中国和东盟在人文、教育、民生、健康等领域的交流合作不断走深走实。此外，中国—东盟音乐周、中国—东盟电视周均已被打造成为密切双边人文交流的重要活动与平台。

第二，传媒交流。2019 年 2 月 20 日，中国—东盟媒体交流年开幕式在北京举行。同年，我国与东盟各国围绕主题，举行了多场活动，包括政策沟通、节目互播、媒体合作、作品合拍、从业人员培训等，推动我国与东盟的媒体合作不断深入。同时，中国和东盟国家还注重举行多种形式的会谈，促进双方媒体的合作和交流。此外，双方还注重新媒体的应用，庞大的互联网用户数，为我国向东盟讲好中国故事和东盟向我国讲好自身故事提供了群众基础，同时新媒体技术的发展为我国政府和人民对外交流打开了新渠道，也为东盟各国政府及人民向中国宣介自己创造了新机会。

4. 旅游领域是中国与东盟国家之间重要的人文交流领域

我国与东盟国家互为重要客源市场和旅游目的地。泰国、柬埔寨、印度尼西亚、马来西亚、新加坡一直是受中国民众欢迎的出境旅旅游目的地。多年来，中国和东盟双向的往来人次、游客数达到千万级。在“一带一路”倡议、RCEP 正式实施、中国—东盟自贸区 3.0 版建设的助力下，未来我国和东盟各国之间的跨境出行需求仍将释放。相关数据显示，中国和东盟之间的人员往来在 2003 年时为 387 万人次，到 2019 年已经超过 6500 万人次，我国与东盟的民用航空运输量也达到 2657.7 万人次。2023 年 9 月 15 日，我国第一个跨境旅游合作区——中越德天（板约）瀑布跨境旅游合作区正式投入运营，中国和越南由此实现共享边境旅游资源，共建和平、合作、友好、繁荣的边界，给两国的人民带来实际的利益。根据麦肯锡全球研究所预测，到 2030 年，东盟来自中国的游客数量会达到 2.5 亿人次。

2023 年 8 月 25 日，中国—东盟博览会在北京召开旅游展新闻发布会，并于 10 月 13 ~ 15 日在桂林举办主题为“山水相约携手启程”的旅游展。此次旅游展为历届规模最大，达 4 万平方米，开设了 7 个展区，通过发掘“旅游 +”的新模式，展出旅游 + 科技、体育、农业等产品，推动中国与东盟的文旅融合发展。此次展会立足我国与东盟的旅游合作，面向世界旅游市场，推动与全球主要客源国的交流，打造具有特色的、开放的旅游交流平台，创建具有国际影响力的展会品牌。

2023 年 9 月，我国与东盟领导人一致同意将 2024 年确定为“中国—东盟人文交流年”，助力双方民心相通，促进双方文明交流互鉴，深化全面战略伙伴关系，共同携手，一起建设和平、繁荣、安宁、友好、美丽的“五大家园”。根据我国外交部对活动的规划，我国将与东盟共同邀请各界友人见证，欢迎双方各界人士积极参与人文交流年活动，活动将聚焦双方的青少年交流，举办青年营、青年精英交流节、《熊猫杯》泰国青年感知中国征文大赛等，还将举办民间友好组织领导人论坛、中国—东盟先心病儿童筛查救治等活动，另外将开展学前教育、职业教育、高等教育等教育合作以及武术大赛等活动。积极应用电影、电视、短视频等媒体平台，讲好中国与东盟各国的友好故事。

综上所述，东盟国家与我国睦邻友好，双方在政治、经贸以及人文交流等多领域都合作密切。近年来，我国与东盟国家不断加深贸易往来，我国是东盟最大的贸易伙伴，同时也是最主要的投资国。我国与东盟国家的友好关系为彼此的矿业产能合作提供了坚实的基础和广阔的空间。

第四章　我国与东盟国家战略性矿产资源合作与制度创新的机遇和挑战

第一节　主要机遇

一、全面战略合作伙伴关系的良好合作基础

良好的国际关系和政策环境是跨境产业合作发展的重要沃土。2021 年 11 月 22 日，中国和东盟在建立对话关系 30 周年纪念峰会上共同宣布建立面向和平、安全、繁荣和可持续发展的全面战略伙伴关系。随着 RCEP 全面实施生效，以及中国—东盟自由贸易 3.0 建设的不断推进，我国与东盟携手构建更为紧密的中国—东盟命运共同体，为双方在战略性矿产资源合作方面夯实了基础。

双方签订的《中国—东盟全面战略伙伴关系行动计划(2022—2025)》专门提出“开展双多边地球科学和地质矿产领域能力建设项目”,为推动我国与东盟矿业及其延伸的相关产业的合作指明了方向,提供了根本遵循。

作为亚洲地区重要的区域合作组织,东盟是我国最重要的合作伙伴之一。双方在政治、经济、文化等领域保持紧密联系,建立了全面战略伙伴关系。我国与东盟各国高层互访频繁,定期举行磋商和会谈,这种协调、合作、稳定的双边关系为双方的战略性矿产资源合作创造了良好的发展机遇。

(一)互联互通建设不断推进,畅通中国—东盟矿业合作渠道

矿产品及其制品属于大宗货物,因此运输通道极为关键。在《东盟互联互通总体规划2025》框架下,我国统筹布局面向东盟的铁路、公路、桥梁、港口等基础设施,与东盟的互联互通水平不断提升,中老铁路、雅万高铁等一大批标志性工程陆续建成投运,同时马来西亚东海岸铁路等也正在加快推进。

围绕互联互通,广西充分发挥与东盟陆海相连的独特区位优势,加强与东盟地区设施联通,以西部陆海新通道建设为核心,累计建成出省(区)出边出海陆路大通道(高速公路、铁路)43条,拥有开放口岸22个,出海出边铁路通道7条、高速公路通道11条,与周边的湖南、贵州、云南的省际铁路通道7条、高速公路通道12条,通过西部陆海新通道铁海联运班列可辐射全国17个省份、115个站点,通达全球119个国家和地区的393个港口,形成以广西北部湾港为出海口,铁路、高速公路多通道共担,连接西南西北,面向东盟的国际大通道,为推动我国与东盟矿业合作畅通了交通运输通道。

我国与东盟是海陆相连的紧密近邻，而东盟所在的东南亚地区也是世界上华侨华人分布最集中的地区。地缘相近、血脉相亲以及人文相通，把我国与东盟紧密地联结在一起。近年来，除了新加坡、文莱，我国广西有近100家企业和地勘单位在越南、老挝、柬埔寨等东盟国家开展矿产资源情况调查，涉及矿产地（矿业权）650多个，涉及金、铜、铅锌、锡、钨等多种战略性矿产资源，我国与东盟国家加强矿产资源勘查开发合作的基础条件好、潜力大。此外，我国与东盟国家在基础设施建设和物流互通方面加强合作，致力于打造互联互通的区域交通网络，立体化国际运输大通道的建立也使得运距较短的优势显现，矿产资源的运输效率得以提高，降低了矿产资源的交通运输成本。从其他方面的比较优势角度来看，如遇特殊时期、非常时期，我国与东盟等国家因物流原因受到的威胁的可能性较低，可以保证资源的及时供给，从根本上缓解资源短缺的矛盾。

（二）交流合作平台不断搭建，推动更广泛的矿业合作

中国—东盟博览会为我国与东盟产业与经贸合作提供了重要的平台，2023年9月举行的第20届中国—东盟博览会共组织签订投资合作项目470个，总投资额4873亿元，其中制造业投资占比超过65%，包括上海榕融新材料科技有限公司投资107亿元建设的氧化铝连续纤维制品项目，以及中建集团投资106亿元建设的高纯硅基新材料产业园项目，这些重大项目与战略性矿产资源利用息息相关，可见中国—东盟博览会为我国与东盟在矿业及相关领域的合作提供了重要的交流平台。

2023年5月18日，由自然资源部和广西壮族自治区人民政府共同主办的第十二届中国—东盟矿业合作论坛暨推介展示会

在南宁开幕，该论坛是我国与东盟国家级别最高、规模最大的国际矿业盛会，自2010年落户南宁以来已成功举办12届，累计参展参会企业3400家，完成推介洽谈项目1390多个，签约项目160多个，签约金额660多亿元，是我国与东盟矿业合作的重要体现。中国—东盟矿业合作论坛经过多年的务实合作和发展，共识不断增强，领域不断扩大，机制不断完善，成果不断丰富。论坛影响力从东南亚扩展到中亚、西亚、非洲和欧洲等区域的共建“一带一路”国家。

近年来，我国与东盟各国在矿业勘查、开发、加工、贸易和下游产业园全产业领域以及矿业科研和能力建设等方面的合作不断深化，人才培养及其他方面的合作日趋频繁，矿业合作成为我国与东盟最成功、最具有活力的合作领域之一。2013年5月10日，中国—东盟矿业人才交流培训中心在第四届中国—东盟矿业合作论坛暨推介展示会开幕式上正式揭牌成立，该中心旨在促进我国与东盟在地质与矿产资源领域技术及管理人才的交流，深化矿业领域全面合作，实现共同繁荣。

2018年，我国与东盟共建的唯一区域性国际地学合作平台——中国—东盟地学合作中心成功落户南宁。同时，广西还完善“中国—东盟矿业信息服务平台”，建成“东盟地学数据库”，面向东盟国家的矿业大数据服务平台建设已具备有利条件。中国—东盟地学合作中心自成立以来，得到国内外矿业主管部门和企业的极大关注，如柬埔寨、印度尼西亚、马来西亚等国都表达了希望与我国广西进一步加强矿产资源勘查开发合作的意愿。

(三)与东盟矿产资源互补性强,激发合作动力

我国与东盟开展矿产资源战略合作的一大优势在于双方资源互补性强,且广西、云南与东盟国家接壤,合作有着天然的便利条件。西部陆海新通道、中老铁路等基础设施“硬联通”,以及通过 RCEP 规则等“软联通”的不断完善,可以加强我国与东盟矿业合作以实现资源的优化配置,提升资源利用效率,较好地发挥我国与东盟国家在资源互补方面的优势。[1]

我国作为世界矿产资源消费大国,对能源、稀土、金属等战略性矿产资源的需求量极大,而东盟国家拥有丰富的矿产资源,特别是石油、天然气、煤炭等资源,双方在矿产资源方面的互补性意味着存在巨大的合作潜力,可以实现资源共享与互利共赢。以广西为例,根据《广西壮族自治区矿产资源总体规划(2021—2025年)》,到 2025 年广西矿产资源中自产量对产能需求量的满足度低于 50% 的有煤、原油、铁、铀、锰、钛、铅锌、钨、锑、金、银、钼、稀土等多种资源,镍、钴、锂等新能源矿产资源满足度则几乎为零。优势矿种中,锡、铜、铝土、高岭土等虽然近期满足度较高,但难以满足长远需求。根据《全球锂、钴、镍、锡、钾盐矿产资源储量评估报告(2021)》[17],东盟国家的镍矿、铝土矿、钴矿、锡矿、铜矿、金矿等矿产资源的探明储量分别占全球总量的 32%、20%、16%、14%、14%、6%,与广西紧缺的矿产资源有很强的互补性。

(四)相邻的地理区位优势,为矿业合作提供机遇

我国与东盟山水相连,同时我国的优势矿产资源,又正好是

---

〔1〕 参见张杰、逯艳:《提升产业链供应链韧性和安全的理论探究与实现路径》,载《中州学刊》2023 年第 7 期。

东盟国家紧缺的,在矿产资源储量方面,我国具有显著优势。近年来,我国地质矿产部门积极与东盟国家的政府部门、矿产资源开发企业合作,成果显著。目前,"一带一路"建设在矿产资源领域与东盟国家开展了更紧密和广泛的合作,其中,与东盟地理相邻相近的广西、云南、广东的矿产资源与东盟各国的合作潜力更大。

1. 广西矿产与东盟矿产合作

广西位于环太平洋成矿带与古地中海喜马拉雅构造带的复合部位。区域地质情况复杂,在漫长的地质历史进程中,广西大地几度沧桑,经历过多旋回的构造运动和岩浆活动,沉积岩层发育,分布面积达21万平方千米,地质环境独具特色,成矿条件有利,矿产资源丰富(见表4-1)。

表4-1　广西矿产资源种类及数量

主要矿产资源类别	矿产资源名称	探明储量(种)
黑色金属矿产	铁、钛、锰、铬铁等	116
有色金属矿产	铜、铅、锌、铝、镁等	246
贵金属矿产	金、银、铂等	51
稀散金属矿产	铌、钽、锆等	77
能源矿产	煤、石煤、泥炭、石油、天然气、油页岩和铀矿等	199
非金属矿产	萤石、冶金用白云岩、耐火黏土、硫铁矿、重晶石、石灰岩、砷矿、硼矿、磷矿、滑石、云母、叶蜡石等	211
地下水水源	区域地下天然资源总量达798.46亿立方米/年	30

资料来源:根据中国矿业网发布的数据整理。

广西矿产资源的特点是矿种多、储量大，不同矿产分别集中在相关的区（带）之中。广西矿产资源保有资源储量居全国首位的有14种，居全国前10位的有64种，其中位居全国前茅的优势矿产有锰、锑、锡、铝、钨、铀、铅锌、金、铟、钛、稀土、稀有高岭土、重晶石、滑石、膨润土等，素有“有色金属之乡”之美誉。此外，水泥用灰岩和花岗石、大理石矿质优量大，镍、钼、银等有色、贵金属矿产也有较好远景，建材及非金属矿产的资源量更大。但是，广西需求量较大的石油、天然气、煤、铁、铜尤其是富铁富铜等矿产资源较少。

从矿产资源的储量和分布上来看，由于地理相邻、地质构造相似等原因，广西与东盟国家矿产资源情况既有共性又有个性，具有合作的基础。东盟国家的石油、天然气、铜矿、铁矿、金矿、宝石、翡翠等矿产比较丰富，且矿石品位高，分布相对集中，开采相对容易，相对广西来说具有比较优势。东盟国家需要广西的优势矿产，如铅锌矿、滑石矿、重晶石、钛矿等，广西则需要东盟国家的优势矿产，如铁矿砂、锑矿砂等。

从双边矿产贸易情况来看，广西从东盟进口的产品以资源性产品为主，包含各类金属矿以及煤炭，广西出口东盟的矿产品则较少。东盟较好地从自然禀赋方面与广西乃至中国进行互补，同时广西从东盟进口矿产品的贸易主体基本为民营企业，除了一般贸易，也较多采用边境小额贸易的形式进口。

2. 广东矿产与东盟矿产合作

广东北依南岭，南濒南海。地层发育较齐全，岩浆活动频繁，地质构造和变质作用较复杂，成矿地质条件良好，矿产资源丰富。广东省已发现矿产129种，其中探明储量的矿产有89种（见

表4－2)。

表4－2　广东矿产资源种类及数量

主要矿产资源类别	矿产资源名称	探明储量(种)
燃料及放射性矿产	煤、油页岩、泥炭、含油腐泥、石油、天然气、石煤等	7
黑色金属矿产	铁、锰、钛等	4
有色金属矿产	铜、铅、锌、铝、钴等	11
贵金属矿产	金、银、铂等	2
稀有及分散元素矿产	铌、钽、铍、锂等	14
冶金辅助原料非金属矿产	夕线石、普通萤石、熔剂用灰岩、冶金用白云岩等	8
化工原料非金属矿产	硫铁矿、芒硝、重晶石、天然碱等	7
建筑材料及其他非金属矿产	石墨、压电水晶、熔炼水晶、光学水晶、工艺水晶等	32
其他水气矿产	地下淡水、矿泉水、地下热水等	4

资料来源:根据中国矿业网发布的数据整理。

广东制造业尤其是高端制造业不断发展,属于产业发展对战略性矿产品需求较大而自身矿产品比较缺乏的地区,本地供给远远跟不上产业需求,因此需要进口矿产品。同时,广东深圳通过打造全国首家千亿级大宗商品交易平台,集聚矿产品的物流、商流、信息流、资金流,为我国与东盟矿产品交易提供了渠道和平台。

3. 云南矿产与东盟矿产合作

云南矿产资源丰富，是我国的资源大省之一。全省已建立国有矿山 286 座，乡镇及个体矿山 10578 座，年矿石挖掘量 18028 万吨，年矿业产值近百亿元(见表 4 –3)。

表 4 –3　云南矿产资源种类及数量

主要矿产资源类别	矿产资源名称	国有矿山	个体矿山	年挖掘量	已发现矿	已探明储量的矿种
燃料矿产	煤(含石煤)	286 座	10578 座	18028 万吨	137 种	92 种
金属矿产(含稀散元素)	铁、钛、钒、铜、铅、锌、镍、钴、钨、锡等					
非金属矿产	普通萤石、熔剂灰岩、冶金白云岩、耐火黏土、硫铁矿、明矾石、重晶石、电石石灰岩等					

资料来源：根据中国矿业网发布的数据整理。

中老铁路的开通运营，使云南加强了与东盟尤其是老挝的矿产资源合作，中老铁路运输的进口货物中主要的矿产品种类包括铁矿石、铜、铅、锡和锑，为云南各冶炼厂和矿产业相关企业提供了较好的原材料。随着中老铁路运行效率的不断提升，以及云南瑞丽、河口、磨憨口岸的通关便利化，越来越多的矿产品被进口到国内，推动了我国与东盟的矿产资源合作的不断深化。

二、各国矿业投资环境不断改善，外资投资逐步增加

随着经济社会的快速发展，我国对矿产资源的需求不断增长，各国对于矿业投资环境的改善已经成为推动战略性矿产资源合作与制度创新的重要举措之一。近年来，广西地勘单位投入大量资金和技术开展中国—老挝地质地球化学调查项目，完成老挝483个矿权评级评价工作，发现金、铜等矿（化）点。2019年，广西出资援建的柬埔寨国家地质实验室项目建成并顺利移交柬方，成为广西进入东盟矿业领域的重要支点。依托该援建项目，柬埔寨矿产能源部向广西地矿局提供磅士卑省奥拉地区约200平方千米的土地作为合作勘查区域。2022年6月，柬埔寨矿产能源部向广西地矿局提出希望继续加强柬埔寨国家地质实验室建设、地质矿业技术人员培训、矿业信息化建设、柬埔寨重点地区矿产资源潜力调查评价、柬埔寨东部地区基础地质调查等五个方面合作的强烈意愿，标志着柬埔寨全境矿产资源开发向广西开放。此外，广西地矿系统还完成了柬埔寨、缅甸、老挝、马来西亚、印度尼西亚等东盟国家11个矿产勘查项目。

我国与东盟国家对外商投资的政策逐渐放宽，为矿业的发展提供了更多便利。例如，完善法律框架和政策措施，2018年柬埔寨通过的《国家矿产资源政策（2018—2028）》，旨在通过高质量的治理实现矿产资源的开发持续性，为外国投资者提供更加稳定和可预期的投资环境，吸引了大量外资涌入矿业领域。

（一）完善政策促进矿产资源战略合作

环境政策在促进我国与东盟国家矿产资源战略合作的政策

中居于主导地位。我国与东盟国家之间矿产资源合作战略确立之后,将给双方在贸易、服务和投资等方面的合作带来便利,对于两大区域之间矿产资源合作具有重大意义。通过改善软硬件环境能够更好地维护双方的合法权益。

2023 年 7 月 11 日,自然资源部全面启动实施新一轮找矿突破战略行动,激发矿业市场活力。一是完善矿业权出让收益征收管理制度,将征收方式由一次性征收,改为主要在矿山生产时按销售收入逐年征收。二是完善矿产资源勘查开采登记管理,鼓励实施矿产资源综合勘查;放活探矿权二级市场,放开招标拍卖挂牌取得的探矿权转让年限限制,允许探矿权流转;精简矿业权登记申请要件和审批环节,提高审批效率。此外,要深化矿产资源管理改革,允许夹缝资源、深部资源等以协议方式向同一主体出让矿业权;调整探矿权延续扣减面积比例、细化油气探采合一制度、延长探矿权保留期限、完善矿业权竞争出让等,促进矿产资源勘探开发。随后,自然资源部于 7 月 26 日发布《关于深化矿产资源管理改革若干事项的意见》[1],提出为贯彻落实党中央、国务院关于矿业权出让制度改革、石油天然气体制改革、加强重要能源矿产资源国内勘探开发和增储上产等决策部署,应充分发挥市场在资源配置中的决定性作用,更好发挥政府的主导作用,同时就深化矿产资源管理改革提出要全面推进矿业权的竞争性出让,严格控制矿业权协议转让,积极推进“净矿”出让,对推进同一矿种的探矿权采矿权出让登记进行同级管理,开放油气勘查开采市

---

〔1〕 参见自然资源部:《自然资源部关于深化矿产资源管理改革若干事项的意见》,载《稀土信息》2023 年第 8 期。

场,实行油气探采合一制度,调整探矿权期限,执行新的矿产资源储量分类,强化矿产资源储量评审备案,明确评审备案的范围与权限,规范财政出资的地质勘查工作等。2022 年,国家自然科学基金委员会与自然资源部中国地质调查局共同设立地质联合基金。[1] 该基金旨在紧密结合地质科学服务国家重大战略需求,推动地质事业高质量发展,引领全国地质行业相关研究领域的优秀人才,以解决影响和制约重大资源环境安全保障的基础地质问题和关键技术方法为核心,展开具有基础性、前瞻性和创新性的研究。这些政策的落实和实施,将有利于推进国家重要能源、矿产资源国内勘探开发和增储上产,也有利于将模式和技术应用到东盟各国。

2018 年,柬埔寨制定了《国家矿产资源政策(2018—2028)》,旨在通过高质量的环境治理,实现矿业可持续开发利用,造福当地百姓和社区。我国一直以来对柬埔寨经济社会发展给予大力支持,尤其在矿产能源、海洋地球科学与海洋地质、灾害治理等方面提供的帮助,极大促进了中国—东盟矿业的互利合作。

(二)技术合作成为发展趋势

我国在成矿环境与战略选区、成矿系统探测、成矿模式与勘查方法、突破"卡脖子"装备与技术方法研发、人工智能与勘查新技术、关键矿产和铀矿勘查、大宗矿产勘查、综合勘查找矿突破等方面已经取得关键性技术突破。相关理论、技术的研究,尤其在矿理论研究、探测技术方法研究和成矿系统探测、找矿勘查突破

[1] 参见《2022 年度国家自然科学基金地质联合基金项目指南》,载《中国矿业报》2022 年 6 月 10 日,第 2 版。

等方面领先于东盟国家。

从矿产资源的储量和分布上来看,我国与东盟国家矿产资源具有互补性。然而,由于东盟各国的经济发展水平不同,其矿产资源开发利用程度也存在较大差异。不少东盟国家,如老挝、缅甸和柬埔寨,由于政局动荡或自身经济、技术条件限制,其矿产资源勘查、开发程度不高。这些国家虽然拥有丰富的矿产资源,但受资金、技术和经验等因素的限制,开发利用程度较低。通过技术合作我国可以加强与东盟各国的矿产业链合作。

三、RCEP 生效深化各方合作

RCEP 覆盖了中国、东盟 10 国以及日本、韩国、澳大利亚和新西兰 15 个成员国约 23 亿人口,占全球人口的 30%。该协定的生效意味着全球最大的自贸区正式诞生,将进一步促进贸易和投资自由化、便利化;协定中相关措施,如降低关税和非关税壁垒、简化进出口手续等,将有助于降低贸易成本,为我国和东盟国家之间的矿产资源贸易畅通渠道。在 RCEP 背景下,双方通过增加合作,共同开发和利用战略性矿产资源,将较以往极大提升资源开发的效率。矿业作为区域内合作的重要产业之一,对采矿业与制造业稳定与发展有着重要意义。随着 RCEP 的正式生效,区域内矿产合作迎来了新契机。总体来看,RCEP 各成员国在矿业发展方面各有优势,产业链条具有较强的互补优势。

(一)拓宽矿产资源供应渠道、开拓区域内矿产市场

RCEP 第十章"投资"涉及投资促进、投资保护、投资便利化与自由化四个方面,为跨国投资便利化提供了政策性依据。从矿业投资方面来看,RCEP 成员国均采用负面清单方式对包括采矿

业领域在内的投资作出较高水平开放承诺，大大提高了各方政策透明度，实现扩大外商投资市场准入。例如，对东盟国家来说，RCEP 的签订将进一步扩大东盟地区在矿产资源、劳动力和土地资源上的优势，吸引中国、日本、韩国、澳大利亚等国企业在东盟各国进行矿业开发投资，加强技术交流，促进人才引进，促进东盟矿业的发展。

（二）区域性减免关税或零关税，促进自由贸易

RCEP 的多项条款有利于重新整合区域内的矿业市场，促进区域内国家在矿业产业方面的紧密合作，发挥各自的资源优势，并在产业融合的大背景下，谋求矿业产业的合作共赢。在原产地规则方面，RCEP 自贸区内原产地矿产品范围得到扩大，将显著提高协定优惠税率的利用率。例如，根据此前成员间双边自贸协定、原产地规则不能算作某国原产的某一种矿产品，经过区域价值累积后，将可能被认定为 RCEP 区域原产，享受 RCEP 优惠关税。

从矿产品贸易方面来看，RCEP 通过区域性关税减免以及零关税，促进了自由贸易，进一步扩大区域内矿产的贸易交流。印度尼西亚、老挝、缅甸等东盟国家是矿产品出口大国，且主要出口国为中国、日本、韩国等 RCEP 成员国。Resource trade 数据显示，东盟国家出口中国的有色金属产量占其出口总量的 91%、稀土占出口总量的 68%；出口到韩国的黄金占出口总量的 80%；出口到中国、日本、韩国 3 国的煤炭占出口总量的 45%。随着部分矿产品贸易实现零关税，从区域内国家进口矿产品的成本将显著降低，从而进一步推动自贸区内的矿产资源贸易变得更加频繁，矿

产资源市场将有望进一步扩大。[1]

（三）抢抓 RCEP 机遇，促成矿业转型升级

2020 年受新冠疫情影响，制造、交通运输等行业业绩下滑，石油、铁、铜等主要矿产品需求减少，全球矿产资源消费整体下降。但 2021 年以来，矿产品价格剧烈震荡，屡创新高，投资者对矿业市场的信心回调。中国经济持续平稳恢复，中国矿业市场持续好转，韧性增强。[2] 中国采矿业固定资产投资由降转增，采选业企业利润创新高，矿产品生产继续保持增长，能源结构加快优化，大宗矿产品进口保持高位。特别是新能源汽车产业所需的矿产消费保持了较快增长，意味着矿业产业的开采需求正逐渐由传统的煤炭资源向更有利于新能源发展的矿石资源迈进。

此外，全球矿产资源供需结构和矿业格局正孕育着重大变化。域内许多国家加紧推进矿业勘探、开采的转型升级。澳大利亚加快推进绿色矿业，提高矿业发展质量；印度尼西亚等国则通过调整税费等政策，延伸矿业产业链，强化本土矿业权益。东盟 10 国均已与我国签署了共建“一带一路”合作文件，是高质量共建“一带一路”的重点地区，我国与东盟各国正通过高质量共建“一带一路”倡议不断拓展矿业合作。自 2013 年 9 月我国提出共建“一带一路”倡议以来，共建国家合作越来越密切，呈现出良好的发展态势，推动了全球能源资源的合理配置，推动矿业版图的不断变化。国际矿业合作的步伐在不断加快，为矿业发展带来了

---

〔1〕 参见肖克炎、邢树文、丁建华等：《全国重要固体矿产重点成矿区带划分与资源潜力特征》，载《地质学报》2016 年第 7 期。

〔2〕 参见郭娟、崔荣国、闫卫东等：《2021 年中国矿产资源形势回顾与展望》，载《中国矿业》2022 年第 1 期。

新的历史性发展机遇。据统计,截至2020年,共建“一带一路”国家矿产有近200种,价值约250万亿美元,占全球的60%左右。其中,重要固体矿产资源包括铜、金、镍、铝土矿、铁矿石、锡、钾盐等。共建“一带一路”国家矿产资源丰富且开发潜力大,对全球矿业发展起着决定性作用;共建“一带一路”国家矿产品种、基础设施等均与我国存在互补,我国盛产的钨矿和稀土能够被共建国家所利用,同时具有建设经验、技术、资金等优势,彼此合作能够达到互利双赢的目的。

科技创新的大潮流引领着传统矿业转型升级,也推动着数字化技术的不断革新,大数据、人工智能、移动互联网等现代信息技术将与矿业发展深入融合。RCEP背景下,中国、日本、韩国和东盟国家在5G智慧矿山、绿色矿山建设、投资建厂等方面将拥有巨大的合作空间。

RCEP的生效将促进跨国投资的增加。近年来,我国与东盟各国在矿业勘查、开发、加工、贸易等全产业的合作持续深入,在矿业科研等领域的合作日益频繁,矿业资源已成为中国与东盟最为成功和最具活力的合作领域之一。在2023年5月19日举办的中国—东盟矿业合作论坛暨推介展示会上,现场推介的17个项目中有12个项目参加,意向金额达20亿元,这为我国与东盟国家的矿业合作搭建了重要平台,促进更多合作项目和合作伙伴关系形成,吸引更多的投资资金流入战略性矿产资源相关领域,在技术、设备和资金方面进行合作和创新,为各方投资者创造更加稳定和透明的营商环境。

(四)合作模式的多样化促进战略性矿产资源合作走深走实

中马钦州产业园开创“两国双园”产业合作模式,大力促进炼油及石化产业的发展，充分利用国际原材料，实现“从无到有”以及“从小到大”的发展，形成了西南地区最大的能源化工基地，为我国与马来西亚的能源合作奠定了良好基础。与此同时，广西崇左正在凭祥规划建设首个中越“两国双园”项目，打造跨境产能合作平台，吸引企业“落户广西 + 转移越南”跨境布局生产，推动信息产业及跨境加工产业链的发展。类似的国际合作项目还有中印(印尼)经贸合作区、中新南宁国际物流园等。此外，中老铁路的开通运营以及沿线的物流园区的不断完善，配套的海外仓、物流园区及产业园区的建设，为我国与东盟战略性矿产资源的开发和利用提供了通道及产业园区，也为我国与东盟战略性矿产资源合作提供了创新型合作案例。

第二节 面临的主要挑战

一、安全合作的硬性制约因素

(一)基础设施有待完善

基础设施是产业合作的基本前提和重要条件，矿业合作涉及的基础设施包括交通、能源、通信等多领域，这些基础设施在合作项目实施时起着关键的支撑作用。然而，许多东盟国家的基础设施建设相对滞后，存在交通拥堵、能源供应不稳定以及通信网络覆盖不全等问题。[1] 国家之间的“硬联通”不尽完善，基建发展

---

〔1〕 参见吴巧生、周娜、成金华：《战略性关键矿产资源供给安全研究综述与展望》，载《资源科学》2020 年第 8 期。

需求处于高位。基础设施建设因此成为我国与东盟共建“一带一路”进程中的重点领域，需着重加强铁路、公路、港口、机场、电力、通信等基础设施的互联互通合作。[1] 我国与东盟国家在基础设施建设方面的合作，虽取得较大成绩，但也存在一些问题。例如，铁路、公路、港口、工业园区等基础设施建设项目投资规模大、建设周期长、收益见效慢，有些东盟国家担心开展太多大型基础设施项目建设会引发债务风险，也难以立竿见影产生利润。

交通基础设施总量不足、结构不合理、通达度不够将限制资源的流动，这一点在我国与东盟的矿产资源合作上体现为跨境战略性矿产资源的物流成本较高，运输效率低下，制约资源的利用和开发。能源基础设施的布局不完善会影响资源的开采和供应。部分东盟国家能源供应来源不稳定，存在能源短缺和断供的风险，这给我国与东盟国家战略性矿产资源合作带来了不确定性，可能影响合作项目的可持续发展。

通信基础设施的不完善同样也会制约矿产资源合作的深入推进。在数字信息时代，快速、可靠的通信网络对于合作项目的顺利推进有着至关重要的作用。2023 年第十二届中国—东盟矿业合作论坛暨推介展示会强调要大力发展“互联网 + 矿业”，建设数字矿山、智慧矿山，全面构建绿色矿山发展新模式。然而，部分东盟国家通信网络覆盖率低，网络速度较慢，互联互通能力有限，给合作双方的沟通与协调带来了困难，影响合作效率。

---

〔1〕 参见宋清润：《“一带一路”倡议下的中国—东盟合作：机遇、挑战与建议》，载《世界知识》2017 年第 12 期。

(二)战略性矿产资源产业链与供应链单一

在当前的合作格局下,我国与东盟国家战略性矿产资源合作集中在资源开采、加工和生产环节。这种产业链的单一性使得合作易受到供应链断裂、资源过度依赖和市场风险等方面的限制。矿产资源的开采和加工集中在少数国家或企业手中,一旦供应链中的任何一个环节出现问题,例如自然灾害、政治不稳定或经济变化等,都可能导致供应链断裂,影响合作的顺利进行。此外,矿产资源的稀缺性和需求的增长,使我国与东盟国家在资源供应方面存在相对的依赖关系。过度依赖可能使我国面临供应不足和价格波动的风险,而东盟国家则可能受资源市场的垄断控制。同时,矿产资源的市场需求和价格变动受多种因素影响,包括全球经济形势、技术创新和政策调整等。这些不确定因素给合作带来了风险,可能导致资源价格的波动和合作收益的不稳定。

现有矿产资源产业链的界定主要从局部和全局两方面展开,其中局部是指从勘探到土地复垦全周期的单一矿业项目的产业链,而全局则是考虑矿产品生产、加工、使用、废弃和回收等环节的全生命周期过程。安海忠教授在2017年矿业全产业链大会上作《基于大数据的矿业全产业链研究》报告时提出了"矿产资源全产业链"的概念,包含上游勘探开发以及采掘和洗选等粗加工,中游加工和产品制造,下游行业应用和循环利用等多个环节物质流动和环境影响的半闭环过程。[1] 随着各国对战略性矿产资源和关键矿产的不断关注,需求也在持续增加,在提前布局矿

---

〔1〕 参见安海忠、李华姣:《战略性矿产资源全产业链理论和研究前沿》,载《资源与产业》2022年第1期。

产资源一次供应的同时，学者们普遍开始关注资源的循环利用，由此又提出了“闭环供应链”和“循环产业链”等术语。我国需要加强与东盟各国以价值增值和保障经济安全可持续运行为目标的合作，包括矿产资源勘探、开采和洗选等矿业项目阶段，冶炼（或提炼）、加工和生产等矿产品生产加工阶段，产业嵌入和行业使用阶段以及回收循环利用阶段四个阶段，以矿产资源流动为主线，以技术创新为支撑，蕴含资源、资产、资本、环境多重属性互动的产品、企业、产业、国家多主体交互作用的复杂系统。

面对这些挑战，我国在与东盟国家实施矿产资源战略合作的过程中必须充分挖掘东盟的矿产资源优势，逐步建立与东盟资源合作的风险基金，及时跟踪市场信息，研究国内外矿产资源合作融资信息，[1]通过建立可靠的数据和信息交流平台，及时了解资源市场的动态。共同应对供应链中的潜在风险，需要各方加强合作，共同研究解决方案，实现可持续发展，促进共同繁荣。同时，要优化资源分布和采购模式，降低资源过度依赖的风险。加强市场分析和预测，制定灵活的合作策略，解决产业链与供应链单一问题，使双方在市场波动中能够灵活应对，实现合作的稳定和可持续发展。

（三）战略性矿产资源产业链与供应链的配套设施不完善

当前，战略性矿产资源在我国与东盟国家的经济发展中起着重要作用，但由于配套设施建设的不平衡，矿产资源的开发与输送面临着一系列挑战。一些地区缺乏有效的矿产资源开发设施，

---

〔1〕 参见熊辉：《中国—东盟相关矿产合作及政策分析》，载《中国国情国力》2011 年第 6 期。

包括采矿设备、加工厂和运输设施等，导致矿产资源开发效率不高，限制了资源的运输能力。交通和物流运输的不便利，使矿产资源的开发与出口困难重重，影响供应链的畅通。

矿产资源的开采、加工和运输涉及多个环节和多个参与方，需要各个环节紧密衔接，形成顺畅的供应链。然而，在实际操作中，战略性矿产资源的开发与运输涉及一定的安全风险，包括矿产资源的保护、交通安全和设备安全等。由于信息流、资金流和物流之间不协调，供应链的连接不够紧密，资源的运输效率低下，甚至资源供应短缺，对资源产业链与供应链形成威胁。

1. 配套政策不足

缺乏配套的保护措施和法律法规也是我国与东盟国家战略性矿产资源安全合作面临的一个挑战。在战略性矿产资源合作中，合作双方需要充分保障自身的利益，避免出现资源损耗和环境破坏等问题。以广西为例，当前广西企业和地勘单位“走出去”仍面临一系列制约因素，企业在国际上参与资源配置和市场竞争的能力较弱，国际化经营管理的经验不足，地质找矿的技术研究和应用相对滞后，企业间无序竞争现象仍较普遍。各管理部门间的统筹协调能力还需要加强，配套支撑体系仍需健全，“走出去”便利化程度还需要进一步提高，企业获得项目信息的成本还较高，对审批、通关、出入境手续、资金汇入汇出等需进一步加大支持力度。

2. 战略性矿产资源产业链供应链安全风险高

战略性矿产资源产业链供应链安全涉及经济、贸易、国际关系和地缘政治等多个领域，参与的利益群体也较为复杂。不同利益群体诉求的差异性、资源分布的分散化及产业链分工机制的不健全，使得战略性矿产资源产业链供应链安全极具复杂性。

众所周知，矿产资源是工业的粮食和血液，是国家战略安全的重要组成部分，是经济社会发展的重要物质基础。目前95%以上的能源、80%以上的工业原料、70%以上的农业生产资料均来自矿产资源。我国矿产资源总量丰富、品种齐全，但人均占有量少，大多矿产资源质量差，成分复杂的共（伴）生矿多，开发利用难度较大。一些重要矿产短缺或探明储量不足，不少关键矿产资源需要大量进口才能满足需要。矿产资源勘查开发事关国计民生和国家安全，因此积极探索如何提高战略性矿产资源的保障能力就显得非常必要而紧迫。

战略性矿产，顾名思义，是对国家具有重大战略意义的矿产，对国家的科技、经济、军事乃至国防都有着重大意义。战略性矿产资源是一个国家综合国力的重要体现，因此，对战略性矿产资源的研究、勘查和开发不容忽视。

不同国家国情不同，对战略性矿产资源的界定也不尽相同。国务院批准的《全国矿产资源规划（2016—2020年）》表明，中国的战略性矿产有24种。能源矿产有石油、天然气、页岩气、煤炭、煤层气、铀；金属矿产有铁、铬、铜、铝、金、镍、钨、锡、钼、锑、钴、锂、稀土和锆；非金属矿产有磷、钾盐、晶质石墨和萤石。[1]

战略性矿产资源的短缺需要考虑到供应风险和替代性问题，

---

〔1〕 参见丁全利：《我国将24种矿产确定为战略性矿产》，载《中国国土资源报》2016年11月30日，第1版。

这是影响划分战略性矿产的关键因素之一。从全球矿业总体态势来看，矿产资源总量丰富，按当前开采水平估算，绝大多数矿产储采比均高于30，而且技术的不断进步全方位拓展了矿产资源开发利用的范畴和空间，极大地提高了全球矿产资源的供应能力。但是，由于资源禀赋、全球资源市场供给形势等因素影响，我国矿产资源的供应结构性矛盾十分突出，战略性矿产资源勘探开发力度不够，多种大宗矿产资源保有储量面临开发殆尽的局面。

3. 主要矿产品进口来源集中度较高和运输通道相对单一

目前，我国石油、天然气、铁矿石、铜、铝、镍、锂、钴、钾盐等矿产品进口主要来源于沙特阿拉伯、安哥拉、伊朗、澳大利亚、土库曼斯坦、刚果(金)、菲律宾、智利、秘鲁、几内亚、印度尼西亚等国家。例如，约1/3原油从伊拉克、伊朗、委内瑞拉等地区进口，约2/3铁矿石从澳大利亚进口，并且主要依赖南海航线、太平洋航线等海上运输。在国际地缘政治复杂动荡的形势下，海上运输通道局部中断或大面积停航的风险日益上升。多国港口装卸受阻，可能影响矿产资源的及时供应。

我国在全球基础工业金属领域占据重要地位，铜、铅、锌、镍等供给和需求占全球一半左右(见表4－4)，但是上游原材料大部分需要依靠进口，铁矿石超过80%需要靠进口，铜矿、铝土矿、锌精矿、镍矿等也基本有一半以上需要依靠进口补充。

表 4－4　基础工业矿产资源主要供给、消费及进出口国家或地区世界产量占比

矿产资源			主要供给国/地区	主要消费国/地区	主要进口国/地区	主要出口国/地区
黑色金属	铁	铁矿石	澳大利亚（41%）、巴西（20%）	中国（>50%）	中国（68%）、日本（8%）、韩国（5%）	澳大利亚（53%）、巴西（23%）
		生铁/粗钢	中国（56%）、印度（6%）	中国（50%）	美国（46%）、意大利（13%）、土耳其（11%）	俄罗斯（48%）、乌克兰（30%）
有色金属	铝	铝矿石	澳大利亚（30%）、几内亚（20%）、中国（19%）	—	中国（74%）	澳大利亚（55%）、印度尼西亚（22%）
		电解铝	中国（57%）	中国（64%）、美国（5%）	韩国（12%）、意大利（10%）	俄罗斯（14%）、阿联酋（12%）、印度（10%）
	铜	铜矿石	智利（28%）、中国（8%）	—	中国（60%）、日本（13%）	智利（18%）、澳大利亚（10%）、墨西哥（8%）
		精炼铜	中国（40%）、智利（10%）	中国（54%）	中国（42%）、巴西（8%）、美国（8%）	智利（26%）、刚果（金）（14%）、俄罗斯（8%）

续表

矿产资源			主要供给国/地区	主要消费国/地区	主要进口国/地区	主要出口国/地区
有色金属	镍	镍精矿	印度尼西亚(30%)、俄罗斯(11%)	—	中国(85%)	菲律宾(48%)、印度尼西亚(48%)
		精炼镍	中国(35%)、日本(8%)、俄罗斯(6%)	中国(57%)	中国(23%)、美国(12%)	俄罗斯(21%)、加拿大(17%)、挪威(15%)
	锌	锌精矿	中国(32%)、澳大利亚(12%)、秘鲁(10%)	—	韩国(28%)、西班牙(15%)、日本(11%)	澳大利亚(22%)、秘鲁(19%)
		精炼锌	中国(46%)、韩国(6%)	中国(50%)	中国(20%)、荷兰(10%)	韩国(15%)、西班牙(13%)、澳大利亚(10%)
	铅	铅精矿	中国(42%)、澳大利亚(11%)	—	中国(50%)、韩国(17%)	秘鲁(15%)、俄罗斯(13%)、澳大利亚(12%)
		精炼铅	中国(42%)、美国(8%)、印度(7%)	中国(41%)、美国(13%)、印度(7%)	美国(23%)	韩国(14%)、加拿大(10%)、澳大利亚(10%)

续表

矿产资源	主要供给国/地区	主要消费国/地区	主要进口国/地区	主要出口国/地区
原油	欧佩克(35%)、美国(19%)、俄罗斯(12%)	美国(20%)、中国(16%)、欧盟(12%)、印度(5%)、日本(4%)	中国(26%)、美国(14%)、印度(11%)	欧佩克(50%)、俄罗斯(12%)、美国(7%)、加拿大(7%)
煤炭	中国(48%)、其余单个国家低于10%	中国(53%)、印度(12%)、美国(6%)	中国(18%)、印度(16%)、日本(14%)、韩国(11%)	澳大利亚(29%)、印度尼西亚(27%)、俄罗斯(18%)
天然气	美国(24%)、俄罗斯(17%)、伊朗(7%)	美国(24%)、俄罗斯(17%)、中国(8%)	中国(11%)、日本(9%)、美国(6%)、韩国(4%)	俄罗斯(20%)、卡塔尔(11%)、美国(10%)、加拿大(8%)

资料来源:根据公开数据整理。

2022年我国铁矿石进口量达到11.07亿吨，对外依存度长期高达80%左右。作为全球最大的钢铁生产国，我国却无法掌握原料端的定价。供给侧结构性改革的红利几乎被铁矿石高涨的价格抵销，导致国内钢铁行业亏损。从2022年我国铁矿石进口主要来源国来看，澳大利亚、巴西稳居前两名，分别占比高达65.8%和20.5%。

2022年我国铜精矿进口达到2527万吨，再创历史新高。2022年废铜进口177万吨，算上铜精矿，我国在铜原料端的对外依存度高达70%。但与铁矿石不同的是，我国在铜原料端的出海战略较为成功。截至2022年年底，我国在海外实施的铜矿项目超过50个，控制铜资源量超过1.8亿吨，其中权益资源量达到1.4亿吨，控制的铜精矿权益产能超过200万吨。中国铝业集团有限公司、中国五矿集团有限公司、紫金矿业集团股份有限公司、中国有色矿业集团有限公司等企业逐渐成为全球重要的铜矿生产商。其中，紫金矿业集团股份有限公司率先进入全球铜矿开发第一方阵，旗下的卡莫阿—卡库拉铜矿拥有铜资源量4359万吨；二期工程于2022年3月投产，实现年产铜超过45万吨，成为全球第四大产铜矿山；三期工程建成后，最高年产铜量达80多万吨，成为全球第二大产铜矿山。

我国镍矿对外依存度高，大部分需要进口。成都地质调查中心综合数据显示，目前我国从东盟进口镍矿占比高达92.3%，进口来源国主要是菲律宾和印度尼西亚，分别占进口总量的85.96%和13.7%。[1] 全球镍矿储量主要集中在印度尼西亚、澳

[1] 参见覃圣云：《东盟国家镍矿政策变化及对策建议》，载《企业科技与发展》2020年第3期。

大利亚及巴西，这三国占全球镍矿储量的55%以上。镍矿储量中红土镍矿和硫化镍矿储量分别占60%和40%。红土镍矿主要分布在印度尼西亚、巴西、古巴及菲律宾。硫化镍矿主要分布在俄罗斯及中国。除了基本金属，我国在大部分小金属领域占据着绝对话语权，在锂的资源储量上，我国相对处于弱势地位。

为克服这些挑战，我国与东盟国家可以加强基础配套设施建设，提高矿产资源产业链与供应链的配套设施完善度，加强信息共享和合作，增强供应链的协同效应，减少资源运输过程中的时间和成本损耗，确保矿产资源的开发与运输过程中的安全。

二、安全合作与制度创新的软性制约因素

（一）战略性矿产资源产业人才缺乏

我国是矿业大国，但并不是矿业强国，人均矿产资源占有量低于世界平均水平，矿产资源质量较差，地理分布不均衡，大型、超大型矿和露采矿较少，开发利用率较低，选矿及冶炼技术落后。我国铁矿、锰矿、铬铁矿、铜矿、铝土矿等重要矿产短缺或探明储量不足，大多数重要矿产依赖国外进口。矿产资源的开发与利用要求高度专业化的知识和技能。与发达国家相比，我国在矿产资源领域的人才储备严重不足。矿业开发集勘探、开采、冶炼、加工、销售于一体，综合性很强，需要大量懂技术、会经营、善管理、懂周边国家语言和熟悉所在国政策法规的复合型人才，[1]但目前专业人才严重紧缺。据广西地矿局科技与对外合作处相关人

---

〔1〕 参见于克信：《论中国西部企业面向东盟国际化经营的战略向量与对策——以云南资源型企业及加工业为例》，载《经济问题探索》2012年第1期。

员介绍,东南亚成矿地质条件良好。例如锡矿,就呈带状分布在缅甸、泰国、马来西亚、印度尼西亚等国,绵延近4000千米,包含40多处大型锡矿床。菲律宾、越南的铬铁矿比较丰富,铁矿则在越南、老挝分布广泛。此外,越南的煤矿具有规模大、煤层厚、质量好的特点。与丰富的资源蕴藏量不相称的,是大部分东盟国家相对落后的矿产资源勘探水平。一些专家提到,很多东盟国家都没有对本国的矿产资源进行过全面调查,"也就是根本没有摸清家底"。出现这一情况的原因,主要是缺少资金和专业人才。为此,应大力储备人才,组建一支既有矿产资源专业技术人才,又有能与矿产国际运作相适应的国际法律人才等多学科的人才队伍。加大战略性矿产资源开发利用教育培训投入力度,培育更多专业人才,提升矿产资源产业人才技术水平和创新能力。

(二)战略性矿产资源产业技术相对落后

矿产资源开发对技术要求较高,矿业企业成功的经验都离不开技术创新的推动作用,各类矿业企业无一例外地关注技术方法的应用,很多企业还投入巨资开展技术研发,或者引进先进技术装备。长期以来,我国矿产资源产业技术创新驱动不够,深度勘查能力有限,在某些方面落后并受限于发达国家,"卡脖子"技术在制约战略性矿产资源开发上尤为突出,关键性技术壁垒加大了资源生产难度。

目前,我国约2/3的战略性矿产需要进口,其中,石油、铁矿石以及铜、铝、镍、钴、锆等,对外依存度已经超过70%,锂、镍、钴等涉及新能源的金属矿产对外依存度居高不下,矿业危机加剧的状况仍在持续。与此同时,国内矿产勘查市场萎缩、勘查开发活力不足、科技支撑力度不强等问题仍是矿产资源领域的难点。主要发达国家及大型跨国矿业公司控制着世界上绝大部分战略性矿产资源,资源垄断与技术垄断的格局已基本形成。与此同时,许多资源输出国都在不同程度上采取立法等手段抬高资源合作门槛。目前世界上前10家大型矿业公司掌握着西方国家半数以上铁、铜、金和锌等矿产,而淡水河谷、必和必拓、力拓3家企业则掌握着世界绝大部分的铁矿石生产活动。主要发达国家及大型跨国公司也纷纷斥巨资、投入人力设立研究开发中心或组织,在矿产资源领域掌握高端、核心技术,把控、引领全球矿业技术走向,从而达到掌控全球资源的目的。另外,部分资源输出国对他国矿产资源进口量大的行为实行许可证管理制度或者增加严苛附加条件,加大了资源合作难度。

我国是世界矿产资源消费大国,当前我国年均消费水平相当于美国、欧盟和日本等世界主要发达经济体消费量之和,煤炭、铁矿石、铜、铝和镍的消费量均超过世界消费量的一半左右。随着新一代信息技术和高端装备制造战略新兴产业的迅猛发展,战略性矿产需求将继续保持高位态势,尤其是对部分使用量较少的战略性矿产(如稀土、钴、锂等)的需求还会持续增长。因此,我国矿产资源保障面临的形势十分严峻。

在改革的新时代,先进的技术方法、新型设备、新理念和实践经验不断涌现,十分有必要为此建立一个合作平台,充分交流、分享这些宝贵的经验和成果,以此推动矿业创新、可持续发展。

(三)有关战略性矿产资源产业的政策不稳定与制度不完善

我国与东盟国家的战略性矿产资源合作存在政策不稳定和制度不够完善的问题。由于资源的稀缺性和高价值的特点,各方希望通过合作获得更多的资源利益。但各国之间在政策和法律制度等方面存在差异，导致资源利益的分配不平衡并由此引发合作关系的不稳定问题，甚至产生矛盾。

各国之间缺乏一致的政策框架，缺乏明确的合作机制和规则，导致合作存在困难和不确定性。政策制定和调整的周期较长，缺乏弹性，无法及时应对市场和合作需求的变化。对于投资方来说，政策的不确定性增加了风险和成本，影响其决策的稳定性和可预测性。对于合作方来说，政策缺乏一致性和指导性使得合作难以规范和推进，导致合作易引发信任问题。制度的频繁变动和调整会影响各方的信心和合作意愿，增大了合作中的不确定性和风险。缺乏稳定的合作机制和规则使得各方难以建立起良好的合作关系和互信基础。

因此，解决政策的不稳定和制度的不完善是我国与东盟国家战略性矿产资源合作亟须解决的问题。各方应加大政策法规的完善和调整力度，建立更加稳定和可预测的政策框架。同时，需要建立长期稳定的合作机制和规则，加强制度保障，以增强合作的可持续性和有效性。只有在解决这些问题的基础上，才能更好地发掘合作机遇和实现互利共赢。

（四）相互信任不足影响合作稳定性

近些年国际关系复杂多变，矿产资源产业合作面临的不确定性增强，战略性矿产资源因为涉及国家安全，是各国关注的重点领域，政治互信与战略互信直接影响到战略性矿产资源的贸易与产业合作。同时，因为矿业与环境关联度大，不同国家在环境问题上存在分歧，需要各国共同努力，以和平的手段解决分歧和难题。此外，由于各国矿业管理制度存在差异，合作项目的标准、规范及技术要求不同，增加了合作项目落地执行的难度。以煤炭跨国贸易为例，广西不少钢铁冶炼厂和发电厂以烧越南煤炭为设计思路并投产运行，但由于国际能源供给版图变化以及国际政治经济因素等影响，我国很少从越南进口煤炭，导致钢铁冶炼厂和发电厂的生产成本和效率受到一定的影响，这是国际贸易变化改变产业发展的典型代表。因此，在开展战略性矿产资源合作的过程中需要更加长远的眼光，同时需要稳定的国际关系和长期的合作协议，来确保战略性矿产资源的稳定供应，以及跨境产业链供应链的安全。

第五章　我国与东盟国家战略性矿产资源安全合作与制度创新的总体思路与理论探析

第一节　安全合作与制度创新的总体思路

战略性矿产资源是我国及东盟国家经济发展、国防建设极为重要的战略物资。近年来,随着我国制造业产业升级以及新一代信息技术产业、高端装备制造产业等战略性新兴产业的快速发展,我国对战略性矿产的需求将不断攀升,而且在未来较长时期,仍将维持在高位态势。研究我国与东盟国家战略性矿产资源安全合作,探索双方安全合作的总体思路与创新策略,构建稳定、安全的战略性矿产资源产业链供应链保障机制，不仅具有必要性，而且具有紧迫性。因此，我国与东盟国家战略性矿产资源安全合作的总体思路与创新策略应为：强化总体规划和顶层设计，共同谋划参与全球合作，科学设置产业链与供应链，推动各国产业链有机衔接。在构建人类命运共同体理念指引下，构建双方战略性矿产资源产业链供应链安全合作体系，优化安全合作运行机制，推动安全合作区域一体化进程。

一、强化总体规划和顶层设计

我国与东盟国家战略性矿产资源安全合作要深度分析国际国内战略性矿产资源供需新形势和世界矿业发展新趋势，契合国际矿业新形势和区域内集体安全观，全面贯彻创新、协调、绿色、开放、共享的新发展理念，扎实做好切合各国实际的总体规划和顶层设计；提高合作各方在全球矿业行业的发展质量，加大战略性矿产资源的保护力度，保证战略性矿产资源科学合理开发利用，推动矿业绿色转型升级，促进国际战略性矿产资源开发利用的务实合作，确保区域内战略性矿产资源产业链供应链的总体安全；使战略性矿产资源不仅能够推动区域内社会经济发展，也能为区域内国民的生活带来实实在在的便利和实惠，为区域内经济社会发展提供可靠的战略性矿产资源安全保障。

（一）贯彻新发展理念，有效契合国际国内矿业发展大趋势

习近平总书记在党的十八届五中全会第二次全体会议上指出："理念是行动的先导，一定的发展实践都是由一定的发展理念来引领的。发展理念是否对头，从根本上决定着发展成效乃至成败。实践告诉我们，发展是一个不断变化的进程，发展环境不

会一成不变,发展条件不会一成不变,发展理念自然也不会一成不变。"[1]2022 年全球铁合金网能源消费资料显示,中国已成为全球能源消费第一大国,全球能源消费重心已转向亚洲,全球基本形成了亚洲、北美和欧洲三大能源消费中心,三个区域的能源消费总和已超过全球的3/4。2022 年,亚洲已占全球能源消费的39%。未来 20 年,除了北美和欧洲,中国、日本、印度和东盟也将成为重要矿产资源需求增长的主要拉动者,而且,四者的重要矿产资源需求还将快速增长,以中国、日本、印度和东盟为主要的需求方,以南美和澳大利亚为主要的供应方的新的全球重要矿产资源供需竞争格局将形成。未来的矿业发展或将形成三大趋势。一是绿色矿业成为矿业发展的主要方向和主流趋势。绿色矿业模式在减少环境污染的同时,还能够降低矿山的事故发生率,提高矿工劳动保护能力。节能减排和资源循环利用等技术也将在矿山广泛应用。二是数字化技术推动矿业快速转型升级。数字化技术的快速发展,将推动 5G 智慧矿山等新型矿山的形成,5G 智慧矿山通过数据分析和预测等功能,快速降低矿山开发成本,提升矿山抗风险能力,提高矿山的生产效率和矿产品质量。三是矿山设备的智能化成为新趋势。绿色矿山和智慧矿山都需要相应的技术支撑,作为技术载体的设备智能化便成为必然。设备的智能化将使自动化生产、智能化运维和远程监控等功能得以实现。因此,我国与东盟国家战略性矿产资源安全合作,要按照创新、协调、绿色、开放、共享的新发展理念,契合国际国内矿业市场

---

〔1〕 习近平:《在党的十八届五中全会第二次全体会议上的讲话(节选)》,载《求是》2016 年第 1 期。

新形势,解决好矿业发展的动力问题、矿业发展的不平衡问题、矿业发展中的人与自然和谐问题;解决好矿业发展的内外联动和社会公平正义问题;解决好合作区域内的分工合作和互利共赢等问题。

(二)对标我国矿产资源总体规划和合作区域内各国矿产资源规划,确保目标任务有效实现

我国矿产资源的相关规划,是一个紧密相连的整体和有机结合的规划体系,具体分为"两类四级",即国家整体规划和国家专项规划两个大的类别以及全国、省级、市级、县级四个不同层级的配套规划。可以说,我国矿产资源规划是战略性矿产资源勘查、开采、选矿和冶炼及深加工的行动指南。因此,我国与东盟国家战略性矿产资源安全合作要根据我国矿产资源总体规划和区域内各国矿产资源总体规划的需要,开展战略性矿产资源安全合作,并作好涉及生态环境领域和资源保护领域等多领域的规则协同,通过规则协同等制度安排,使区域内战略性矿产资源勘查、开采、选矿和冶炼及深加工等安全合作有序进行,形成区域内统一的安全合作规划。根据 IEA 报告预测,按照气候变化可持续发展目标愿景预测,到 2040 年,镍、钴、锂等关键矿产在新能源领域的需求要在 2021 年的基础上分别增长 19 倍、21 倍、42 倍。IEA 的分析预测虽然带有较强的理论性情景假设,预测数据也值得商榷,但是镍、钴、锂等关键矿产需求持续增长的趋势是必然的,同时又与大宗矿产进入低增长周期形成明显反差。同样,中国地质调查局全球矿产资源战略研究中心的最新预测是,到 2035 年,我国钴、稀土、锂、镍、锗等关键矿产的需求分别是 2020 年的 3.5 倍、2.6 倍、5.9 倍、1.6 倍、10 倍。

因此，安全合作要对标我国矿产资源总体规划和合作区域内各国矿产资源规划，为我国矿产资源总体规划和矿产资源长期、中期和短期计划的有效实现提供保障。同时，要契合安全合作区域内各国的矿产资源规划和长期、中期和短期计划，形成互利共赢新格局。

（三）注重顶层设计，统筹《矿产资源法》与其他法律法规的衔接统一

就区域内的各个国家而言，现实社会生活广泛、复杂而又多变，需要众多的法律法规和制度进行规范和调整。我国是法制健全的社会主义国家，在法律体系内部，除了作为根本大法的《宪法》，部门法众多，整体上已经形成了一个相对完整、庞大的法律体系，相互间难免有交叉重叠之处。就《矿产资源法》而言，由于其调整范围的广泛性，必须要与多个法律部门之间有效衔接。在《民法典》颁布后，习近平总书记高瞻远瞩，及时作出"加强同民法典相关联、相配套的法律法规制度建设"[1]的重要指示，有效推动了各个部门法与《民法典》的快速衔接。我国正在修订的《矿产资源法》，其作为民事法律规范的重要法律渊源，应当及时以《民法典》相关规范为基础，有效落实与丰富《民法典》关于矿产资源所有权、用益物权的相关规范，加快实现与《民法典》的有效衔接。同时，推动《矿产资源法》与《环境保护法》、《土地管理法》、《外商投资法》等法律的有效衔接，共同促进我国与东盟国家战略性矿产资源安全合作。完善的法律制度是我国战略性矿

〔1〕习近平：《充分认识颁布实施民法典重大意义　依法更好保障人民合法权益》，载《求是》2020年第12期。

产资源供应安全的重要保障，在我国与东盟国家战略性矿产资源安全合作区域内，由于各个国家文化背景、法律制度、管理方式等方面的差异，安全合作更应该注重顶层设计，在统筹各国矿产资源规则的同时，还要协调其他产业的法律法规。

1. 推动《矿产资源法》与其他法律法规的衔接统一。加快我国《矿产资源法》修订完善，推动我国《矿产资源法》与国际接轨，引领和推动我国与东盟国家战略性矿产资源产业链供应链安全合作的规则协同。同时，推动东盟各国加快其矿产资源法的修订完善，推动其矿产资源法与本国民法等其他法律法规的衔接统一。

2. 推动商事法律制度衔接统一。完善我国商事法律制度，创新其法律适用机制，推动形成全球性或者我国与东盟国家区域性商事法律规则协同，确保我国与东盟国家战略性矿产资源产业链供应链安全合作的商事规则协同，促进全球战略性矿产资源产业链供应链安全稳定。

3. 推动《外商投资法》衔接统一。健全我国《外商投资法》，创新我国外商投资法律适用机制，确保我国与东盟国家战略性矿产资源产业链供应链安全合作的投资规则协同，增强我国外商投资发展的内外联动性，提升战略性矿产资源产业链供应链安全合作的韧性水平。

二、深度参与全球战略性矿业合作

我国与东盟国家战略性矿产资源安全合作，要有针对性地按照健全供应链和提高抵御风险能力的目标要求，保障安全合作区域内战略性矿产资源总体安全，不断加强紧缺战略性矿产的地质找矿工作，增强守住安全合作区域内资源安全底线的能力。同时，要通过安全合作区域内各国团结协作，深度参与全球矿业合作，增强国外战略性矿产资源的供应保障能力，确保战略性矿产资源供应链稳定安全。

（一）中国—东盟携手深化国际矿业合作，有效提高全球战略性矿产资源治理能力

一是通过安全合作区域内联合找矿增储夯实资源基础，提升区域内守住战略性矿产资源安全底线的能力。在我国与东盟国家战略性矿产资源安全合作区域内，我国可联合区域内各国推进战略性矿产找矿行动，重点围绕区域内国家经济安全、国防安全以及战略性新兴产业发展等需要，开展以油气、富铁矿、铜、锂、钴、离子型稀土等紧缺的战略性矿产为主攻方向的找矿行动，聚焦大区域重点成矿区带，加大调查评价和勘查投入，努力增加区域内资源储量，重中之重就是要推动建立东南亚铜、镍、钴、锂等资源保障核心区域，稳住安全合作区域内战略性矿产资源产业链供应链基本盘。

二是共同推动、深化国际矿业合作，以建立全球性资源基地，提高区域性和全球性资源治理能力，全面提升区域性和全球性资源保障能力。据有关专家介绍，2021 年，全球矿业并购投资大幅回升，并购交易金额共计 280 亿美元，系 2012 年以来的新高。其中，北美并购交易占比超过 55%，依然是并购交易最活跃的地区，其次是拉丁美洲、大洋洲分别占比 17%、14%。就矿种而言，在全球并购市场保持霸主地位的依然是黄金，其在 2021 年的总交易金额为 191 亿美元。同时，新能源材料中的铜和镍也备受关注。在国际合作中，安全合作区域内的各个国家应共同推动区域

外资源基地建设，联合编制区域外资源开发专项规划，明确基地建设的重点矿产、主要地区和投资方式，作为安全合作区共同落实“走出去”的行动指导纲领，规范区域外资源基地建设行为，提升投资风险的防范能力。从当前的全球视角来看，镍、钴、锂等战略性矿产资源的分布，除了在东南亚，还集中在非洲中部、中亚和拉丁美洲，这些地区投资环境相对较好，应作为安全合作区域外资源基地建设的重点地区。

三是安全合作区域内各国应积极参与国际矿业投资和国际贸易规则制定，共同推动形成更加公平、包容、高效的全球资源治理体系。安全合作区域内各国应积极推动全球绿色矿业发展规则、政策的制定，共同应对战略性矿产资源开发利用中的历史欠账、生态赤字和治理短板，共同推进安全合作区域内矿产品贸易本币结算机制，鼓励安全合作区域内的金融机构、期货交易所加强与国际矿产品交易所和以矿业融资为主的证券交易所开展深度合作，完善战略性矿产资源类的商品金融市场，不断发展避险工具，有效提高避险能力。安全合作区牵头建立全球性锂、钴、稀土等小金属矿产品交易所，确立安全合作区优势矿产和高技术矿产的世界地位。

四是安全合作区各国共同针对资源所在国的国别风险和政策风险，在资源所在地建立企业协会联盟等组织，定期或不定期与所在国相关部门进行沟通交流。同时，通过驻外领事馆与政府交涉等方式，签订双边或多边投资协定，并督促所在国严格执行，将企业联盟的投资合作上升为区域之间的经贸合作。针对镍、钴等战略性矿产资源，安全合作区域可重点增强与刚果（金）、印度尼西亚等国的政治互信，实现互惠共赢。

（二）共同加大安全合作区域外的金融支持力度，有效保障安全合作区各国境外企业战略性矿产资源的合法权益

一是加强金融机构对安全合作区域内“走出去”企业的支持力度，鼓励区域内的境外企业加大战略性矿业投资，并在其贷款利率、担保条件和融资额度等方面给予优惠待遇，尤其要加大安全合作区域外高风险地区的战略性矿产资源开发利用的投融资支持力度。二是加强安全合作区域内金融扶持政策的协同，共同加大战略性矿产的产业金融政策扶持力度，引导各国企业与境外相关矿业企业签订长期的原材料供应保障订单，并在资源回运时通过金融政策扶持推动贸易更加便利化。三是共同出台政策简化安全合作区域的境外并购审批流程，优化相关外汇审批手续，对重点优质高效项目可采取“先行事后报备”方式，提高安全合作区域境外优良战略性矿产资源的资产并购能力，不断增加全合作区域境外优良战略性矿产资源的资产并购机遇。四是共同加大对安全合作区域境外权益资源开发配套的扶持力度，在金融政策上为就地建立冶炼厂提供信贷资助，及时将安全合作区域内短缺的战略性矿产资源有效生产出来并回运安全合作区域内。五是依托“一带一路”建设，鼓励安全合作区域内“走出去”企业参与境外矿产资源勘查开发，尤其要关注南美及非洲地区，通过竞标收购、资产重组、租赁经营等方式获取高品质战略性矿产资源，提高全球战略性矿产资源的治理能力。

（三）完善安全合作区域内战略性矿产资源的安全监测预警机制，提升区域战略性矿产资源的监测预警能力

一是系统开展安全合作区域内的内外矿产品供需分析和供应链风险评估，建立区域的战略性矿产资源产业链供应链安全监

测预警报告制度，完善各国政策池工具箱，推动各国战略性矿产资源产业链供应链安全政策协同，增强应对国际重大冲突事件给该地区战略性矿产资源产业链供应链安全带来的冲击的能力。二是统筹实施安全合作区域内战略性矿产资源保护与储备工程，建立各国政府和各国企业共同参与、采储结合的混合储备机制，建立以战略性矿产资源矿产品储备为主、产能和矿产地储备为辅的战略性矿产资源储备体系。其中，矿产品储备侧重于油气和各国国防原材料，以应对短期市场供应中断；产能储备侧重于煤制油制气项目，以及铁矿、铜矿等大宗矿产；产地储备侧重于各国各类保护区需要退出的矿业权，以及次优矿业边际项目，保障战略性矿产资源的代际安全。同时，鼓励安全合作区域内相关企业就铁矿石、铜精矿等大宗矿产品开展商业储备，以提升风险防控能力。

三、安全合作与制度创新要掌握实情与着眼长远

我国与东盟国家战略性矿产资源安全合作与制度创新，要通过开展全面细致的地质调查，摸清安全合作区域内各国的矿产资源家底，厘清各国的矿产资源数量、质量、结构和空间分布情况，掌握各国现下矿业的概况和发展趋势，把握各国发展重心，建立数据库。通过规则协同做好制度安排，建成一个中国—东盟统一开放、竞争有序、富有活力的战略性矿产资源市场。通过政策和规则协同后的制度安排，使安全合作区域内各国矿业发展和环境保护能力进一步提升，战略性矿产资源保障水平进一步提高，供应状态持续安全稳定，资源环境保护和合理利用程度明显提升，共同开创矿业国际合作新局面，推动矿业创新发展能力全方位提

升，为亚洲、北美洲和欧洲三大能源消费中心未来的合作夯实基础。

（一）安全合作与制度创新要摸清区域内矿产资源家底，全面掌握矿业实情

客观全面地摸清安全合作区域内战略性矿产资源储藏的数量、质量、结构和空间分布等情况，有利于各国决策机关和立法机构对本国国情国力作出全面准确判断，为安全合作区域内各国经济社会发展所急需的战略性矿产资源的产业链供应链安全和经济安全发展提供强有力的保障。战略性矿产资源作为各国高端制造业的精品粮食和血液，乃经济社会发展极为重要的物质基础，很大程度上直接影响到安全合作区域内各国经济安全和社会可持续发展。近年来，安全合作区域内各国都高度关注和十分重视区域内关系经济社会发展的战略性矿产资源产业链供应链的安全问题，将战略性矿产资源产业链供应链安全作为各国国家安全的重中之重。我国自然资源部部长王广华经多次专门调查研究，强调我国战略性矿产资源的家底情况依然是我国基本国情的重要内容，是国家制定资源战略的决策、规划和完善矿业等相关产业政策的基本遵循，是我国合理配置相关产业资源、优化相关产业结构和推动国家经济社会发展的重要物质基础。我国自然资源部早在 2018 年 11 月就印发了《矿产资源国情调查试点工作方案》，启动了我国包括战略性矿产资源在内的矿产资源摸清家底等一系列工作，并明确了重点省份、重点矿种，而且强调要不断完善矿产资源储量动态更新机制，要求地勘等各相关部门精心组织、稳步推进，要求不仅要充分地暴露问题，认真系统做全面总结，还要求唯真唯实的调查结果。《中国矿业行业现状调研及发

展趋势分析报告(2020—2026 年)》较为客观地对全球矿业产业链进行了宏观、中观和微观的梳理,分析了全球矿业发展环境和全球未来的矿业市场竞争格局以及矿业行业领域具有全球竞争力的相关标杆企业;同时,较为全面地分析和预测了我国矿业行业的市场运行态势,并对我国矿业行业的发展趋势作了精准预判,为摸清我国矿产资源家底和全面掌握矿业实情夯实了基础。总之,安全合作与制度创新要依据安全合作区域内矿产资源家底和矿业实际情况进行,以实用性和有效性为根本遵循。

(二)安全合作与制度创新要着眼矿业长远发展以有效保障战略性矿产资源产业链供应链安全

据国际能源署 2022 年发布的预测,到 2030 年,全球锂、石墨、稀土等矿产供应链需求将可能扩大 10 倍,全球动力电池需求量将从 340 吉瓦时增至 3500 吉瓦时。美国为了保障锂、石墨、稀土等矿产供应,出台了多项优惠政策与法规。一是《通货膨胀削减法案》,实施时间长达 10 年,给予美国本土或北美地区的电动汽车、锂、石墨、稀土等矿产生产和发电设施生产及相应的销售企业总金额为 3690 亿美元的补贴政策。二是在 2022 年关键矿产目录中增加了镍和锌,并将稀土金属和铂族金属由原先的"矿类"分解为矿种。三是联合加拿大、澳大利亚、法国、德国、日本、英国等国成立国际矿业伙伴联盟,以保障对清洁能源技术和全球清洁能源转型至关重要的锂、石墨、稀土等矿产供应链安全,建立矿产资源安全伙伴关系。

近年来,能源快速转型推动锂、石墨、稀土等战略性矿产资源开发利用格局急剧变化,锂、石墨、稀土等矿产资源丰富的津巴布韦、玻利维亚、坦桑尼亚、莫桑比克、卢旺达、刚果(金)、尼日利亚等国家，正在抢抓难得的矿业发展机遇。因此，2023 年，锂、稀土成为国际上投资增速最快的矿种。拥有"锂三角"之称的阿根廷、智利、玻利维亚，和非洲的刚果(金)、津巴布韦，以及澳大利亚、加拿大和美国等国家，都在加快推进锂矿项目进程。离子型稀土资源丰富的巴西、智利、马拉维、澳大利亚，以及越南、缅甸等国家的离子型稀土矿项目对国际投资极具吸引力。因此，以新能源汽车产业和可再生能源发电为代表的能源绿色转型将加速推进，锂、稀土、铜等战略性矿产资源勘查开发利用也将加快推进。

世界百年未有之大变局的加速演进对世界矿业产生了深刻影响。全球矿业需求分化加剧，国际矿产勘查投入出现新情况，新兴产业发展所需的锂、石墨、稀土、铜等矿种的勘查投入力度明显加大，其成效正在凸显。全球宏观经济下行压力持续加大，全球矿业市场复苏明显分化。一是全球矿业经济复苏的整体动力不足。从中长期来看，全球矿业发展趋势向好，但不确定性和不稳定性因素仍然存在，拉动全球有色金属矿产品需求的重要引擎仍将是中国及一大批发展中国家。因此，全球矿业并购重组机会增多。二是新兴产业发展所需的锂、石墨、稀土、铜等矿种的勘查开发力度将加大，并将取得明显进展。标普全球市场财智公司(S & P Global Market Intelligence，SPG)的报告预计，全球矿产勘查开发活动比较活跃的地区依然主要集中在加拿大、澳大利亚、拉丁美洲和非洲。刚果(金)、澳大利亚、中国的硬岩型锂矿勘查和开发利用将不断取得新的进展。三是战略性矿产资源中的石油价格将总体上扬。主要原因是委内瑞拉和墨西哥的原油产量正在不断下降，俄罗斯和伊朗却又遭遇美国的严厉制裁。四是镍、锂、钴、石墨、稀土等将成为重要矿种。正在崛起的新能源汽车产业和储能技术等产业产生了更多的对镍、铝、锌、钴、钒、石墨、稀土的新需求。五是大数据和人工智能等高新技术将广泛应用于矿业,推动传统矿业转型升级与重新定位。大数据和人工智能等高新技术将加快推动无人化运输、工程机械远程遥控等智能矿山建设。六是战略性矿产资源中有色金属矿山建设、矿业生产与生态修复同步规划、同步投产与运行。通过高新技术有效处理矿山的废弃物等,以实现资源综合开发利用与回收,促进矿山生态修复与矿区产业发展相融合,实现矿业发展与矿山所在地的地方特色产业规划和区域人文生态等有机结合。七是各国矿产资源法及其配套法律法规与政策将逐渐与国际接轨。目前,我国和国外较大一部分国家的矿业立法目标相对狭隘,大多数国家仅围绕采矿许可证制度和自身的监管目标而设置,矿山的复垦、闭坑后的土地再利用、生态环境有效保护、生态文明建设等内容也应被纳入矿法规制。

我国矿业发展趋势也将发生深刻变化。一是2023年战略性矿产资源总体需求保持平稳增长。美联储加息周期即将结束,美元指数的下跌对有色金属价格形成相应支撑。我国经济加快复苏,房地产市场逐渐稳定,与新基建相关的投资加快,制造业开始回暖,有利于拉动战略性矿产资源中的相关有色金属需求增长。尚普咨询集团的相关数据披露,2023年的有色金属行业总体需求量有望达到7500万吨,同比增长将达10.7%。二是战略性矿产资源的结构性需求将有较大变化。与新能源、新材料、新技术有关的战略性矿产资源中的有色金属消费将成为新的增长点。"双碳"目标的稳步实施,将助推我国新能源汽车、光伏、风电等产业快速发展与腾飞,对战略性矿产资源中的铜、铝、锂、钴等有色金属的需求量将大幅增加。尚普咨询集团数据显示，我国2023年的新能源汽车对铜的需求量将达到80万吨，同比增长25%；对铝的需求量将达到120万吨，同比增长30%；对锂的需求量将达到20万吨，同比增长40%；对钴的需求量将达到8万吨，同比增长35%。同时，光伏和风电等清洁能源对战略性矿产资源中的有色金属铜、铝、硅的需求量将分别增长15%、20%、25%。三是与新材料、新技术相关的产业发展将推动战略性矿产资源中有色金属消费的不断创新与升级。随着我国航空航天、高端装备制造、生物医药等高新技术产业的发展，战略性矿产资源中具有轻质高强度特性的钛、镁、锆、铂等有色金属的需求将持续增加。尚普咨询集团的预计数据显示，我国2023年的航空航天业对钛的需求量将达到5万吨，同比增长20%；高端装备制造业对镁的需求量将可能达到10万吨，同比增长15%；生物医药产业对锆的需求量将可能达到2万吨，同比增长30%。四是战略性矿产资源中的有色金属将深化供给侧结构性改革。预计整个有色金属行业将持续推进供给侧结构性改革，优化相关产能布局，提升相关产品的质量与效益，不断加强矿山环境保护和矿业行业的节能减排。仅2023年淘汰落后的有色金属产能就达200万吨，淘汰一批高耗能高污染设备，加快实现绿色低碳发展。五是提升战略性矿产资源中有色金属行业的科技创新能力。加大对战略性矿产资源中有色金属行业的科技投入力度，加快其关键核心技术的研发与应用，提高我国相关有色金属行业的自主创新能力和国际竞争力。六是加大战略性矿产资源中的有色金属行业的国际合作与交流。我国将鼓励战略性矿产资源中的相关有色金属行业积极参与国际合作与交流，拓展其海外市场和资源渠道,促进战略性矿产资源中的相关有色金属行业的国际产能合作。七是我国矿业法律法规和政策正在进行调整与修改。我国正在不断加大矿业领域的简政放权、放管结合、优化服务等改革力度,以充分发挥市场在资源配置中的决定性作用和政府的宏观调控与引导等双重作用。我国将加快实行矿业权竞争性出让,特别是要充分发挥市场在油气的勘查与开采、生产与加工、产品定价等方面的竞争性作用,以提高油气资源的配置效率;有效推进矿产资源权益金制度改革,以建立新型矿产资源权益金制度体系。

综上所述,安全合作与制度创新一定要着眼全球矿业的长远发展,契合国际和安全合作区域内矿业发展大势以及将产生的深刻变化与变革,以保障该区域内战略性矿产资源产业链供应链安全。

四、安全合作与制度创新需科学合理地设置产业链与供应链

(一)以"两国双园"开发合作模式为切入点科学合理地设置战略性矿产资源安全合作产业链与供应链

"两国双园"开发合作模式,是我国在"一带一路"建设和国际经济贸易合作实践中探索出来的深化国际合作的一项新的经济贸易合作模式,即两个主权国家相互在对方国家投资建立产业园区,将双方国内的供应商、品牌商、工厂、产业带等要素通过全链条对外贸易服务联通海外买家,在各自的海外市场进行本土化运营,以此加强两国贸易往来的经济贸易合作模式。在百年未有之大变局和加快构建以国内大循环为主体、国内国际双循环相互促进的新发展格局背景下,中国—东盟自贸区升级版的打造和

RCEP 的成功签署，正助推“两国双园”建设，为区域合作与经贸合作增添新动能。2012 年 4 月 1 日，中国—马来西亚钦州产业园区启动建设，2013 年 2 月 5 日，马来西亚—中国关丹产业园区正式开园。“两国双园”是中马两国领导人直接倡议和推动建立的政府间重大合作项目，开创了国际经济合作新模式。随后，2018 年 12 月，中印（印尼）“两国双园”开工建设，我国以福州新区福清功能区为载体，印度尼西亚采用“一园多区”模式，以民丹工业园、阿维尔那工业园、巴塘工业园为载体，共同建立产业互联、设施互通、政策互惠的双园结对合作机制，共同搭建以投资贸易为核心，金融服务、生产研发、人才交流、数据信息为支撑的多功能平台，以促进以海洋经济、食品轻工、工业 4.0 等要素为主的国际产业链分工合作经济贸易合作模式，以精心打造 RCEP 合作示范区。因此，在安全合作与制度创新区域内科学合理地设置战略性矿产资源产业链与供应链，可优先考虑在“两国双园”区域内进行，通过总结“两国双园”的成功经验，借用“两国双园”的平台与机制，有效推动战略性矿产资源产业链与供应链建设落地生效，确保战略性矿产资源产业链与供应链安全可控。2015 年，印度尼西亚总统佐科视察青山园区时指出，印度尼西亚镍矿以前是 26 美元/吨，现在镍铁是 2000 美元/吨，不锈钢是 2600 美元/吨，并要求附近居民种菜的种菜，养鸡的养鸡，带动间接就业。

（二）以跨境经济合作区为切入点科学合理地设置战略性矿产资源安全合作产业链与供应链

跨境经济合作区是我国深化与周边国家和地区合作，推进共建“一带一路”高质量发展的重要平台，也是沿边地区经济社会发展的重要支撑。《中华人民共和国国民经济和社会发展第十四个五年规划和2035年远景目标纲要》提出要完善沿边重点开发开放试验区、边境经济合作区、跨境经济合作区功能。2023年2月7日，商务部等17个部门联合印发《关于服务构建新发展格局推动边(跨)境经济合作区高质量发展若干措施的通知》，从功能布局、国际合作、产业创新发展、要素供给和体制机制五个方面明确提出15条政策举措，为跨境经济合作区发展提供有力保障。目前，经国务院正式批准设立的跨境经济合作区有中哈霍尔果斯国际边境合作中心和中老磨憨—磨丁经济合作区。2022年，中哈霍尔果斯国际边境合作中心全年入出区总人数为80.52万人次，通关贸易额为24.80亿元；中老磨憨—磨丁经济合作区全年实现贸易量566.59万吨，进出口贸易总额433.38亿元。跨境经济合作区已成为新一轮国家对外开发开放的重要窗口，推动沿边地区经济社会的快速发展。随着中国—东盟自贸区升级建设以及RCEP落地实施，我国与东盟成员国经贸合作持续深化，区域经济一体化程度不断提升。中越经济合作区建设是我国面向东盟开放合作的重要平台，开创了中越两国经贸合作新途径与边境合作新模式，有助于推动中越两国边境地区的繁荣稳定和共同发展。近年来，中越两国领导人日益重视跨境经济合作区的建设，并多次在会谈中提到要推进跨境经济合作区等重点领域发展。因此，中老和中越战略性矿产资源安全合作产业链与供应链，可在中老磨憨—磨丁经济合作区和中越跨境经济合作区进行科学合理设置。具体操作层面，可在中老磨憨—磨丁经济合作区建立钾盐安全合作产业链与供应链，可在中越跨境经济合作区建立铜矿、铝土、稀土矿安全合作产业链与供应链。

（三）以安全合作示范区为切入点建立战略性矿产资源安全合作产业链供应链

战略性矿产资源产业链供应链安全合作示范区建设所在地，往往选在海陆空交通发达、战略性矿产资源储藏丰富、受地缘政治影响相对较小的区域。根据该区域的地理位置、矿产资源分布情况等，科学合理地建立战略性矿产资源产业链供应链。

第二节　安全合作与制度创新的理论探析

加强我国与东盟国家战略性矿产资源产业链供应链安全合作，不仅有助于抢占新一轮矿产科技革命制高点，进一步保障国家经济与国防安全，而且有助于深入推进“一带一路”建设，助力构建更为紧密的中国—东盟命运共同体。基于对现实的考察，加强双方战略性矿产资源产业链供应链安全合作既有一定的基础，包括政治基础、经济基础、文化基础，同时又面临一些亟待突破的瓶颈，如双方安全合作平台建设有待升级，安全合作相关制度性文件有待落实，受外部因素影响较大等。新时代新征程上，应坚持系统思维，构建双方战略性矿产资源产业链供应链安全合作体系。

一、创新合作理念

加强我国与东盟国家战略性矿产资源产业链供应链安全合作需要面向未来，着眼长远，坚持整体思维、系统思维和创新思维，从思想理念到实践行动，达成共识，协同推进。

(一)在人类命运共同体理念指导下构建中国—东盟国家战略性矿产资源产业链供应链安全合作体系

当前,世界百年未有之大变局加速演进,无论是发达国家,还是发展中国家,经济社会发展都面临着挑战。我国率先提出人类命运共同体理念,该理念超越民族、国家界限,将整个人类视为一个有机的整体,凝聚全人类的价值共识,休戚相关、命运与共,取得国际社会共鸣和认可,该理念正不断转化为行动,并取得重大实践成果。加强我国与东盟国家战略性矿产资源产业链供应链安全合作,应该秉持人类命运共同体理念,从顶层设计着手,构建双方都能够认可和接受的安全合作体系。一方面,由相关部门牵头制定“中国—东盟国家战略性矿产资源产业链供应链安全合作体系框架”,明确中国—东盟国家战略性矿产资源产业链供应链安全合作的指导性原则、内容、定位等,做好我国与东盟国家战略性矿产资源产业链供应链安全合作短、中、长期规划,使中国—东盟国家战略性矿产资源产业链供应链安全合作磋商、沟通、交流、项目实施、风险评估等,都在这个框架下进行,确保方向性、导向性符合我国国家安全与发展战略。另一方面,以“双方战略性矿产资源产业链供应链安全合作”为主旨,通过综合评估、精准识别,掌握我国与东盟国家战略性矿产资源产业链供应链存在的“弱链”“短链”“断链”实际状况,根据不同状况采取不同措施,选择最有利于开展国家战略性矿产资源产业链供应链安全合作的国家和项目,在人类命运共同体理念指导下,进行积极沟通与战略对话,多点布局,以点带面,发挥示范效应,全面开花。

(二)秉持共商共建共享共赢原则完善中国—东盟国家战略性矿产资源产业链供应链安全合作运行机制

在马克思主义语境中,实践是变革世界的客观物质活动。人作为实践的主体,是有目的和价值导向的,只有通过实践才能满足主体的需要。中国—东盟国家战略性矿产资源产业链供应链安全合作实质是一项系统、宏大的实践活动。要使这一实践活动保持稳定、持续和长期性,必然要求双方都参与到实践活动中去,各方权益都应得到尊重,各方利益诉求都应得到关切,寻求各方都能接受的最大“同心圆”“公约数”,这是双方战略性矿产资源产业链供应链安全合作相关制度性文件精神落到实处的前提。秉持共商共建共享共赢原则,完善中国—东盟国家战略性矿产资源产业链供应链安全合作运行机制是落实双方战略性矿产资源产业链供应链安全合作相关制度性文件精神的不二选择。这个机制的构建包含五大相互联系、相辅相成的内在机制。一是完善双方战略性矿产资源产业链供应链安全合作沟通协调机制,主要负责合作的沟通协商与对话等事宜,以化解合作中因信息不对称、外来因素挑拨等带来的风险和矛盾。二是完善双方战略性矿产资源产业链供应链安全合作信息共享机制,避免造成各国在合作上的战略决策与抉择失误。三是完善双方战略性矿产资源产业链供应链安全合作互认机制,推动中国—东盟国家战略性矿产资源产业政策、标准规范与东盟国家对接互认,打通产业链供应链的堵点。四是完善双方战略性矿产资源产业链供应链安全合作风险评估机制,全面考虑战略性矿产资源产业链供应链安全合作中的风险点,提前协同做好应对预案。五是完善双方战略性矿产资源产业链供应链安全合作保障机制。从人、财、物、制度等方面给予战略性矿产资源产业链供应链安全合作大力支持，确保中国—东盟国家战略性矿产资源产业链供应链安全合作机制良性运行。

（三）以互嵌、融合、参与方式推动中国—东盟国家战略性矿产资源产业链供应链安全合作区域一体化

中国—东盟国家战略性矿产资源产业链供应链安全合作不能采取单线单链，目标要指向安全合作区域一体化。每个国家国情的差异，决定了战略性矿产资源产业链供应链安全合作方式的多样化。本着公平、公正、平等的原则，以实现经济大融合、发展大联动、成果大共享为目标导向，有互嵌、融合、参与等方式可供选择。其中，"互嵌"就是双方资本、技术等向战略性矿产资源勘查、开采、加工等领域有序相互流动，形成完整产业链供应链；"融合"就是把战略性矿产资源产业链供应链与其他产业链供应链融合为一体，借助已经成熟的产业链供应链合作模式推动战略性矿产资源产业链供应链安全合作；"参与"就是双方自愿以不同方式的生产要素参与到彼此战略性矿产资源产业链供应链之中。互嵌、融合、参与方式虽不同，但是目标是一致的，客观上都要求朝着区域一体化方向发展。以互嵌、融合、参与方式推动中国—东盟国家区域一体化能够放大战略性矿产资源产业链供应链安全合作的溢出效应，增强双方的区域安全辐射力，提高整体效率和效益，以包容普惠的方式让各国共享战略性矿产资源产业链供应链安全合作带来的安全发展成果。

（四）坚持内驱与协同创新为中国—东盟国家战略性矿产资源产业链供应链合作提供智力支撑

创新是一个国家、一个民族发展进步的不竭动力。党的十八

大以来,国家大力实施创新驱动发展战略,要求创新成果、创新项目与产业对接,与现实生产力对接。就新质生产力而言,拥有创新性核心技术有利于在战略性矿产资源领域占据主动权。从现实来看,我国要在先进基础工艺和关键基础材料等领域加快创新突破,提高战略性矿产资源开采利用的技术含量和产品质量。例如,以斑岩型铜矿成矿理论促进全球金属铜资源可开采储量的大幅提升,微生物浸出技术的开发应用提高了贫矿、尾矿、废矿的矿物经济价值。掌握先进核心技术,能够大幅提高战略性矿产资源利用效率与效益。一方面,发挥内驱创新作用。国家要在矿产能源领域注重培养战略科学家,培育创新型团队,在矿产能源领域造就一大批具有国际视野的高水平专家和具备尖端技术的人才队伍。相关部门应加大战略性矿产资源开采利用技术研发经费投入,在国家科研项目立项上向战略性矿产资源产业前沿性研究项目倾斜,对于能源矿产领域的"卡脖子"技术性问题进行重点攻关。另一方面,发挥协同创新作用。我国应利用与东盟国家共同建设的科研平台,如中国—东盟国家海洋科技联合研发中心、中国—东盟信息港小镇(研发中心)等平台,加强与东盟国家在能源矿产领域的协同创新研究,促进研究成果共享共用,为双方战略性矿产资源产业链供应链合作提供智力支撑。

(五)综合运用外交、文化、教育等途径为中国—东盟国家战略性矿产资源产业链供应链安全合作注入强大精神动力

国家战略性矿产资源产业链供应链安全合作是牵一发而动全身的复杂工程,不能以传统的思维和方式开展此项工作,需要坚持系统思维统筹推进,特别是要综合运用外交、文化、教育等途径相互配合、提供支持。在外交方面,站在构建人类命运共同体

的战略高度积极与东盟国家开展对话沟通，争取更大的政治互信，树立更强的合作信心，特别是要维护好中国—东盟国家区域环境安全稳定；在文化方面，要充分利用我国与东盟的地缘、历史、人文等优势，推动双方立体化多层次的文化交流活动，增进民间交往，深化民心相通，为国家战略性矿产资源产业链供应链安全合作营造团结和谐的文化氛围；在教育方面，双方可以加强能源矿产领域科技人员交流往来，增加战略性矿产资源相关专业招生指标，与东盟国家互派相关专业留学生，注重培养应用型小语种人才，为中国与东盟国家战略性矿产资源产业链供应链安全合作提供充足的人才智力支持。

战略性矿产资源安全是国家安全的重要组成部分，必须着眼长远，站在国家安全战略高度认识到加强中国—东盟国家战略性矿产资源产业链供应链安全合作的重要性、紧迫性。本书坚持战略价值导向，在对双方战略性矿产资源产业链供应链安全合作考察基础上，提出战略选择与应对策略，其意义不仅在于为双方战略性矿产资源产业链供应链安全合作提供参考思路，也在于引起双方关切与思考，争取在新阶段推进务实合作，在能源矿产领域取得更多实践成果。

二、拓宽找矿新思路

战略性矿产资源对经济发展、国防建设都至关重要，随着我国制造产业升级以及新一代信息技术、高端装备制造等战略性新兴产业的快速发展，我国战略性矿产的需求仍将维持在高位态势。但是战略性矿产资源通常具有开发利用技术的不可替代性、储量分布的不平衡性、产业链供应链环境的不稳定性等特点，在国际局势风云变幻、地缘政治事件频发的背景下,我国战略性矿产资源产业链供应链机制应对国内外风险的韧性不强、对国内现代产业体系的支撑力不足等问题如不加以解决,将对我国国际竞争力的稳步提升乃至国民经济社会的持续发展构成严重威胁。

战略性矿产资源关系经济安全、国防安全以及高新技术产业的发展。我国战略性矿产资源存在初级矿产品对外依存度较高、关键技术工艺储备不足、高附加值产业环节短缺、资源战略意识不强等问题。在区域冲突、领土争端、大国博弈、集团对抗等现象共存的态势下,地缘政治事件导致我国战略性矿产资源产业链“脱钩断链”的风险增加。然而,传统地缘政治理论、新自由主义经济理论、全球化国际贸易中的分工合作理论对全球战略性矿产资源产业链供应链安全问题的解释力不足,有关战略性矿产资源产业链供应链安全的国家治理理论、全球治理理论也仍然无法为实际风险的监测、评估及有效应对提供明确指引。战略性矿产资源是对国家的经济、国防和战略性新兴产业发展至关重要的矿产资源,既可能是我国有资源优势可以调控国际市场的矿产资源,也可能是我国资源短缺、存在较大安全隐患的矿产资源。基于此,在构建新发展格局的背景下,应立足国际地缘政治的新局势,统筹考虑经济发展和国家安全问题,综合运用人类命运共同体、国际共商共建共享、区域内集体安全保障、产业链供应链互嵌、国家应急管理等方面的理论,对西方经济学理论与方法合理扬弃,明晰地缘政治事件影响战略性矿产资源产业链供应链安全的基本机理,构建我国战略性矿产资源产业链供应链安全的治理理论与方法体系,推动我国战略性矿产资源安全保障理论的突破。比如,从区域内集体安全、总体国家安全观等视角出发,运用复杂网络理论和风险仿真模型,从供应链安全风险的产生、发展、衰退三个过程和风险扩散的"点—链—网"三个层面,就我国与该类区域间战略性矿产资源产业链供应链现状、产业嵌入程度、地缘政治事件影响程度等,提出我国在上述地区布局战略性矿产资源产业链供应链的战略构想与指导原则。

三、完善区域集体安全机制、南南合作等理论

区域集体安全机制又称集体安全保障,是众多国家对国家安全和国际和平的集体相互保障,主要依靠自身力量或与别国结盟以保障安全,是一种具有全球性、世界性和全球责任感的集体安全体系。区域集体安全理论的代表人物英尼斯·克劳德(Innes Claude)认为,集体安全有两层含义:一是建立稳定有效的集体安全保障体系,以集体的优势实力制止战争和侵略行为;二是不仅保障大国的利益,而且确保弱小国家的独立主权和安全。为维持国际和平与安全,《联合国宪章》规定,普遍禁止使用武力解决国际争端,联合国的集体安全保障制度更为有力,因为安理会的决议具有约束力,采取的制裁措施也包括强制性措施,对促进地区争端的解决日益显示出积极的作用,逐渐达到全球性集体安全保障的目标和要求。

区域主义为保持世界各国开放与全球贸易自由提供了保障。当全球贸易规则失效时,不断变化的区域贸易安排组合可能会迫使那些实施保护主义的国家改变政策,以免在建立广泛的经济伙伴关系的竞争中落后。换言之,受保护主义政策冲击的国家可以通过建立双边或多边的区域协定,向实施保护主义的国家施加压力,改变其政策立场。从长远来看,互惠主义的国际贸易政策会

加大实施贸易保护主义国家的政策成本。多边主义和全球化是世界大部分国家的立场,实现更大规模和更大范围的自由贸易协定是世界大部分国家的愿望。为此,可以通过建立一个综合的全球治理平台,将所有主要的区域一体化安排汇集在一起,在全球层面解决区域一体化安排之间缺乏协调的问题。这种全新的全球层面的区域治理机制可能要复制一些国家间的协调机制,包括全球区域一体化制度安排的平台,比如相互承认、全球性组织、不干预、去政治化、互派代表或大使。这一平台的议程设置可以解决区域集团及其成员国之间的争端,促进位于同一区域或大陆的区域集团之间的沟通,利用地区性融资安排的资源促进各个区域解决危机,实现更好的安全保障。

当前,冷战思维和单边主义抬头,世界从一超多强走向集团对抗的新冷战格局悄然形成,成为地缘冲突的主要根源,是危及我国战略性矿产资源产业链供应链安全的根本原因。而且,世界贸易组织及联合国下设各专门组织等功能日益弱化,对美国等西方国家约束力下降,战略性矿产资源交易安全保障随之减弱。与此同时,跨国公司对战略性矿产资源的垄断地位增强,尤其金融资本集团与矿业垄断资本相互勾连,操纵战略性矿产资源价格,既收割发展中国家矿业财富,又以此作为打压竞争对手的筹码,危及我国战略性矿产资源产业链供应链安全。然而,战略性矿产资源又是新一轮产业技术革命的基石。基于传统技术体系、产业体系和贸易体系下的全球分工格局将面临重大调整。全球的经济结构和经济增长的特征足以说明,我国对战略性矿产资源的供需结构将面临长期变化。

我国由于受成矿条件、远景储量、贸易成本和生产制造等各方面的影响，战略性矿产资源对外依赖程度依然较高。从目前国际形势分析，地缘政治事件时有发生，我国面临战略性矿产资源产业链供应链和先进基础工艺及关键环节上的技术等双重“断链”风险。《中华人民共和国国民经济和社会发展第十四个五年规划和2035年远景目标纲要》明确指出，要加快发展现代产业体系，推动经济体系优化升级，提升产业链供应链现代化水平。因此，战略性矿产资源产业链供应链安全是制造强国的重要保障，是推动制造业高质量发展的重中之重，是总体国家安全观的重要保障。加强我国与东南亚战略性矿产资源产业链供应链安全合作研究，应以人类命运共同体理念指导战略性矿产资源产业链供应链安全体系的构建，以共商共建共享共赢原则推动战略性矿产资源产业链供应链安全体系的构建，将战略性矿产资源嵌入各个区域的产业链，确保战略性矿产资源产业链供应链安全体系的巩固与牢固。

第一，坚持宏观、中观与微观考察相结合。所谓宏观，即对全球战略性矿产资源分布情况有通盘了解，对可能引发地缘政治事件的一般性原因进行系统梳理，尤其是对当下的国际政治经济关系有完整的把握，将我国战略性矿产资源供应安全问题置于国际关系的整体框架内进行考察。所谓中观，即各个区域的国家之间存在较多的共性，而与其他区域存在一定差别，因此需要采用不同的对策方法，打造紧密合作型区域，加大力度重点开拓，努力取得突破，争取深度融合。所谓微观，是指在同一区域内，不同国家可能发生的风险也有差异，多种渠道的稳定性可能会受到国家未来发展走向的影响。宏观、中观、微观三层视角不是相互孤立的，而应相互结合，局部问题的考察必须置于整体国际关系的背景之下。

第二,坚持国内政策与制度创新和对外战略博弈相结合。一方面,需要加大国内的战略性矿产资源勘查、开采、冶炼、深加工、回收与再利用的力度以及替代性资源的开发,尽可能降低对外的依存度。这需要进行必要的政策与制度创新,以产业政策、税收优惠、财政补贴、知识产权制度等法律与经济措施,鼓励相应的投入与研发,完善市场体系,提升资源利用效率。另一方面,需要保障外部战略性矿产资源产业链供应链的安全,积极参与战略性矿产资源的全球治理,加大对外部战略性矿产资源的投资力度,积极进入全球战略性矿产资源的勘查、开采、冶炼、深加工和回收与再利用等各个环节,深度融入全球战略性矿产资源产业链,形成经济利益共同体,从而在较大程度上消除来自国际政治关系、资源所在国经济政策等方面的风险。

第三,坚持系统发展论。战略性矿产资源产业链供应链安全不仅是经济问题,而且受到内政外交、文化、技术多方面的影响,因此必须综合运用多学科的知识、多层次的措施,并形成有机的整体,使各种措施分工合作,彼此配合,形成合力。因此这一课题的研究是一个系统工程,不能以孤立的眼光看待具体问题。

南南一体化是全球化的新动力,也是南南合作的新引擎。所谓南南合作,是指发展中国家间的经济技术合作,这是促进国际多边合作不可或缺的重要组成部分,是发展中国家自力更生、谋求进步的重要渠道,也是确保发展中国家有效融入和参与世界经济的有效手段,是有利于全球化发展的区域经济一体化。发展中国家在寻求消除保护主义影响的途径方面取得了重要进展,通过南南贸易的增长和贸易投资领域南南合作的优先发展,已经有效促进了广大发展中国家的经济增长和现代化。南南贸易将有更大的发展潜力，主要得益于以下因素：一是优异的经济增长率和可预期的潜在增长；二是考虑到发展中国家的进口关税仍比较高，未来贸易自由化的范围会更大；三是考虑到发展水平和竞争力的相似性，生产共享的范围更大；四是包括金砖国家和低收入国家在内的国家之间，在生产和资源禀赋方面具有很强的互补性。尤其近年来，在金砖国家的带动下南南合作进入新的繁荣期，发展中国家的区域一体化深入发展，“金砖 +”机制将成为世界上最广泛的南南一体化平台，这一机制不仅表明了经济一体化的一个重要发展趋势，而且有助于维持世界经济增长。

在全球贸易保护主义的挑战下，南南贸易和南南一体化仍然获得了显著发展，中非伙伴关系的加强以及“金砖 +”倡议的提出，为建立发展中国家的一体化平台奠定了坚实基础。一旦全面实现了一体化，将有助于发展中国家通过开放促进市场快速增长，同时比发达国家受到更大的保护，参与贸易自由化的优惠幅度更高。一个扩展的南南一体化平台的形成过程的顺序和规则可以遵循多个轨迹，可以通过在“金砖 +”框架内聚集金砖国家，打造现有最大的区域一体化集团；也可以通过将南美洲、非洲和欧亚大陆的泛大陆一体化平台（以上海合作组织、中拉合作组织和非洲联盟为代表的“三大陆平台”）连接起来，寻求南南一体化。尤为重要的是，南南一体化是通过南方国家间的互惠互利来实现，因此，促进发展中国家的大陆区域化组织间建立一体化组织可以有效减少发展中国家间的分歧并促进各大区域间的团结协作，有利于世界多极化和全球化的深入发展，释放南方国家经济增长潜力，提高南方国家在世界经济中的权重，这将是寻求全球整合的一种新方案。

当前世界经济充满了不确定性，如何维持宏观经济稳定变得越来越重要，这就更加需要整合发展中国家，在全球治理层面建立南南一体化协调机制，进而在发达国家和发展中国家的经济一体化平台之间建立一个协调彼此关系的框架。如果发展中国家不采取更积极的措施来促进南南一体化，就难以增强自身的话语权。未来要充分发挥“上海合作组织 +”与“金砖 +”这两个关键性一体化框架来促进南南一体化，使南方国家在重塑区域主义和全球未来经济架构方面发挥越来越重要的作用。未来要建立一个足以与发达国家全面合作的南南合作全球框架，可以按照以下顺序分阶段推进：第一阶段，上海合作组织：加强上海合作组织的经济一体化，俄罗斯—印度—中国三方合作，推动上海合作组织成为欧亚大陆发展中经济体的核心一体化组织；第二阶段，大欧亚：建立一个“上海合作组织 +”框架，其规模足以在建立泛大陆联盟和推进互联互通一体化方面与欧盟建立更紧密的联系；第三阶段，全球南南一体化：以“金砖 +”为核心，吸引发展中国家的其他区域集团形成更广泛的全球南方国家一体化组织，包括欧亚经济联盟、非洲联盟、南方共同市场和上海合作组织；第四阶段，全球南北一体化平台：扩大的全球南南一体化平台可能对发达国家具有更大的吸引力，从而推动全球性一体化协调机制和一体化组织的建立。

总之，建立以事实为基础，以数据为依据的南南合作报告与评价框架是南南一体化的基本共识。要积极参与国际社会关于南南合作报告与评价标准的讨论，分享中国在南南合作实践中的成功经验，为构建既保持南南合作多元化、灵活性的特色优势，又能系统性展示全球南南合作成就和贡献的一致性的南南合作概念和话语贡献力量。要建立中国参与南南合作监测与评估框架，对中国参与南南合作的效果进行评价，寻求成功案例和最佳实践，分享中国经验。要充分利用联合国等国际机构创造的平台，与联合国贸易和发展会议，联合国驻华代表处，经济合作与发展组织发展援助委员会及各发达国家的国际援助机构、多边机构、慈善基金会等合作，在数据搜集能力和指标开发方面保持交流，分享经验。

第三节　开展安全合作的理论与技术创新

在此需要特别强调的是，我国与东盟各国的探矿理论与技术、采选矿理论与技术和冶炼及深加工理论与技术都有各自的独特优势和知识产权，合作各方可事先协商保护好各国的知识产权，合作过程中形成的新的知识产权可用于共享。

我国西南地区与东盟国家同属喜马拉雅成矿带与环太平洋成矿带，这种双重成矿带特征形成的矿种此多彼少与交叉分布并存，因此我国与东盟国家的矿产资源具有较强的互补性。从成矿机理和成矿特征来看，东南亚的巽他古陆是冈瓦纳大陆分离后向北移动形成的陆块，因遭受不同时期的印支、燕山、阿尔卑斯山等构造岩浆和构造变质的作用，而形成全球三大世界级成矿带（环太平洋成矿带、特提斯—喜马拉雅成矿带、古亚洲成矿带）之一的环太平洋成矿带与喜马拉雅成矿带双重成矿带特征。其中，东南亚锡矿带是目前全球最长、最重要的含锡花岗岩矿带。此后，陆续发现有锡、钨、斑岩铜(金)矿床和造山带金矿床等,同时,还发现与花岗质岩浆活动有关的铅、锌、银矿床等,具有巨大的找矿潜力。经初步勘探,仅东盟地区的中南半岛五国(越南、老挝、缅甸、泰国、柬埔寨)就有多种矿种,已知的矿点产地有1000多处,其中大型矿床100多处,中型矿床近200处,小型矿床400多处。矿种以有色金属矿产为主,主要有锡、钨、铜、镍、锑等,合计400多处。此外,中南半岛的宝玉石及金、银等贵重金属矿产地有180多处,居亚洲第2位,铬、锰、铁、钛等黑色金属矿产地居亚洲第3位。钾盐、岩盐也有一定数量,特别是泰国钾盐资源储量居亚洲第1位。

综上所述,由于中国西南地区与东盟地区成矿条件与成矿特征同属喜马拉雅成矿带与环太平洋成矿带区域,找矿理论可以通用。中国的地质力学、陆相生油、多旋回大地构造等重要地质科学理论都可在东盟地区推广应用,并通过在空白区发现新矿产和在已有矿区深部和外围发现矿体等勘探实践,进行成矿理论和找矿技术的创新。在对大型矿集聚区和找矿预测、成矿动力学背景以及成矿过程开展深入的理论探索工作中,共同创造新的找矿理论,并在找矿理论的指导下开展探矿理论与技术、采选矿理论与技术和冶炼及深加工理论与技术等创新。

一、探矿理论与技术创新

一是围绕安全合作区域内世界级成矿带开展探矿理论与技术创新。围绕地中海—“三江”(怒江、澜沧江、金沙江)—东盟地区的世界级成矿带开展1:5万区域地质调查,持续深化对重点成矿区带、重点含油气盆地整体格架的认识。通过该地区全世界最长、最重要的含锡花岗岩带，仅次于波斯湾的第二油气区带和全世界最大、最重要的宝玉石产区等基础调查区域的专题地质填图，着力解决陆块聚散过程中岩石、地层、构造等方面的关键基础地质问题，系统阐明大规模成矿的深部物源、地质过程、流体运移等关键要素。

二是加强该地区成矿(藏)规律和找矿预测理论研究与技术创新。充分利用该地区岩石圈结构、物质组成及分布，应用地质—地球物理—地球化学等综合探测理论与技术，较详细地查明成矿(藏)系统中地壳的精细结构，深度挖掘并揭示成矿的深部过程及其驱动机制，跟踪其成矿(藏)物质迁移与汇聚途径，查明其流体输导作用，寻找并跟踪成矿系统演化的物理、化学和物质迁移轨迹，探明其成矿(藏)的源—运—储等系统和成矿过程；在该地区运用中国地质科学院地质力学研究所创新形成的矿田构造、油气地质力学等理论技术方法，共同创新形成新的成矿(藏)系统理论；运用新的成矿(藏)系统理论指导找矿技术创新，力争在该地区实现找矿新突破。

三是综合运用地质力学理论与现代地球科学理论在该地区进行探矿理论与技术创新。据有关专家介绍，在不同地质构造体系的交汇区有可能形成战略性矿产资源及油气资源的集中区带。因此，可在地中海—“三江”(怒江、澜沧江、金沙江)—东盟地区的世界级成矿带，将地质力学理论与现代地球科学理论相结合，充分利用我国现有的大数据和人工智能技术等现代信息技术，对该交汇区进行微区分析、原位分析；通过各种探测技术取得的数据和成果，重新划分并建立该交汇区的构造体系及其叠加关系，编制该交汇区的构造体系与矿产资源图，为该交汇区战略性资源、能源调查提供理论依据;用该理论指导找矿,力争在该交汇区实现找矿新突破。

二、采选矿理论与技术创新

长期以来,我国与东盟国家在各领域一直都有着较为紧密的合作,其中就包括采选矿理论与技术创新合作。采选矿领域的理论与技术创新作为矿产资源开发利用过程中的重中之重,在我国与东盟国家矿业合作中发挥了重要作用。不断创新采选矿理论与技术,对于提高矿产资源开发利用效率和保护生态环境具有重要意义。本书主要以锂矿的采选为例,阐述其理论与技术创新合作。

当今世界,全球气候不断变暖、极端天气日益增多,主要原因是工业革命以来人类的生产和生活等活动影响了地球生态系统的平衡。工业革命后,化石燃料的广泛使用,工业过程中大量的碳排放,土地利用变化等活动,使地球温室气体不断增加,从而导致全球气候不断变暖,极端天气日益增多。2020 年 9 月我国明确提出“双碳”目标,即 2030 年实现“碳达峰”与 2060 年实现“碳中和”目标。关于矿业领域的“双碳”目标,有关专家提出“减碳”“增汇”“封存”等具体路径。为实现各国宏观和微观“双碳”目标,锂矿资源的开发利用将可能发挥多方面的先导作用。据了解,麻省固体能源(Solid Energy Systems, SES)(电池制造商)已经开发出世界上最大的锂金属电池,该电池的阴极、阳极和电解液都使用锂元素制造,极大地改善了电池性能,预计于 2025 年前实现商业化并应用于电动汽车。据统计,一辆普通的电动汽车的电池板需要约 8 千克的锂,由此可见,未来锂矿资源的需求量是非常大的。碳酸锂生产工艺主要有以盐湖卤水为原料制取碳酸锂和以锂辉石为原料制备碳酸锂两种。在碳酸锂生产实践中,从盐湖卤水中制取碳酸锂与以锂辉石为原料制取碳酸锂相比,以盐湖卤水为原料制取的碳酸锂,不仅锂的含量较高、耗能低,而且锂中所含资源丰富、产品价格低廉;能耗低和成本低的优势,使其成为未来生产基础锂产品的发展方向。鉴于“双碳”目标的有效实现,世界各国的一些主流机构正在加大绿色减碳计划和实现路径的研究。受全球新能源汽车强劲需求的拉动,锂矿产业发展迅速。一是锂矿产业的全产业链快速兴起,探采选冶联盟化开始出现,而且上下游一体化趋势明显;二是锂矿产业领域的资本竞争十分激烈,锂矿企业并购加快;三是探采选冶的技术创新发展迅速;四是采选冶技术向绿色高效转型,火法向湿法转型,人工智能和先进传感器等技术在锂矿产业领域被广泛使用。因此,安全合作各方可在合作示范区开展采选矿理论与技术创新,通过协商保护好各国原有的知识产权,在合作过程中形成的新的知识产权可共享。

三、冶炼及深加工理论与技术创新

冶炼矿及深加工矿作为矿产资源开发利用的关键环节,对于促进矿业产业升级、提高资源开发利用效率具有极为重要的意义。我国与东盟国家由于各自所处地理位置的成矿条件和成矿机理的差异,矿产资源优势互补性较强,开展冶炼矿及深加工矿领域的合作对于双方社会经济发展具有重要作用,合作前景十分广阔。本书以绿色冶金技术为例,阐述其理论与技术创新合作。

我国的绿色冶金主要有以下技术。一是吸声减振技术。吸声减振技术主要是运用容量相对较小的消声器,全台搭建塑料风扇以及罩壳,以降低电力系统运行噪声,并结合该冶金机械设备的具体状况，使用铝合金以及尼龙材料，以减轻设备自身重量，从而减少能耗，实现节能效果。吸声和减振技术在冶金领域的广泛应用，一定程度上能实现绿色化生产，提高冶金生产的效益。二是液压系统绿色技术。液压系统绿色技术主要是在液压系统设计生产中使用密封工艺技术和高性能液压油，以杜绝和防止液压油泄漏；即便液压油泄漏也不会对环境造成污染破坏，从而提高液压油的绿色化程度，以保障液压系统环保与安全。三是提升高炉煤气余压透平发电装置发电量技术。高炉煤气余压透平发电装置发电量技术主要是在大、中、小三种高炉煤气中使用全干法布袋除尘，以减少二氧化碳排放量，提高冶金生产效益。四是智能控制系统技术。智能控制系统技术主要是应用人工智能技术和虚拟化技术等，以实现无人值班或少人值班，降低能耗和节约能源。五是生成元素硫湿法冶金技术。生成元素硫湿法冶金技术是通过将矿石中的硫化物加工转变成元素硫而非二氧化硫。六是真空冶金技术。真空冶金技术主要是在冶炼炉液压缸设计中，使用真空蒸馏技术，以减少锆生产中和其他金属元素的物化反应，提升锆生产效率和吊装中锆的精度。七是烧结低温余热发电技术。烧结低温余热发电技术主要是建立烧结余热发电机组，通过闪蒸技术和余热锅炉省煤器循环动力的运用进行水泵供给，实现余热锅炉汽包和闪蒸器的给水，从而增加余热锅炉省煤器的工质流量，提高烟气余热利用效率，减少相关资源的浪费，节约能源。因此，合作各方可事先协商保护好各国原有的知识产权，合作过程中形成的新的知识产权可共享。同时，通过政府、企业和学术界等多方共同努力，协同推动冶炼及深加工理论与技术创新。

第六章　我国与东盟国家战略性矿产资源安全合作与制度创新的路径

在全球战略性矿产资源安全形势与产业重组加速演进的过程中，为应对以美国为首的西方发达国家推进对战略性矿产资源产业链的封锁，有必要加紧提升我国与东盟国家战略性矿产资源安全合作水平，加快建立可持续发展的安全合作机制，多渠道创新和发展双边的战略性矿产合作机制；科学规划我国与东盟国家战略性矿产资源的产业链分工合作，建立中国—东盟国家战略性矿产资源交易平台，加速科技成果产业转化和升级换代，着力打造一个高水平、高效能、全方位的中国—东盟国家矿产资源开发服务平台和风险预警机制，为实现双方战略性矿产资源安全和制度创新作出新的贡献。

第一节　加强战略性矿产资源安全合作与制度创新的必要性

2021 年 11 月 22 日，我国与东盟共同宣布要建立面向和平、安全、繁荣和可持续发展的全面战略伙伴关系，为我国与东盟加强战略性矿产资源安全合作与制度创新发展对接创造了有利条件。但是，我们也应该看到，全球战略性矿产资源安全形势与产业重组正在加快演进，以美国为首的西方发达国家已经加快推进关键性矿物安全合作对接，并努力将东盟国家纳入其供应链合作联盟之中。由此，加快推进我国与东盟战略性矿产资源安全合作是当务之急。

一、美国主导的矿产安全合作伙伴关系

在战略性矿产资源争夺日趋激烈的国际背景下，美国基于对清洁能源和其他技术至关重要的关键矿物的需求，且在未来几十年需求显著增长的情况下，更有可能加快打造和构建符合自身利益的战略性矿产资源产业链供应链合作联盟。

（一）主导建立矿产安全伙伴关系

2022 年 6 月，在加拿大多伦多举行的加拿大勘探与开发者协会（The Prospectors and Developers Association of Canada，PDAC）国际会议上，美国召集了 MSP 合作伙伴和主要矿产丰富的国家，集中讨论在负责任的采矿、加工和重要矿产的再循环方

面的优先事项、主要挑战和发展机遇。美国国务卿布林肯主持了会议开幕式,宣布美国和主要伙伴国家联合建立 MSP,旨在加强关键性矿产供应链合作,致力于建设强大、负责任的关键矿产供应链,重点加强对清洁能源转型至关重要的矿产供应链,以支持世界经济繁荣和气候应对的目标。MSP 的合作伙伴包括澳大利亚、加拿大、芬兰、法国、德国、日本、韩国、挪威、瑞典、英国、美国和欧盟委员会,声称遵循最高的环境、社会和治理标准,促进政府和私营部门的投资,以获得贯穿整个关键性矿物的价值链。缔约国会议目前正在考虑一个或多个缔约国会议伙伴可能感兴趣的有希望的关键矿物项目,促进创新。制定关于环境、社会和治理标准的联合办法,并使项目经营者和矿物生产国参与进来。中期战略计划的目标是确保关键矿物的生产、加工和再循环能够支持各国充分利用其地质条件实现经济发展利益,[1]最终建立一个关键矿产的透明、开放、可预测、安全和可持续的供应链。出席会议的还有其他矿产资源丰富的国家包括阿根廷、巴西、刚果(金)、蒙古、莫桑比克、纳米比亚、坦桑尼亚和赞比亚。

2023 年 7 月,MSP 合作伙伴和主要矿产资源丰富的国家举行了副部长级会议,讨论在采矿、加工和关键矿产回收方面的优先事项、挑战和机遇。参加会议的 MSP 合作伙伴包括澳大利亚、加拿大、芬兰、法国、德国、日本、意大利、韩国、挪威、瑞典、英国、美国和欧盟。出席会议的其他国家包括安哥拉、博茨瓦纳、刚果

---

〔1〕 See *Minerals Security Partnership*, U. S. Department of State(Jun. 14, 2022), https://www.state.gov/minerals-security-partnership/#:~:text=The%20United%20States%20and%20key%20partner%20countries%20have,convention%2C%20the%20largest%20mining%20event%20in%20the%20world.

(金)、南非、坦桑尼亚、乌干达和赞比亚。MSP 合作伙伴还宣布了《MSP 负责任的关键矿产供应链原则》,这些原则承诺将环境、社会和治理标准充分纳入缔约国会议的工作中,目标是实现公平和公正的能源转型。

《MSP 负责任的关键矿产供应链原则》制定了一套指导性的原则:

——优先关注强有力的环境、社会和治理(Environmental, Social, and Governance,ESG)证书,这类证书应通过行业认可的最佳 ESG 标准。中等收入国家政府有一个共同的目标,那就是促进安全、可持续、多样化和公平的供应链。

——对严格标准的承诺正在成为业界接受的做法,并正在推动透明度、风险缓解和公众参与。高标准增强了政府、公司、客户和社区之间的信任,这种信任是项目开发成功的重要因素。

——建立社会许可证和真正参与环境、社会和治理标准,对于为当地社区创造和维持长期和包容性惠益至关重要,因为当地社区在矿产部门中的代表性或获得矿产部门惠益的程度各不相同。

——没有全面的环境、社会和治理标准的项目可能会有运营的社会许可证风险,并容易受到干扰。

——善政和透明度保护关键矿产供应链所涉国家的国家安全利益。

根据这些基本原则,缔约国将支持以下项目:

——展示对自然环境负责任的管理;

——参与有关土地获取、获取的协商和参与进程;

——承诺与社区进行有意义的持续协商;

——确保社区和工作场所的安全、公平、包容和道德条件；

——为工人和当地社区提供经济利益；

——确保透明、道德的商业运作。[1]

（二）推动构建七国集团关键矿产供应链

2023 年4 月16 日，在日本札幌举行的七国集团部长会议，同意开展一项关键矿产安全联合计划，强调这些材料对清洁能源转型的重要性，以及需要防止脆弱供应链造成的经济和安全风险。他们表示将致力于支持关键性矿产开放、透明、基于规则和市场的可追溯贸易，反对关键性矿产的扭曲市场措施和垄断政策，促进开采国、生产国和消费国之间的合作对话。在美国的全力推动下，关键性矿产已成为七国集团能源部长更加关注的焦点，七国集团将扩大关键矿产安全、供应链方面的合作。

在大会上，美国负责国际事务的能源部助理部长安德鲁·莱特（Andrew Light）表示，美国将加速与七国集团、东盟、拥有主要矿产资源以及炼油和制造能力潜力的拉丁美洲国家在关键性矿产方面的合作与发展。

东盟轮值主席国也受邀参加上述会议，印度尼西亚能源和矿产资源部部长阿里芬·塔斯里夫（Arifin Tasrif）表示，外国投资者如果想开发印度尼西亚的丰富资源，就要分享利益、保护环境和改善人民福祉，并严格监管投资者。加拿大自然资源部部长乔

[1] See *Minerals Security Partnership Governments Engage with African Countries and Issue a Statement on Principles for Environmental, Social, and Governance Standards*, U. S. Department of State (Feb. 7, 2023), https://www.state.gov/minerals-security-partnership-governments-engage-with-african-countries-and-issue-a-statement-on-principles-for-environmental-social-and-governance-standards/.

纳森·威尔金森(Jonathan Wilkinson)表示,矿产资源丰富的加拿大必须确保七国集团国家能够获得关键性矿产,极力邀请印度尼西亚加入可持续关键矿产联盟等组织。[1]

(三)美日韩在我国周边构建关键矿产供应链

美国正在带领其盟友加强与我国周边国家的关键矿产开发合作。美国政府通过的《通货膨胀削减法案》要求电动汽车电池生产商减少对我国关键矿产的依赖。2022 年 8 月,韩国外交部部长访问蒙古并签署协议,加强全球供应链问题合作,重点是蒙古稀土开发。2023 年 3 月,美国和日本在东京签署了《日本政府和美利坚合众国政府关于加强关键矿产供应链的协议》,重点致力于建立有弹性和安全的关键矿产供应链并使其多样化,并促进电动汽车电池技术的采用。[2]

蒙古拥有丰富的关键矿产储量,西方国家认为其对于实现关键矿产供应链多元化并减少对我国的依赖具有重要作用。2023 年 6 月 27 日,美国副国务卿何塞·费尔南德斯(Jose Fernandez)和韩国外交部副部长李道勋与蒙古矿业和重工业部部长甘巴托·詹巴尔在乌兰巴托举行首次美蒙韩关键矿产对话,三国政府推进了关键矿产供应链的信息交流与合作,三边伙伴关系包括知识交流、定期工作级别会谈以及举办三方企业圆桌会议,强调蒙

---

〔1〕 See *G7 to – Expand Cooperation on Critical Minerals Security Supply Chains*, Spglobal (Apr. 17, 2013), https://www.spglobal.com/marketintelligence/en/news-insights/latest-news-headlines/g – 7 – to-expand-cooperation-on-critical-minerals-security-supply-chains – 75219175.

〔2〕 See *the U. S. and Japan Have a Critical Minerals Agreement*, USTR (Mar. 28, 2023), https://ustr.gov/sites/default/files/2023 – 03/US% 20Japan% 20Critical% 20Minerals% 20Agreement% 202023% 2003% 2028.pdf.

古在满足世界关键矿产需求方面可以发挥的重要性和潜在作用。[1]美国、韩国和蒙古成立了一个三边协商机构，旨在稳定关键矿产的供应链。美国还与蒙古签署了一份谅解备忘录，该谅解备忘录旨在开展技术支持合作，进一步推动蒙古努力发展能力，鼓励对其矿产资源行业进行投资，构建印度—太平洋地区安全和有弹性的关键矿产供应链。美国之音评论说："对清洁能源和其他技术至关重要的关键矿物的需求将在未来几十年内大幅增长。这就是为什么美国致力于扩大与蒙古和大韩民国的伙伴关系，这对于确保关键矿产供应链的安全至关重要。"[2]

越南也是美欧构建全球关键矿产供应链的重要一环。越南是世界上排名靠前的关键矿物生产国之一。2018 年，越南的钨和铋（排名第 2）、铝土矿和锡（排名第 10）、钛（排名第 14）、铝（排名第 15）、锰（排名第 21）、铜（排名第 36）和锌（排名第 41）在世界排名中居于前列。[3] 越南还拥有丰富的稀土资源，稀土储量为 2200 万吨，仅次于我国，主要集中在其西北与我国接壤的边境地区以及东部沿海地区。2022 年，越南的稀土产量达到 4300 吨。

---

〔1〕 See *the First U. S. -Mongdia-South Korea Critical Minerals Dialogue was Held in Ulaanbaatar*, U. S. Department of State (Jun. 27, 2023), https://www.state.gov/inaugural-u-s-mongolia-rok-critical-minerals-dialogue-held-in-ulaanbaatar/.

〔2〕 *Ensure the Security of Mongolia's key Mineral Supply Chain*, Voice of America (Jul. 12, 2023), https://editorials.voa.gov/a/securing-critical-mineral-supply-chains-in-mongolia/7178293.html.

〔3〕 See B. N. Nguyen, B. Boruff, M. Tonts, *Through the Crystal Ball: Understanding the Future of Vietnam's Mineral and Mining Industry*, sciencedirect, https://www.sciencedirect.com/science/article/abs/pii/S2214790X21000526#:~:text=In%202018%2C%20Vietnam%20was%20reported%20as%20among%20the,%2836%29%20and%20zinc%20%2841%29%20%28Reichl%20and%20Schatz%2C%202020%29.

日本、韩国、加拿大和澳大利亚等国家一直推进与越南的稀土开发合作。2012 年 6 月，日本与越南在越南放射性和稀有元素技术研究所成立稀土研究和技术转移中心，合作研究从矿物中提取稀土元素，研究核心技术来分离和集中稀土元素，寻找生产高质量稀土产品的最佳方法。至 2017 年，越南已成为日本最大的稀土供应国。韩国则在近两年加快与越南的关键矿物的开发合作。2022 年 12 月，韩国产业通商资源部和越南工贸部签署协议，以加强稀土等核心矿产合作，加强全球稀土供应链。2023 年 6 月，韩国和越南签署了谅解备忘录，双方同意建立"供应链中心"，对关键矿物的开采和加工进行联合研究，"两国正在寻求横向合作模式的协同效应，即越南丰富的资源与韩国优越的加工技术相结合"，[1] 重点是保证稀土元素等重要矿物的稳定供应。2023 年 7 月初，韩国总统尹锡悦访问越南，两国签订了一份稀土合作备忘录，强调要携手建立关键矿物的供应合作体系，在稀土领域对中国"去风险"，保障自身战略安全。

二、推动东盟战略性矿产资源安全合作机制建设

东盟目前还没有专门的战略性矿产资源安全合作机制，甚至还没有对战略性矿产资源进行定义，所有矿产合作都在东盟矿产部长级会议和东盟矿产高官会议框架下推进。

（一）东盟矿业部长级会议

东盟内部战略性矿产资源安全合作主要依托东盟矿业部长

〔1〕 See *South Korea and Vietnam Further Strengthen Key Mineral Supply Cooperation*, Korea central Daily (Jun. 23, 2023), https://koreajoongangdaily.joins.com/2023/06/23/business/industry/korea-vietnam-yoon-suk-yeol/20230623185144971.html.

级会议开展。2005 年 8 月，首届东盟矿业部长级会议（The ASEAN Ministerial Meeting on Minerals，AMMin）在马来西亚沙捞越州古晋举行，会上签署了《东盟矿产合作部长级谅解备忘录》，正式启动区域合作，旨在将矿产行业发展作为东盟地区经济增长和社会进步的引擎，协调东盟内部矿产资源的发展政策和计划，开展包括联合勘探和联合采矿作业、区域内贸易、建立东盟矿物数据库和研发设施，以及信息和技术知识共享等在内的一系列合作。同时，制定了《2005—2010 年东盟矿产合作行动计划》，其中包含 19 项具体战略行动，以实现《万象行动计划》和《东盟矿产合作部长级谅解备忘录》下的政策议程，并成立矿产信息和数据库、矿产贸易和投资、可持续矿产开发和矿物开发能力建设 4 个工作组。2023 年 11 月，第九届东盟矿业部长级会议在柬埔寨金边举行，主题为“推动东盟成为可持续矿业投资目的地”。

东盟矿业部门合作主要包括下列领域的政策制定和方案执行：

——东盟矿物的资料交流和发展数据库；

——促进和便利东盟内部和外部的贸易投资；

——促进对环境和社会负责的矿物资源管理和开发；

——加强私营部门的参与和公营—私营部门在东盟矿物合作方案方面的合作活动；

——促进与东盟对话伙伴和有关国家的合作，促进矿产资源科学技术研究和开发，以及合作方案技术转让；

——协调和统一发展政策和矿物资源方案；

——交流技术资料、经验和良好采矿实践；

——加强合作和采取联合办法解决共同关心的国际和地区

问题。

（二）东盟矿业高官会议

第八届东盟矿产部长级会议于 2021 年 10 月 8 日以线上方式举行。会议由越南自然资源和环境部副部长陈贵坚主持，柬埔寨矿业和能源部国务秘书索·哈瓦那担任副主席。在第八届东盟矿产部长级会议之前，2021 年 10 月 4 日至 7 日举行了第 21 届东盟矿业高官会议（ASEAN Senior Officials Meeting on Minerals, ASOMM）、第 14 届东盟矿业高官会议 + 3 磋商和其他会议/活动。

ASOMM 主要职能是全面负责监督、协调和实施《东盟矿产合作行动计划》（ASEAN Minerals Cooperation Action Plan, AMCAP），具体职责如下：

——采取一切必要的行动，包括确定优先级，进行定期评审，并批准必要的合作方案、项目和活动；

——作为主要协调机构处理所有有关的问题及其实施；

——确定财政支持和援助，以及相关的东盟内部和外部的技术，包括但不限于向私营部门、东盟对话伙伴以及相关国家提供支持；

——向东盟矿产部长级会议报告实施进度。

（三）《东盟矿产合作行动计划》

东盟自 2005 年以来启动了 3 个东盟矿产合作计划，即 AMCAP - Ⅰ（2005—2010）、AMCAP - Ⅱ（2011—2015）和 AMCAP - Ⅲ（2016—2025）。这是东盟矿产合作的蓝图，旨在进一步增强东盟矿产部门活力。

为配合实现东盟 2015 年后愿景，2015 年 9 月在老挝首都万象举行的第 15 届东盟矿业高官会议通过了 AMCAP – Ⅲ。第三个矿产合作计划的实施分为两个阶段，即第一阶段（2016—2020）和第二阶段（2021—2025）。AMCAP – Ⅲ继续强调东盟经济共同体矿产部门在促进和加强东盟商贸一体化方面的重要支持作用。

（四）东盟矿业协会联合会

东盟矿业协会联合会（ASEAN Federation of Mining Associations，AFMA）是一家私营非股份制非营利组织，是促进东盟合资项目、创意伙伴关系贸易和投资合作的矿产部门，该组织建立了一个常设秘书处，地址位于秘书长所在国。这也是东盟矿产合作的一个重要的合作机制。AFMA 的主要官员是由执行理事会任命的主席、副主席和秘书长。AFMA 主席及其秘书长的职位每两年在其组成成员之间轮换一次。AFMA 的主要活动是每两年举办一次亚太矿业会议暨展览会。同时，举办年度私营部门论坛，通常与政府间东盟矿业高官会议一起举行。

AFMA 于 1984 年 6 月 19 日成立，是马来西亚矿业商会、印度尼西亚矿业协会、菲律宾矿业商会和泰国矿业理事会 4 个创始成员努力合作的结果，旨在保障东盟矿产资源部门的利益，致力于加强东盟内部私营部门参与者之间以及与负责东盟矿产资源行业发展的公共部门官员之间更密切的关系、互动和合作。

（五）东盟矿产信托基金

东盟矿产信托基金（The ASEAN Minerals Trust Fund）在泰国设立，以支持执行东盟矿产合作方案、项目和活动。在经东盟矿产管理委员会正式批准的情况下，为实施 AMCAP – Ⅲ项目和活动提供资金支持。东盟成员国共同确定 AMCAP – Ⅲ下的实施重点、工作计划、项目和活动，提交 ASOMM 审议和批准。东盟对话伙伴、东盟私营部门、国际和地区组织等提供技术和资金援助。

三、加快推进战略性矿产资源安全合作与制度创新发展对接

随着 RCEP 全面实施生效，以及中国—东盟自贸区 3.0 版建设的不断推进，我国与东盟国家建立了越发紧密的战略伙伴关系，为双方战略性矿产资源合作夯实了基础。在双方签订的《落实中国—东盟面向和平与繁荣的战略伙伴关系联合宣言的行动计划（2021—2025）》中就专门提出，开展双多边地球科学和地质矿产领域能力建设项目，为推动我国与东盟矿业合作指明了发展方向。这些涉及中国与东盟国家战略性矿产资源安全合作的双边或多边文件，是深入开展矿产资源安全合作的国际法基础。

（一）我国与东盟矿产资源安全合作的重要文件

2022 年 11 月，我国与东盟发布了《中国—东盟全面战略伙伴关系行动计划（2022—2025）》和《关于加强中国—东盟共同的可持续发展联合声明》，提出开展双多边地球科学和地质矿产领域能力建设项目，加强在新能源技术开发应用、绿色投融资、能力建设等方面的合作，推动能源转型和产业结构升级，提议建立中国—东盟清洁能源合作中心。

加快推进中国与东盟战略性矿产资源安全合作与制度创新发展对接，是落实《中国—东盟全面战略伙伴关系行动计划（2022—2025）》和《关于加强中国—东盟共同的可持续发展联合声明》，促进可再生能源技术知识共享，以促推区域能源转型，实

现《东盟能源合作行动计划Ⅱ:2021—2025》设立的目标的重要措施。

(二)我国与东盟矿业合作机制与成果

我国和东盟矿业合作是双边最为成功和最具活力的合作领域之一,东盟已成为中国矿业企业海外投资的重要目的地。

我国自然资源部与东盟各国矿业主管部门已经建立了一系列双边合作机制和多边合作平台,矿业交流合作取得了丰硕成果。双方在广西南宁成立了中国—东盟地学合作中心、中国—东盟卫星遥感应用中心,建立了中国—东盟矿业信息服务平台,为中国与东盟在地学、卫星遥感领域开展多方位深层次的合作奠定了基础。

作为中国与东盟在矿业领域的重要窗口与平台,自 2010 年起至 2023 年,一年一度的中国—东盟矿业合作论坛在广西南宁已成功举办 12 届,成为了双方矿业交流合作的典范,也成为中国与东盟矿业领域中重要的合作机制,有力推动了中国与东盟国家在矿业投资、技术推广、节能减排、资源综合利用、绿色矿山建设等领域的务实合作。12 届中国—东盟矿业合作论坛,累计参展参会企业约 3400 家,推介洽谈项目 1390 多个,签约项目 160 多个,签约金额 660 多亿元。[1]

(三)东盟与中日韩矿产合作的基础

2022 年 11 月,东盟与中日韩发布了《东盟与中日韩(10 + 3)合作工作计划(2023—2027)》,这是促进 10 + 3 未来五年合作、推动实现由东盟驱动的东亚共同体这一长远目标的重要纲领文

---

〔1〕 参见陈一帆、聂新宇:《中国—东盟共谋绿色矿业可持续发展》,载新华网,http://gx.news.cn/newscenter/2023-05/19/c_1129627127.htm。

件。这一工作计划将促进矿产合作列为主要内容，提出：

1. 不断改进战略，通过举办矿业合作联合论坛和展览、研讨会和研修班，以及向中日韩提供东盟采矿业最新信息等方式，推动东盟成为矿产投资目的地，促进各国国内和国际上对矿产价值链所有环节的投资；

2. 在中日韩和东盟之间开展技术讨论和经验分享，支持本地区制定和通过可持续矿产开发原则，逐步改善治理和经济、社会、环境效益；

3. 在勘探、加工和修复以及数字化、绿色和资源节约型技术等涉及东盟矿产开发的优先领域，强化矿产管理人力、机构和技术能力建设；

4. 制定和实施新战略，开发采集、处理矿产数据和信息的有效工具，强化东盟矿产信息系统建设；

5. 实施与《东盟矿产合作行动计划(2016—2025)》第二阶段(2021—2025)、《10 + 3 矿产合作工作计划(2022—2025)》及东盟矿产合作领域后续计划下的战略措施相配套的计划和活动。

以上这些合作基础和合作措施为加快推进战略性矿产资源安全合作与制度创新发展对接创造了有利条件。

第二节　建立可持续发展的安全合作与制度创新机制

我国与东盟双边还缺乏高级别的矿产资源安全合作机制。

目前,我国与东盟矿产合作机制主要是具有官方性的“东盟 10 + 3”矿业部长级会议,另有半官方性质的中国—东盟矿业合作论坛。要建立我国与东盟可持续发展的矿业安全合作,针对东盟已经建立的矿业合作机制,推进我国与东盟各类矿业合作机制的对接,从官方、半官方和民间多渠道创新双边的战略性矿产安全合作机制。

一、建立完善官方性质的矿业合作机制

官方性质的矿业合作机制主要是借助官方的矿业管理机构以行政手段推进双边矿业合作,代表国家的意志。

(一)建立中国—东盟矿业部长会议机制

尽管我国与东盟有 10 + 3 矿业合作机制,但是,我国与日韩对矿业合作的方向、方式等诉求有所不同,建议另建立中国—东盟矿业部长会议机制,探讨举办高级别矿产政策对话,与 10 + 3 矿业部长会议同期举行,讨论双边矿业合作大计,批准高官会议提交的合作方案,同时,商讨开展战略性矿产资源安全合作的可能性以及合作的方向和内容。

(二)完善中国—东盟矿业高官会议制度

中国—东盟矿业高官会议主要是由各国的最高矿业行业管理机构的局级官员组成,主要职责是准备双边矿业合作的具体方案并提交给矿业部长会议审定,落实部长会议的决议,研究解决矿业合作过程中出现的问题。之前,中国与东盟国家在广西南宁举行过中国—东盟矿业高官会议,来自中国和东盟的矿业政商要员围绕中国—东盟矿业合作的共同目标和发展方向进行了广泛而富有成效的探讨和交流,达成了多项共识,中国—东盟各方发

表了《南宁宣言》。因此，建议在广西南宁每年一次持续性地举行该会议，将中国—东盟矿业合作论坛联络官会议改为中国—东盟矿业高官会议，与东盟矿业高官会议同年举办，共同研究矿业合作过程中出现的问题与对策。

二、完善半官方性质的矿业合作机制

半官方性质的合作机制主要是指在官方指导下，我国和东盟国家的官方和企业同时参加的战略性矿产安全合作会议，目前主要有中国—东盟矿业合作论坛。

中国—东盟矿业合作论坛暨推介展示会自2010年首次举办以来，到2023年已成功举办12届（见表6-1）。论坛由广西壮族自治区人民政府和中国自然资源部共同主办，广西自然资源厅、中国地质调查局等单位承办。针对不同时期的发展重点，提出不同的论坛主题，有效解决我国与东盟矿业合作的关键问题。

表6-1　历届中国—东盟矿业合作论坛主题

届别	年份	主题
第一届	2010	中国—东盟自贸区建成背景下的矿业合作
第二届	2011	加强矿业合作，推进互利共赢
第三届	2012	加强地质找矿，促进矿业发展
第四届	2013	加强矿产技术合作，推动矿业科学发展
第五届	2014	建设绿色矿山，促进矿业可持续发展
第六届	2015	加强矿业合作，促进海上丝绸之路经济发展
第七届	2016	信息共享，合作共赢

续表

届别	年份	主题
第八届	2017	建设中国—东盟矿业信息港,深化“一带一路”合作新平台
第九届	2018	聚焦丝路合作,发展绿色矿业
第十届	2019	深化矿业互利合作,促进经济共赢发展
第十一届	2021	共建“一带一路”,共兴绿色矿业
第十二届	2023	携手融入“一带一路”建设,共谋绿色矿业可持续发展

三、建立中国—东盟民间矿业合作机制

(一)推动建立行业协会合作机制

东盟矿业协会联合会是东盟国家最重要的矿业行业协会,中国矿业联合会是我国最高等级的矿业行业协会,建议推动中国矿业联合会与东盟矿业协会联合会建立交流合作机制,邀请中国矿业联合会和东盟矿业协会联合会参与承办中国—东盟矿业合作论坛暨推介展示会,以号召更多的国内外参展商参会。同时,鼓励我国各省(自治区、直辖市)、市的矿业协会与东盟国家的矿业协会建立交流合作机制,以深化中国与东盟国家矿产领域各层级的合作。探索建立由中国和东盟国家矿业协会参加的中国—东盟矿业协会联合会。

(二)中国—东盟矿业合作推介展示会

中国—东盟矿业合作推介展示会目前已成功举办 12 届,累计参展参会企业约 3400 家,推介洽谈项目 1390 多个,签约项目

160多个,签约金额660多亿元(见表6-2)。[1]

表6-2　历届中国—东盟矿业合作推介展示会成果

届别	年份	主要成果
第一届	2010	共签订13个合作项目,总投资额近70亿元,贸易意向成交4.2亿元
第二届	2011	共签约项目25个,总投资额共计214亿元,成交额2.5亿元
第三届	2012	共签约项目24个,其中涉及东盟国家项目9个,国内项目15个,签约金额达136亿元
第四届	2013	签署协议项目19个,其中涉及东盟国家项目9个,国内项目9个,加拿大能源矿业专场签约项目1个,签约金额达51.9亿元
第五届	2014	签约项目6个,推介项目17个,洽谈项目234个
第六届	2015	签约项目9个,签约总金额达3.48亿元
第七届	2016	矿业项目共签约11个,签约总金额达7.29亿元
第八届	2017	共收到推介、洽谈项目近200个,筛选了50个推介项目供参会嘉宾洽谈,11位嘉宾在会上推介17个项目。最终签约项目10个,签约金额达52.72亿元

[1] 参见陈一帆、聂新宇:《中国—东盟共谋绿色矿业可持续发展》,载光明网,https://world.gmw.cn/2023-05/19/content_36570909.htm。

续表

届别	年份	主要成果
第九届	2018	中国与东盟等国家共有 10 个矿业合作项目达成签约,总金额 23.4 亿元
第十届	2019	项目推介、洽谈和签约活动签约总金额约 52.88 亿元
第十一届	2021	共有 19 个项目进行了现场签约,签约总金额约 40.96亿元
第十二届	2023	筛选 40 个推介洽谈项目,现场由 11 位嘉宾推介 17 个项目,包括印度尼西亚矿业项目、马来西亚吉打州稀土等项目。共有 12 个项目参加现场签约,签约意向金额达 20 亿元

可见,中国—东盟矿业合作成果推介展示会对促进中国与东盟国家的矿业合作具有很大的作用。但是,也需要创新办会、常办常新,尤其是要照顾到东盟国家的利益。建议实行申办制度,由有意办会的国家的矿产行业管理部门向中国—东盟矿业高官会议秘书处提出申办报告,由中国—东盟矿业高官会议秘书处考察决定申办方。

(三)研究机构研发合作机制

东盟预计将出现大量投资来支持战略性矿产资源的开采活动,但许多国家没有足够的技术能力来处理、指导和监管这种开发活动。我国先后成立的中国—东盟地学合作中心、中国—东盟卫星遥感应用中心、中国—东盟矿业信息共享平台,为我国与东盟在地学、卫星遥感领域开展多方位深层次的合作奠定了基础。中国可以依托这些平台协助东盟国家筛选和监控矿产开发,以确保矿产开发企业遵守环境和治理标准。因此,要发挥我国在矿产开发研发方面的优势,鼓励我国矿业科研机构与东盟国家有关机构在地球科学、矿产资源科学技术研究、技术转让等方面开展合作。

(四)建立中国—东盟矿产人才培养合作机制

我国与东盟已基本建立了矿产人才培养合作机制。长期以来,我国一直是东盟国家留学生攻读地学、矿产开发等专业的主要国家,促进了东盟国家地学研究能力建设和人才培养。2019年11月,中国—东盟地学合作中心东盟学院揭牌成立,该学院是在中国—东盟地学合作中心合作共建框架下,由合作中心联合成都理工大学、中国地质大学(武汉)共同成立,将打造成为面向东盟国家的高端技术人才学历教育、短期研修培训的基地。从2019年起的5年内,中国—东盟地学合作中心东盟学院为东盟国家提供100个来华攻读地学、矿业、测试技术等专业硕士、博士学位的留学生名额,提供500个来华短期研修与技术培训的名额。因此,建议我国进一步发挥地矿学科教学、科研力量优势,推进我国相关大学与东盟国家大学的教育合作,建立地学教学合作关系,向有教学人才需求的东盟国家高等院校派出教师,帮助东盟国家培养地学专业高级人才。

第三节　科学规划我国与东盟国家战略性矿产资源的产业链分工合作

近年来,我国与东盟各国在矿业全产业领域持续深化合作,构建战略性矿产跨境产业链,将东盟国家的矿产资源优势与我国的开采、冶炼、回收等方面的技术优势相结合,通过技术创新,优化工艺流程,淘汰落后产能,加快矿产资源的探、采、选、冶全过程绿色低碳转型。促进中国—东盟矿业贸易、开采、加工、资本、技术信息、人才等要素的交流与融合,构建起可持续发展的战略性矿产跨境产业链,加强关键矿产循环回收利用合作,为我国与东盟国家战略性矿产资源的产业链分工合作打下较好的基础。

一、推进矿产资源勘查开发合作

我国与东盟国家开展地质勘查合作已有较好的基础,尤其是我国与柬埔寨、老挝、缅甸、印度尼西亚和越南等国家的地质勘查合作成果显著,涉及矿种主要有金、铜、铁、锑、稀土等。比如,2012 年,中国地质调查局与越南地质矿产总局签署了矿业合作备忘录;2019 年,柬埔寨与广西地矿局在磅士卑省奥拉地区开展地质勘查开发合作;2022 年 6 月,柬埔寨矿产能源部向广西地矿局提出地质矿产勘查开发五个方面的合作意向,目前广西地矿局已经编制完成《柬埔寨地质矿产勘查开发合作规划(2022—2030)》。

我国尤其是广西要进一步加强与柬埔寨、印度尼西亚、老挝、马来西亚、缅甸、泰国和越南等东盟国家的矿业主管部门、矿业商协会、行业机构的交流合作,为构建中国—东盟战略性矿产资源安全合作打下基础。

二、构建战略性矿产跨境产业链

东南亚在镍、锡、钾和铋等矿产资源生产方面具有优势,在适当的情况下可以将其关键矿产项目嵌入中国—东盟矿产产业链供应链。一些东南亚国家已经开始投资精炼和加工产业，如印度尼西亚和菲律宾，印度尼西亚利用其作为全球最大镍生产国的地位，建立了国内加工设施，甚至对未加工镍矿石的出口也制定了保护主义禁令。东盟的镍产量和锡产量分别占全球的46%和34%，其可成为供应关键矿产和发展关键供应链的主要参与者。[1]要将东盟国家的矿产资源优势与我国的开采、冶炼、回收等方面的技术优势相结合，通过技术创新，优化工艺流程，淘汰落后产能，加快矿产资源的探、采、选、冶全过程绿色低碳转型，共建中国—东盟矿业贸易、开采、加工、资本、技术信息、人才等要素的交流与融合，构建起可持续发展的战略性矿产跨境产业链。

开采和加工用于出口的关键矿物可以为东南亚国家带来巨额收入，并帮助这些国家在绿色技术的区域供应链中提升自己的地位。在战略性矿产资源开发中，各方投资者必须充分考虑到东盟国家的关切，保障东盟国家人民的利益，要通过投资这些行业，保障中国和东盟国家可以获得关键矿产的安全供应，使双方都从矿产开发中受益。今后，我国与东盟国家的战略性矿产资源安全合作应重点构建以下几大产业链供应链。

1. 稀土。关键矿物尤其是镍、钴、稀土是许多清洁能源技术的重要组成部分。越来越多的关键矿物被用于建造太阳能发电场、风力发电场和电动汽车，东南亚对绿色技术不断增长的需求将增强政府提供强劲和有弹性的关键矿物供应的动力。而绿色

---

〔1〕 See *Opportunities for Australia ASEAN Critical Minerals Collaboration*, Homeland Security Newswire, https://www. homelan dsecurity newswire. com/dr20230628 – opportunities-for-australia-asean-collaboration-on-critical-minerals.

技术正是我国的技术优势，因此，加强与老挝、缅甸、越南、印度尼西亚等稀土资源丰富的国家的稀土产业链供应链合作，利用中国稀土精炼加工的技术优势，与东盟国家构建起“东盟国家初加工—中国精炼—生产新能源电池”产业链，也可以在一些资源丰富的国家建立合资企业生产电动汽车电池。

2. 镍矿。新能源产品和设备对镍有大量的需求，我国要保持与东盟国家的镍矿勘查、开发和加工等环节的投资合作，与东盟国家打造采矿和绿色能源制造产业链。重点与印度尼西亚和菲律宾进行精炼和加工的密切合作，增加智能化加工设施，发挥好我国在开采、冶炼、回收等方面的技术优势，加快矿产资源探、采、选、冶全过程绿色低碳转型。

3. 钾盐。强化我国与老挝在钾矿开采、加工和贸易等方面的合作，将老挝打造成为我国稳定的钾盐产业链供应链基地。通过投资建设、联合开采、联合加工关键性矿物的方式，帮助他们在绿色技术、先进技术方面建立完善的供应链。同时，要关切老挝人民的切身利益，以开采和出口关键性矿物为手段，为较为落后的东南亚国家增加收入。

4. 油气资源。我国与印度尼西亚、缅甸、泰国、新加坡、文莱等东盟国家，加快油气等资源的勘探开发，完善和保障了初级产品供给。比如，我国与缅甸围绕油气签订协议，双方在油气方面加强合作。中方企业拥有对中缅原油管道的特许经营权，负责油气管道的建设、运营等，可合力开发能源合作通道。

5. 铜矿。目前，铜矿在东盟国家分布广泛，其中印度尼西亚的储量为 5100 万吨、菲律宾的储量为 3800 万吨、老挝的储量为 2160 万吨、缅甸的储量为 1068 万吨、越南的储量为 1000 万吨。

东盟大多数国家的铜矿资源十分丰富，但是由于技术落后、勘查难度大等，真正得到勘探、开采的资源总量很少。我国与柬埔寨、老挝、缅甸、印度尼西亚和越南等东盟国家开展地质勘查合作，对铜矿的地质勘查合作成果显著。我国对铜原料、铜精矿的对外依存度高达70%，在铜原料端的出海战略上较为成功。

6. 金矿与铝矿。在金矿方面，越南、缅甸、老挝的金矿分布很广；菲律宾的金矿主要以复合矿和冲击矿的形式存在，菲律宾的金矿勘探已经开始向浅层储藏区开采，目前已探明储量超出600万吨的金—铜—银矿，每吨矿石含金量为3克，含银量为37克。在铝土矿方面，越南的探明储量为37亿吨、资源量为70亿吨，印度尼西亚的探明储量为12亿吨、资源量为19亿吨，老挝的探明储量约为4亿吨、资源量为20亿吨，柬埔寨的储量近3.5亿吨，菲律宾的探明储量为1.5亿吨。

三、关键矿产循环回收利用合作

关键矿产循环回收利用是未来战略性矿产资源安全合作可持续发展的重要一环，我国要在战略性矿产资源绿色发展方面发挥引领作用。根据尚未实施的欧盟关键原材料法案，欧盟已经设定2030年绿色转型所需矿产目标：10%来自本土开采，25%来自回收，40%来自本土加工。另外，该法案还规定，任何原材料对一个第三方国家的依赖度不能超过65%。[1]

未来，新能源技术在各领域的推广应用将十分广泛，必然会

---

[1] 参见《欧盟呼吁加快关键材料战略行动》，载自然资源部，https://geoglobal.mnr.gov.cn/zx/kydt/zhyw/202305/t20230518_8522147.htm。

产生大量的废旧新能源电池，这些电池也是重要的战略性矿产资源。回收利用这些电池需要较高的技术支持，我国应未雨绸缪，与东盟国家推动建立减碳、治污的矿业协同发展机制，充分回收利用废旧新能源电池，形成"回收—处理—循环再利用"废旧电池再利用合作机制。建议制定激励措施，对电气和电子废物进行无害环境治理，建立中国—东盟废旧电池回收链，并增强废旧锂离子电池和钕磁铁的回收能力。

四、中国与东盟国家的开发合作模式

目前，我国与东盟国家关键性矿产资源的合作开发主要有两种模式：一是与技术较为落后的国家与地区联合开发和加工关键矿物，带动地区的收益增长；二是与较为发达的国家与地区着力构建战略性矿产跨境产业链，推动矿产绿色转型发展，共同助力绿色技术的应用与实践，以保障我国和东盟国家可以获得关键矿产的安全供应，使双方都从矿产开发中不断受益。

上述两种开发合作模式的重点环节是联合开采和加工关键矿物。我国与柬埔寨、老挝、缅甸、印度尼西亚和越南等国家的地质勘查合作成果显著，涉及矿种主要有金、铜、铁、锑、稀土等，主要开发合作模式是联合勘查、共同开发。要加强部门合作，我国有关机构与柬埔寨、印度尼西亚、老挝、马来西亚、缅甸、泰国和越南等东盟国家的矿业主管部门、矿业商协会、行业机构开展合作，签署矿业合作备忘录，联合开展地质勘查，编制地质矿产勘查开发合作规划等。比如，中国与缅甸签署《中缅油气管道协议》等一系列合作协议，联合勘查与开采，共同打造一条重要的能源合作通道。我国应加强与老挝、缅甸、越南、印度尼西亚等稀土资源丰富国家的稀土产业链供应链合作，利用我国稀土精炼加工的技术优势，与东盟国家构建"东盟国家初加工—中国精炼—生产新能源电池"产业链。

第四节　建立中国—东盟国家战略性矿产资源交易平台

中国—东盟国家战略性矿产资源交易平台的建立，是落实矿业权出让制度改革的重要举措，是对我国与东盟国家矿产资源所有者权益的重要保障。要建立公开、平等、透明、国际化的矿业权出让方式和行为模式，为各方提供服务与便利，在安全交易的同时也能提高交易效率。因此，该交易平台要具有专业性、服务性、导航性、科学性和创新性等特点。通过对中国—东盟战略性矿产资源交易信息的规范收集、系统整理、完整输出，形成完整、准确的交易信息，搭建起便捷、智能、人性化的信息导航系统，提高搜索效率和搜索质量，增强交易平台的服务能力。

一、中国—东盟国家战略性矿产资源交易平台的定位

（一）专业性与服务性

不同于其他商品交易平台的集中性、多行业、多学科、多部门，集中提供各类交易信息、数据、声音图像等数字化信息，战略性矿产资源交易平台有其服务对象的专一性，即仅服务于矿产资源的交易。矿产资源交易平台的建立，是落实矿业权出让制度改革的重要举措，是我国与东盟国家矿产资源所有者权益的重要保障。

交易平台另一个重要功能就是为各方提供服务与便利,保障安全交易的同时提高交易效率。交易平台的服务性体现在从公开交易信息到信息查询、交易环节全程纳入交易平台,中国、东盟国家甚至是参与交易的其他国家,都能看到战略性矿产资源交易的相关信息。相关当事人之间转让、出租、抵押、合作经营、入股、合伙等项目都可以在平台上实现交流,便利多方主体。

因立足于服务,该平台为矿业合作的供需双方提供完备的服务。在建立过程中集中体现出这样的特点:一是平台的建设要考虑需求主体的集体需求,整个平台要以满足矿业企业交易信息需求为主旨;二是在矿业企业需求的基础上,决定提供服务的内容、服务数量和质量标准;三是以资源共享原则实现平台信息使用成本的最低化;四是以科技信息应用效率最大化原则做好平台的推广宣传工作,并完善信息使用的后期评估。

(二)导航性

平台的导航性可以理解为平台的便利性、智能化、人性化。增强平台的导航功能也就是增强了交易平台的科技服务水平,从而提高交易效率。通过对中国—东盟战略性矿产资源交易信息的规范收集、系统整理、完整输出,形成完整、准确的交易信息,最后搭建起便捷、智能、人性化的信息导航系统,提高搜索效率和搜索质量,增强双方交流的同时降低了时间成本和人力成本。

(三)科学性和创新性

中国—东盟战略性矿产资源交易平台的科学性体现在平台提供的信息准确、真实、有效,内容上以最全、最新的企业信息、矿产资源信息为基础,尽可能避免出现法律纠纷甚至违法犯罪行为,降低交易双方的风险。平台的创新性体现在平台的设计和搭建上,以人工智能技术为指导,结合供需双方的特点和目前市场交易现状进行搭建,形成富有特色的算法和方法,提高交易平台的服务能力和知名度。

二、推动中国—东盟国家战略性矿产资源交易平台的建立

(一)以建立区域物流中心为基础

只有打通商贸物流,双方才有交易的可能。打造中国—东盟战略性矿产资源区域物流中心,为中国—东盟战略性矿产资源交易提供物质基础。将南宁、北海、钦州、防城港、崇左建成一个集海、陆、空运输、仓储于一体的全方位综合物流枢纽中心。北海、钦州、防城港是海运枢纽,崇左是中国通往东南亚的重要陆地交通口岸(有铁路和高速公路通往东南亚),南宁则是空、陆交通中心。因此,方圆数百公里的南宁、北海、钦州、防城港、崇左等市,集海、陆、空交通之大成,是难得的建设海、陆、空全方位交通枢纽中心的地点。建议按中国—东盟自贸区商品集散中心的目标对南宁、北海、钦州、防城港、崇左进行城市规划和交通规划。

(二)以中国—东盟博览会常态化为窗口

中国—东盟博览会是多国商人交流的重要平台,也是广西展示经济、文化的重要窗口。将城市推出去、让资源引进来,一方面,能让各国友人对广西形成良好印象,促进各方之间形成交易关系;另一方面,人口即为最大的资源,带动广西本土消费提升的同时,刺激经济增长,反哺战略性矿产资源的频繁交易。中国—东盟博览会常态化会让多方受益,形成良性循环。

(三)以中国—东盟矿业论坛为重要平台

中国—东盟矿业合作论坛成功举办了12届,已经成为我国与东盟国家进行矿业合作交流的重要推介平台。此外,中国—东盟地学合作中心、中国—东盟卫星遥感应用中心、柬埔寨国家地质实验室的成立,为我国与东盟在矿业资源勘查开发合作领域提供了技术支持。我国与东盟战略性矿产资源合作在减碳、治污、增绿的协同发展机制上取得新成效,比如,借助技术创新加快矿业探、采、选、冶全过程的绿色低碳转型;探索"互联网+矿业"构建绿色智慧矿业。

近年来,我国和东盟国家围绕矿业勘查、开发、加工、贸易,在下游产业、矿业科研与能力建设等方面深化合作,加强技术、资源、人才等方面的合作交流,矿业成为中国与东盟最具有活力的合作领域。这些重要的合作机制有力地推动了我国与东盟国家在矿业投资、技术推广、节能减排、资源综合利用、绿色矿山建设等领域的务实合作。

(四)以建设中国—东盟区域金融中心为帮手

发达的资本市场对开展国际贸易具有重要意义。战略性矿产资源交易平台的建立,必须有发达资本市场的支撑。区域性金融中心的建立,有利于商贸中心的健康发展,有利于中国—东盟战略性矿产资源开发过程中的风险勘查融资和其他融资。同时,为中国—东盟战略性矿产资源开发的商贸交流基地建设提供融资平台。广西处于中国—东盟自贸区的中心位置,具有多方有利条件,因此,可在南宁建设区域性的国际金融中心。

(五)以建设商贸交流基地为着力点

商贸中心的建立是战略性矿产资源交易的核心内容,商贸中心的建立提供了战略性矿产资源交易的实体平台，而战略性矿产资源的交易又带动商贸中心及其周边经济的发展。随着中国—东盟自贸区迈入3.0时代，广西与东盟陆路“黄金通道”的经济效应、物流效应逐渐显现，日益繁荣的边境贸易正使“兴边富民”“商贸富市”变为现实。

凭祥市作为广西最早开展对越贸易的边境城市，多年来边境投资合作保持稳步发展。2006年通过凭祥口岸进出口的商品达153.68万吨，货值8.92亿美元，同比增长25.8%、30.79%，占广西对越南贸易的70%。2006年12月，中国—东盟自贸区凭祥物流园一期工程建成投产，开园不久就引起凭祥口岸边境贸易的持续升温。如今，凭祥中越跨境经济合作区的蓝图又浮出水面。一个集出口加工、物流配送、国际采购等于一体的现代大型物流基地，正从图纸规划走向现实谋划。

东兴市作为我国进入东盟市场的另一便捷陆路通道，近年来边贸发展态势强劲，截至2008年，边贸累计成交额已突破百亿元。2023年前5个月边境贸易进出口成交额达70多亿元，不仅增加了财源，还带来了源源不断的物流。轻纺城、建材城、海产品、水果批发等一大批专业市场相继而生，借助这些平台又进一步拉动了边贸的繁荣。与此同时，东兴市物流相关的产业也迅速壮大，截至2023年，已建成市级物流仓储配送中心2个，快递企业17家，物流企业180家，各类电商平台（含个体户）2000多家，中越北仑河大桥口岸查验通道增加至48条，[1]中越北仑河二桥正式开通，初步形

〔1〕　参见温桂珍：《跨境电商助力东兴市经济社会发展研究》，载《对外经贸》2022年第11期。

成了大市场、大物流、大开放的发展格局。边贸频繁，物流发达，商贸快速发展，更有利于加快中国—东盟战略性矿产资源开发的商贸交流基地建设。

第五节 推进我国与东盟国家战略性矿产资源技术创新合作

随着 RCEP 协议的正式生效，我国市场对外开放的程度进一步加大，经济市场、科技革新、法律完善面临更多的机遇和挑战。对本土矿产资源企业而言，加强与东盟国家沟通与交流、参与国际合作与开发项目，对于增强企业的国际竞争力、国内竞争力都有着重要意义。本土企业只有加强国际合作，才能在专门人才、技术、成果、资金、市场对接与配置中有所提高和发展，有效降低创新风险和技术成本，在加速科技成果产业化与企业升级换代中发挥不可替代的作用。

面对经济全球化，应高质量实施 RCEP，广西既要充分利用自身优势，也要增进与东盟国家相关行业的交流与合作，提高合作层次的同时提高合作质量，始终围绕实现与东盟国家战略性矿产资源安全合作这一目标，建立一个高水平、高效能、全方位的广西与东盟国家矿产资源开发服务平台。除此之外，党中央、国务院在《法治政府建设实施纲要（2021—2025 年）》中第一次提出建设数字法治政府，为实现此目标，需要改革服务平台。那么，建成矿产资源开发服务平台不仅是国际经贸合作交流的基础设施项目，更是建设数字政府的重要组成部分和题中之义。

一、中国—东盟国家战略性矿产资源交易科技创新合作符合多方政治、经济发展需要

RCEP 的全面生效表明了在新形势下，我国与多个国家特别是与东盟国家深入、长久的交流是不可逆之势。中国—东盟双方政治关系能否长期、稳定发展，很大程度上取决于双边经济合作的实质和内涵。与此同时，科技合作又是双方合作内容的核心，有助于政治关系长期稳定发展和经济的繁荣昌盛。科技是国家繁荣与进步的引擎，提高科技创新能力是企业健康发展的重要保障，是提振行业发展信心的经济新方位。建成科技服务平台是首要任务，也是基础性任务。

广西因其区位优势、政策优势等综合性优势，在矿产资源开发领域与东盟开展科技合作是必要举措。在广西建立起以国家为后盾、以广西为桥头堡，面向东盟国家的多功能、专业性的科技合作与交流平台，为双边合作向深层次、宽领域方向发展提供服务，既符合双边关系健康稳定发展的需要，又对促进双边科技发展和经济建设有着重要的现实意义和深远的历史意义。

二、中国—东盟国家战略性矿产资源交易科技创新合作能够有效解决双边矿业科技合作中的突出问题

战略性矿产资源的勘查开发和科技创新关乎国家的能源资源安全。目前，国家自然资源部战略性矿产综合利用工程技术创新中心在推动矿业技术研发、科技合作方面成效显著，但由于战略性矿产资源综合利用技术本身专业性强、环境依赖性大、创新难度高等特点，建立关键核心技术的科技协同平台任重道远。当

前，尽管广西是我国面向东盟开放合作的重要桥头堡，但是与东盟国家的合作领域和范围仍然不大，尤其是关键矿业科技合作与创新方面，产业化水平不高、合作深度不足、科技平台体系的集成效应也不明显。因此，要继续在矿产资源赋存性质—选冶协同—精深加工等方面开展技术研发与推广应用，高标准建设双边战略性矿产资源交易科技创新平台，聚焦关键领域开展科技研发，不断深化科技合作。

（一）以技术研发为牵引助力科技创新与合作深化

囿于经济、科技、教育等多方面原因，目前广西与东盟国家之间在矿产资源开发领域内的科技合作深度不够、规模较小、成效不显著、产业化步伐缓慢，因而对东盟国家和广西经济的拉动作用相对有限，这与广西在全国对东盟合作全局中和 RCEP 履行中所处的地位和应起的作用不相称。因此，通过建立中国—东盟国家战略性矿产资源交易科技创新平台，重点突破制约战略性矿产供给产业链体系中的关键核心技术，聚焦行业和区域重大需求，促进多元协同创新，有利于解决上述问题。比如，聚焦稀土、钒钛、锂、铁、铜、镍、萤石、磷等战略性矿产资源进行关键核心技术研发，推动技术工程化、产业化，提升关键核心技术创新力，能够加快实现科技的深度合作，推动国家矿业高质量发展。

（二）以平台创建打造全链条科技合作服务体系

加强战略性矿产资源领域的科技合作，能够帮助东盟国家提高矿业科技水平、开发利用丰富的矿产资源，还能够实现矿业科技成果的产业化布局，最终实现战略性矿产资源的勘探、采、选、冶等深加工“一条龙”服务。因此，要根据矿产资源的开发和利用特点，聚焦新一轮找矿突破战略行动，加强紧缺战略性矿产勘查,释放科技创新活力,实现找矿重大突破。通过强化科技创新,聚焦铜、铁、钾盐、锂等紧缺战略性矿产,加大制约找矿突破的关键科学问题和“卡脖子”技术难题的攻关,建成产前、产中、产后相对完整的科技服务链条,助力形成一批大型矿产资源基地建设。在此基础上,持续推进产学研用协同创新,广泛联合矿业企业、地勘单位和科研院校,探索创建科技创新联合体,深化矿业技术领域合作,打造高端配套的科学技术合作服务体系,充分释放科技创新活力,将科技创新成果转化为新质生产力。

三、战略性矿产资源技术创新合作的构建

(一)建立中国—东盟战略性矿产资源开发科技服务中心

科技服务的核心是信息资源的高效、便利供给。科技数据库既要成为一种标准化的信息源,又要根据经济和科技发展的实际需要形成重点支持的矿业领域。矿业数据库应根据实际需求保持动态更新,保持信息传播的速度和效率。信息的传播是多方向的,有的矿业企业和矿业科技机构、相关大学需要从科技资源信息平台得到信息,也有矿业企业和矿业科技机构、相关大学存在利用该信息平台发布信息的需求。矿业科技服务平台的信息发布和互动功能,可以帮助用户发布分类的专业信息,并作为中介搭建矿业信息供求双方的桥梁。矿业科技服务平台的互动功能是传播最新矿业信息、满足实际信息供求的必要功能设置。

(二)建立战略性矿产资源矿业项目评估咨询服务中心

为了保证与东盟在矿产资源开发领域内科技合作的健康发展,矿业科技服务平台应组建由高层次专家学者组成的专家咨询评估委员会。依托广西在这些方面颇有优势的中国有色桂林矿

产地质研究院、广西大学和广西壮族自治区地勘局等，与国内重点科研院所和大学建立协作关系，在全国范围内选聘一些著名专家学者，形成国内具有权威性的东盟矿产资源开发科技项目评估机构，为矿业科技服务平台合作企业提供相关项目的评选和论证，适时开展矿业成果鉴定、技术扶持、难题攻关、市场投资分析预测等工作。

（三）建立战略性矿产资源矿业项目投资服务中心

开展中国—东盟战略性矿产资源矿业科技合作的最终目的是实现矿业科技成果转化，实现产业化和市场化。在这个过程中，双方优势互补、资源交换必不可少，并最终转化为现实生产力，而建立投资服务中心的出现能够有效防范、化解过程中可能产生的风险。因此，建立风险投资机制势在必行。通过财政支持、引进外资、吸引民间资金等多种途径积极筹措风险投资基金，以入股、贴息等方式，重点支持矿业合作平台上的科技成果交易和项目对接，以降低风险、分散风险。

投资服务中心还需要充分发挥交流合作的职能，包括与企事业单位等的科技成果交流。与发达的银行体系、风险投资公司、证券交易等金融组织灵活的融资作用相结合，以解决矿业合作主体投融资难的问题。此外，矿业科技服务平台还能通过举办中国—东盟矿产资源开发领域内的科技成果推广与交易会，组织各方矿业科技界和经贸界互访、开展学术交流与协作等活动，为双方的合作不断创造条件、提供商机。

第六节　完善我国与东盟国家战略性矿产资源合作的风险防范机制

在 RCEP 背景下,加强中国与东盟国家战略性矿产资源合作,要加大风险防范力度,在国家政策引导、政治外交保障、金融支持的基础上,有效制定具体的发展策略,明确目标定位,在产业领域、投资区域等方面作出正确选择,从政府、企业、产业、制度等方面完善防范机制。

一、完善政府层面的战略性矿产资源安全风险防范机制

政府是关键矿产及其相关产业风险防范机制建设的主体,应充分发挥政府职能,立足于为市场和企业服务,而不应直接干预企业生产经营和市场运行。在开放型经济产业风险的防范机制中,政府的主要职能是制定恰当的产业政策,做好宏观调控、引导工作,保障社会经济稳定,为企业提供一个公平有序的竞争环境。

一是设立专门的产业风险防范和研究机构。调研产业风险现状,跟踪收集、统计相关信息资料,建立产业风险问题的资料库和信息库;研究制定产业风险指标参照体系,为产业风险的预警和防范提供量化指标;履行产业风险预警职能,判断产业危险的程度,及时发出预警,增强产业保护能力;研究产业风险防范的可行性方法、措施,为企业、政府和社会各有关方面提供产业风险防范的理论指导、咨询服务。

二是打造多领域专业服务平台。完善跨境金融、保险、法律、

税务等专业服务体系,组建对外投资咨询服务机构,做好投资的可行性研究,为对外经贸企业创造良好的"走出去"环境。建立跨国海外投资重大项目库,向相关企业提供境外项目信息,深入挖掘分析国际合作大数据资源,帮助相关企业了解对外投资环境,准确进行直接投资决策和经营战略调整。反对垄断和不正当竞争,禁止外资企业操控市场、扰乱市场秩序的行为,切实维护市场的公平竞争。

二、完善企业层面的战略性矿产资源安全风险防范机制

企业是产业风险防范机制建设的首要主体。要改革管理模式,加大研发投入,提高技术水平,研发自主产权的核心技术;提高管理水平,形成高效率的企业运行体制,增强对外投资企业的抗风险能力。

一是提升海外投资企业风险防范意识,实施对外投资评估管理。在技术方面,利用现代网络技术和信息集成方法,实现矿业集团公司信息集成化管理。通过远程处理、在线管理,实现对资金的动态管理和业务的全过程管理,达到对矿业集团公司的供应链、价值链及信息链的所有资源进行统筹规划和使用的目标。在资金管理方面,树立资金统一管理的观念,为管理人员提供资金流量的信息,加强对资金流量的控制和分析,提高企业资金管理的风险意识。建立一套资金结算中心与财务公司分立的资金管理模式,针对资金管理领域的各种资金类型及资金业务实体进行业务处理、流程设计和数据分析。充分发挥企业集团内财务资源的聚合优势,提高资金增值能力,促进财务公司和资金结算中心的互动融合,实现资金集中管理和资金安全高效运行相统一。

二是构建有效的企业核心产业风险防范体系。企业的产业风险防范体系,包括风险评估、跟踪监控、危机预警、危机处理、检查备案等方面。尤其要进行定期风险评估,对本企业以及所属行业的风险作出预测和评估,为企业的经营活动及风险防范提供参考。加强跟踪监控,通过调研、资料收集和整理等工作尽可能详尽地了解信息,随时掌握风险的大小、危害程度。开展企业危机管理,进行检查备案,建立风险防范资料库。加强危机预警,及时向企业决策层报告相关信息,并提出防范措施建议。

三是构建企业投资风险预警体系,提升企业防范风险综合能力。健全境外安全风险和突发事件预警及应急处理机制,加强出境人员安全教育培训,建立外派劳务企业信用评价制度,健全企业风险内部控制机制和评估预警机制。加大投资环境风险预警分析力度,健全企业财务风险评估体系,积极应对东盟国家经济政策变动、利率变动、通货膨胀、汇率变化等情况。一方面,引导企业查阅东盟国内政策银行等提供的一些投资风险评级资料,并借助第三方机构的项目可行性论证,全面评估东道国的政治风险和经济环境,精准识别、评估、预警可能出现的各类风险,有针对性地提出规避措施。另一方面,开展详细的尽职调查。企业在投资前,要充分了解投资所涉及的相关法律信息,如税务体制、劳动法律制度、环保要求、外汇管制、投资优惠等内容,善于利用外交资源、咨询公司、研究机构、投资协会等第三方力量来为自身提供投资项目信息,实施法律风险预判。

三、构建战略性矿产资源产业链安全防范机制

一是系统构建跨境产业链风险防范体系。构筑一个跨境产

业链安全发展屏障，建立健全保障跨境产业链安全的“三个服务平台”，如对外投资商事法律服务平台、风险预警平台和保险服务平台；建立特色跨境产业链风险预警“三大体系”，如指标方法体系、综合评价体系、管理运行体系。进一步完善特色跨境产业链风险预警的方法体系、指标体系、评价体系和管理体系，从多方面分析、衡量跨境产业链的安全状况，对未来可能存在的安全风险因素进行及时预测并发布预警。开展科学防范，及时进行安全信息的预报和有关政策调整，有效提升安全警情的分析辨识和预报能力。风险预警是防控跨境产业链风险的重要环节。在系统谋划跨境产业链风险防范体系中，要着力建立健全企业境外投资的商事法律咨询、风险预警、金融保险咨询等服务平台，构筑全过程的跨境产业链安全发展屏障，加快构建中国—东盟跨区域跨境产业链。比如，广西钦州港片区构建、壮大现代临港产业集群，搭建石化产业集群，加强与东盟的产业协同，推动石化产业低碳绿色发展；北海片区打造沿海重要临港工业集群，重点发展石化化工、能源等产业。

二是加强对东道国投资风险防控的指导。东盟国家投资环境具有高复杂性、高模糊性、高不确定性三大特色。东盟国家迫于自身发展的强烈需求，在吸引外资进行基础设施建设时，通常会对外资企业较为友善，表现出较高的配合度和积极性。然而，随着国内政治局势的转变，为了维护自身利益或是转移国内矛盾，对外企投资的态度又可能发生转变。另外，由于西方长期的反华宣传等因素，东盟一些国家民众对我国存在误解，对我国企业跨境投资行为存在疑虑，有时企业在项目开展过程中即便出现一点小小的纠纷，也很可能会迅速演变成当地排外反华的大型民意活动。当前的特色跨境产业链面临着加速外移、空心化、技术封锁、需求减少等一系列不确定风险，产业链基础环节的安全稳定性、核心环节的自主可控性、配套环节的支撑能力受到较大威胁，在一定程度上影响着我国对外经贸的发展形势和特色产业链的抗风险能力。应加强东道国政治风险防范，若出现战争或其他武装冲突、紧急状态，使对外企业争取享受法人地位和东道国自然人的待遇，根据自身利益的需求，避免遭受政治风险损害。

三是布局核心产业前要进行详细的尽职调查。在决定收购目标公司资产之前，主动请律师事务所、会计师事务所等分别针对目标公司的法律状况、财务状况等展开尽职调查，着重调查公司基本情况、项目公司勘探开发许可证或批准文件的合法性、公司签订的重要合同、公司资产负债状况、合法合规经营情况、税务责任、环境保护等方面。在规避风险的同时，进一步完善并购协议。明确和细化并购协议中的风险防范条款，如出售方的陈述与保证、重大不利变化、禁止重大不利处分、交割日和交割前提条件、违约等条款，严格按照并购协议的约定承担相应责任。

四、完善战略性矿产资源合作的法规制度体系

严格执行《行政许可法》《矿产资源开采登记管理办法》《自然资源部关于进一步完善矿产资源勘查开采登记管理的通知》的相关规定，强化政策引导，完善有关外资的政策和法规体系，加强对外资的监管和引导，为市场经济营造一个公正、规范的政策环境和廉洁、高效的投资环境。

一是健全系列法规制度。完善海外投资保险法治体系，引导

并鼓励对外投资企业积极利用中长期出口信用保险和海外投资保险保障经营权益。鼓励和支持广西涉外法律服务机构和人员为广西企业对外投资提供法律风险防控等涉外法律服务，探索建立双边、单边混合的海外投资保险制度，协助广西企业建立健全境外投融资法律风险防范和权益维护机制。建立项目风险防范制度，开展具体投资项目的风险防范管理，建立项目法律风险的分析、评估预警和处理机制，形成事前防范为主、事中控制及事后补救为辅的防范体系。

二是加强政策制度引导。完善投资激励政策，加大政策的奖励补助力度，对海外投资项目的产业规模和合作对象等方面进行指导，深入对接中国—东盟发展战略，促进地区合作机制的协调与融合。建立投资风险转移机制，灵活调整经营管理策略，制定多种方式的风险转移机制。在资金来源上，拓宽融资渠道，采取发行外国股票债券、使用货币互换等金融工具获得货币资金，降低金融风险。

第七章　我国与东盟国家战略性矿产资源安全合作与制度创新的对策建议

第一节　提升我国战略性矿产资源韧性，增强安全合作影响力

强化自身战略性矿产资源开发利用能力是开展国家合作的基础和前提，也是应对地缘政治风险的底气。因此，我国应构建国内战略性矿产资源产业链供应链安全体系，稳住国内战略性矿产资源基本盘。

一、构建战略性矿产资源产业链供应链安全的政策与法治保障体系

一是建立矿产资源投资政策体系。

我国应加大直接投资的力度，深度嵌入国际战略性矿产资源产业链供应链的各个环节，而不是简单地进行矿产品贸易。必须利用我国市场广阔、经济体量庞大的优势，综合运用法律、政治、经济手段消除阻碍，同时大力进行科技研发创新，探索新的嵌入方式，增强能力进入产业链的高端，才能维持海外战略性矿产的主要产业链供应链安全。

二是建立矿产资源合作政策体系。一方面，加强与其他国家特别是东盟国家的城市经贸合作，充分利用中国—东盟博览会、慧眼中国环球论坛等国际合作平台开展合作，促进合作政策的更新与完善。另一方面，加快中国（南宁）跨境电子商务综合试验区建设，持续不断优化营商环境、政策环境，加大招商引资力度。

三是建立矿产资源服务政策体系。完善配套服务制度，提升服务政策的落地服务水平，吸引各类经贸主体、资金主体入驻，并为各类主体入驻提供必要的住宿、餐饮和交通等配套生活服务条件。各级政府和相关部门应建立更紧密的合作机制，制定和完善相关政策，推动矿产资源服务重点项目建设，提升整体服务水平和效率。

二、构建战略性矿产资源供应链安全应急储备制度

依托《全国矿产资源规划（2016—2020 年）》的实施及其所取得的成效，建立动态调整的战略性矿产资源名录制度，并健全中央—地方、国家—企业相衔接的战略性储备制度，充实矿产品和矿产地储备体系，提升储备体系的营运与管理效率，有效增强地缘政治突发事件冲击下我国应对风险的能力和韧性。

建立中央—地方相衔接的战略性储备制度，形成“中央部委

支持、地方政府参与”的共建合作机制。一方面，积极向中央争取金融政策支持，争取亚洲基础设施投资银行、丝路基金、亚洲开发银行等国际金融平台的金融支持，集中力量解决战略性矿产资源供应链安全应急储备项目的融资问题。另一方面，地方政府层面要积极推动金融部门支持战略性矿产资源供应链安全应急储备项目，解决关键节点省(自治区、直辖市)、市、区基础设施建设滞后，企业融资难，跨区域跨领域金融需求无法满足等问题。

建立国家—企业相衔接的战略性储备制度，帮助企业开拓多元化市场，建立多样化跨境融资渠道，满足西部地区企业多样化跨境融资需求。在国家层面建立企业服务、合作平台，为国家间企业合作提供多方面的支持和便利。加强统筹协调，建立由国家相关政府部门牵头，多部门及企业参与的部际联席会议制度，为战略性矿产资源储备建立强有力的统筹协调制度保障。

三、构建我国战略性矿产资源的替代资源体系

加强战略性矿产资源的研发与成果转化，研究开发可替代的战略性矿产资源。积极鼓励相关机构开展可替代的战略性矿产资源开发利用制度和方案的研究制定，并持续加大研究、开发和保护力度，形成系列。通过提高替代战略性矿产资源的开发利用水平来保障战略性矿产资源的永续供应，如重点研究可燃冰等可替代传统战略性矿产资源的新型资源开发利用技术。

四、提升战略性矿产资源应用端技术和知识产权自主性

加大资金和人才投入，提升战略性矿产资源的探、采、选、冶及深加工技术水平，增加战略性矿产资源储量，提高战略性矿产

资源“三率”，即开采回收率、采矿贫化率、选矿回收率，通过“一增一减”逐渐补齐国内战略性矿产资源产业链供应链短板，逐渐改变我国战略性矿产资源在国际分工中处于出口初级产品、进口优质加工产品的不利地位。

战略性矿产资源的勘探、开采、洗选、冶炼、加工各个环节对于保障产业链供应链安全都很关键，应当通过完善政策和立法，不断健全我国矿产资源应用端技术和知识产权的保护制度，明确国家、企业及其他矿权主体、管理主体在战略性矿产资源所有、勘探、储备、开发、保护、利用、收益等方面的权责关系，为我国矿产资源产业链供应链安全乃至矿业从中端向高端发展提供良好的制度保障。

五、提升战略性矿产资源的尾矿利用和废气综合回收利用水平

在面临地缘政治事件冲击及“卡脖子”难题的情况下，尾矿利用和废弃品提取将成为战略性矿产资源应急利用的关键、可靠来源。应当在提升尾矿综合利用水平的同时，有计划地构建废弃品的循环、再生利用体系，扩充战略性矿产资源应急储备物资来源。

加强国内战略性矿产资源的勘探、开采、冶炼、深加工、回收利用等技术创新，加大国内战略性矿产资源产业链供应链安全保护力度，并努力寻找替代性资源，同时，增加国内战略性矿产资源的储备。

六、加强政策和制度创新

建立涵盖战略性矿产勘查、开采、冶炼、加工、利用、回收、储备和市场监管的政策和制度体系，提高矿产资源“三率”，以增加

战略性矿产资源储量。通过提高战略性矿产资源的冶炼及深加工技术水平,减少战略性矿产资源产业链的资源使用量,以逐渐缓解国内战略性矿产资源产业链供应链对外依存度高的压力。

建立和优化全球资源治理机制,需要制定公正、合理的国际规则,实现公平竞争的市场秩序,加强金融监管以防止过度投机,制止垄断行为,建立安全应急机制,从而保证资源供应的充足、稳定、可持续。采取税收减免、信贷、补贴、知识产权保护、科技奖励政策等综合措施,引导企业向这一领域加大投入,必要时政府可以直接设立国有企业从事相关基础设施建设,为民间资本的进入创造条件。

七、建立战略性矿产资源海外合作基地

在未来的海外合作基地建设过程中,研究建立海洋和北极战略性矿产资源开发利用与保护制度,并通过制度的安排,鼓励在海洋和北极进行战略性矿产资源的成矿理论、技术开发和环境保护方面攻克难关,明确其发展目标、总体思路、重点任务和保障措施等。

第二节　构建安全合作制度体系

东盟由 10 个国情各异的国家组成,不同国家矿产资源管理的法律制度具有明显的差异性,且不同国家与我国的关系也存在明显差异。因此,应积极构建中国—东盟矿产资源安全合作制度体系,推进各国矿产资源法律规则协同和战略性矿产资源开发利

用商事规则协同，将中国—东盟地区打造成全球战略性矿产资源安全合作示范区。

一、推动各国矿产资源法律规则协同

进入21世纪以来，科学技术的迭代更新推动了战略性新兴产业在世界范围内的快速发展，客观上加剧了战略性关键矿产资源的国际供需矛盾。加强国际合作成为保障战略性矿产资源安全的重要途径。战略性关键矿产资源作为战略性新兴产业发展的基础，其供给安全受到广泛关注。近年来，国际竞争格局的巨大变革和国际秩序的剧烈动荡促使战略性关键矿产资源的国际竞争突破经济场域，延伸至政治、军事和科技等领域，成为国际战略竞争新的角力点。在此背景下，制定实施保障战略性关键矿产资源安全的法律或专门规划/计划成为各个国家和地区的重要举措，如美国、欧盟、日本等通过制定实施相关法案、专门计划，强化了保障战略性关键矿产资源安全的规则供给。

我国与东盟各国也在不断完善各自的矿产资源法律法规。改革开放初期，中国就制定了《矿产资源法》，其间根据国家发展和经济体制改革的实际需要，进行了多次修订和完善，但部分专家认为仍存在重管理、轻产业发展，重义务、轻权利，行政法色彩浓厚、民法色彩淡薄的局限性。随着改革开放的深入，国家矿业开发整体实力大幅提高，社会主义市场经济体制不断完善，主要矿产品由出口向大规模进口逆转，《矿产资源法》的立法理念，包括立法目的、立法原则、立法的价值追求等，越来越不适应新的生产力和生产关系的需要与发展，不适应社会主义市场经济体制对矿业发展的新要求和国际矿业市场一体化的新形势。因此，我国近年来一直在推进《矿产资源法》的修订工作,矿产资源勘查、开发领域立法与监管进一步加强,如2021年以来,自然资源部配合司法部开展了征求意见、实地调研、专家座谈、部门协调等工作,进一步修改完善《矿产资源法(修订草案)》。

东盟各国也在不断完善各种矿产资源法律法规,例如:印度尼西亚《采矿法(修正案)》于2020年5月开始实施,对2009年出台的《采矿法》进行了修订;柬埔寨2018年修订了《矿产资源管理与开发法》,并通过了《全国矿产资源政策(2018—2028)》;马来西亚于2021年2月通过了《2020—2030年国家矿产业转型计划》等。(见表7-1)

表7-1 东盟国家现行矿产资源法律政策及主要内容

国家	矿产资源法	主要内容
柬埔寨	《矿产资源管理与开发法》	对矿业权许可证的类型、许可证获取程序、特许权使用费和矿产品出口等方面提出了明确要求
印度尼西亚	《采矿法(修正案)》	取消地方政府颁发采矿许可证的权限,权限收归中央政府控制;采矿许可证类型由3种增加为8种,新增岩石开采许可证、矿业服务许可证等;持有超过51%股份的采矿许可证公司获得能源矿产部批准后可以转让股份;外国公司有义务逐步向印度尼西亚中央/地方政府、国有/私营企业剥离51%的股份,但未规定时限等
老挝	《十年矿产发展战略(2021—2030年)和2035年愿景》	提出矿产工作的战略和愿景将重点关注高价值和稀有矿产的合理分配,明确划定禁止区域和为子孙后代保留的战略区域,对于涉及多个部门的高价值和大型矿产开发项目必须经过国民议会的审议和省级人民委员会的批准

续表

国家	矿产资源法	主要内容
马来西亚	《矿产资源开发法》	详细规定了勘查许可证、探矿许可证、开采许可证、个人采矿许可证和独占采矿许可证等的经营者资格
缅甸	《矿业法》	矿物前期勘查许可:不超过 1 年,土地面积不超过 4200 平方千米,延长期不超过 12 个月; 矿物勘探许可及可行性研究:不超过 3 年,土地面积不超过 3150 平方千米,延长许可 1 年 1 次,通常情况下,仅可延长两次; 大型矿业生产许可:许可期不超过 25 年,土地面积取决于投资额及矿藏,延长期不得超过 5 年(可延长 3 次); 中型矿业生产许可:许可期不得超过 10 年,指定土地面积不应超过 1 平方千米,可延长 4 次,但每次不超过 1 年; 小型矿业生产许可:许可期不得超过 5 年,指定土地面积不应超过 50 英亩,可延长 4 次,但每次不超过 1 年
越南	《新矿法》	外国组织和个人投资越南矿业时,必须按照越南相关政策法规办理投资项目的申请和审批手续,取得政府相关部门批准的相关“许可证”后,方可开展矿业活动,并按照相关规定享受越南向外资企业提供的相关优惠政策。相关证照(如矿产勘查许可证、矿产开采许可证等)由资源环境部(国家地质矿产局)受理和审批;矿业公司的投资许可证(营业执照)由省(市)计划投资部门或国家计划投资部门根据投资项目类型和投资额受理,报省(市)人民委员会或中央政府总理批准

东盟各国矿产法尚不健全,相关法律规定不一,在矿业政策、法律制度等方面具有较大的差异,同时中国与东盟各国在矿业法

律政策方面也存在较大的差异。因此,应加强对我国和东盟各种矿业法律法规政策的研究,在求同存异的基础上推进矿产资源法律规则协同,进而促进中国—东盟战略性矿产资源安全合作。

(一)加强我国战略性矿产资源保护开发与利用立法

矿产资源应依据不同区域、不同矿种进行分类保护,其中:锂、铜等关系国计民生的重要矿种的矿权要优于土地权;土地权则要优先于普通矿产的矿权,也优先于在耕地、农民宅基地范围内的矿产资源的矿权;而在普通山坡、边远荒山等地区,矿权优先于土地权。在推进完善《矿产资源法》时,要明确矿产资源有偿使用制度。在修订的《矿产资源法》中增加优势和战略矿产资源储备条款,或者由国务院专门研究制定相应的"优势和战略矿产资源管理条例",明确规定政府、企业及相关机构在矿产资源储备方面的责任与义务,明确规定优势和战略矿产资源的储备方式、储备规模及储备所必须具备的条件,逐步建立一个国家储备与民间储备相结合、矿产地储备与矿产品储备相结合的优势和战略矿产资源储备体系。通过法律法规的完善,我国应加强相关研究,密切跟踪战略型矿产资源的市场价格变化形势,及时确定所要储备的矿产资源品种与规模,在有效调控储备目标的同时,降低储备成本。

(二)加强矿业权流转的法律协同

目前,东盟矿业权流转受到法律方面的限制。东盟大多数国家的矿业权的管理主要由中央政府部门负责,如菲律宾的环境与自然资源部、老挝的自然资源与环境部、泰国的能源部等。少数国家主要由地方政府(邦政府或省政府)负责,如马来西亚,该国联邦宪法中虽然没有明确提到矿产资源所有权的归属问题,但主要矿产资源实际上已经处于州政府的管理之下。中国的矿业权法规与东盟存在明显差异,我国《矿产资源法》在 1996 年的修订中对资源保护和合理利用的监督管理进行了原则性规定,但只是方向性的,具体落地操作仍存在一些模糊不清之处。因此,2003 年 1 月 16 日国家发布实施修订完善后的《市(地)县(市)级国土资源主管部门矿产资源监督管理暂行办法》(国土资发〔2003〕17 号)。随着国际国内形势的不断变化,《市(地)县(市)级国土资源主管部门矿产资源监督管理暂行办法》也已满足不了新时代矿产资源监督管理的新要求,需要进一步修订完善。因此,我国在创新矿产资源监督管理机制的过程中,要充分了解东盟各国的矿业权法律政策,加强双方的协同对接,以更好促进双方合作。

(三)加强矿业权种类和许可证制度协同

东盟各国根据自身的情况设置了各类矿产许可证,不同的活动阶段、不同的规模,甚至不同的矿种都有不同的许可证。各国的矿业权虽然有所不同,但就非能源矿产而言,大多数国家主要制定有普查许可证、勘探许可证、采矿许可证这三种矿业权证,如马来西亚、越南、老挝等;有的国家仅设定勘探许可证和采矿许可证两种,如柬埔寨。习近平总书记在 2023 年全国两会上谈到矿产资源保障时强调:“发展海外矿产资源,也要有准确预期;既要抓住机遇,也要统筹好发展和安全。”[1]因此,我国应加强与东盟矿业权种类和许可证制度的协同,为加快地质工作更好走进东盟

〔1〕 参见杜尚泽:《放下包袱,大胆发展》,载《人民日报》2023 年 3 月 7 日,第 1 版。

提供制度保障，做好勘查、开发、贸易、运输等产业合作和全链条建设，全面提升资源开发、供给的韧性和安全保障水平。

建立更加透明和稳定的法律环境可为中国—东盟战略性矿产资源安全合作提供良好保障，有利于推动更多中国矿业公司入驻东盟各国，发挥资金和技术优势，投资当地矿业的勘查和开发。但是，我国与东盟各国在矿业法律制度方面的差异，将成为双方矿业合作的重要挑战。因此，应立足东盟各国的法律传统、法律发展历史，探索东盟各国矿业法律制定的出发点和深层次原因，系统深入地研究东盟各国矿产资源法规，形成东盟国家专项研究报告，在此基础上推动我国与东盟各国在矿产资源法领域的对接、协同，合作探索建立一套符合国际惯例、平等互利共赢的矿业投资法律服务体系，加快各国矿业合作的可持续发展步伐，共同保护战略性矿产资源安全。

二、促进战略性矿产资源开发利用商事规则协同

加强商事规则对接协同，妥善解决国际商事争议，不断建立和完善多元化的商事纠纷解决机制，是深化合作共赢发展的重要保障。我国与东盟各国矿产资源开发的政策、法律法规存在明显差异，需要良好的商事服务推进争议的解决，形成商事规则协同对接是提供良好商事服务的前提和基础。

我国应充分发挥《联合国关于调解所产生的国际和解协议公约》（《新加坡调解公约》）、中国国际经济贸易仲裁委员会东盟庭审中心，以及中国—东盟商事法律合作研讨会、中国—新加坡国际商事争议解决论坛、中国—东盟矿业合作论坛等平台的作用（见表7－2），推动建立中国—东盟商事法律合作机制，探索组建

中国—东盟战略性矿产资源开发合作工作组和技术委员会，定期围绕各国矿产资源开发利用政策、法律法规、贸易和投资政策等进行沟通交流；加强商事法律合作，通过磋商、对话、调解、谈判等友好方式化解战略性矿产资源开发合作过程中的纠纷和争议。

表 7-2 中国—东盟商事合作平台概况

会议名称	会议内容
中国—东盟商事法律合作研讨会	由中国国际贸易促进委员会、广西壮族自治区人民政府和东盟国家工商会共同举办，2014 年开始举办，截至 2022 年已举办 8 届，是中国—东盟博览会框架下的唯一涉法类论坛。推动国际通行的诉讼、仲裁、调解等商事纠纷解决途径全部落地广西。研讨会发布了《中国—东盟商事法律合作共同宣言》《中国—东盟商事联合调解合作协议》等成果性文件，推动设立中国—东盟自贸区南宁国际商事法庭、中国—菲律宾商事法律合作委员会、中国—越南商事法律合作委员会、中国—老挝商事法律合作委员会，广西商事调解协会，推动中国国际商会广西商会全覆盖建立驻 RCEP 国家商事法律服务点，发布《“一带一路”国别法律研究报告》（越南、老挝、菲律宾、乌兹别克斯坦、土库曼斯坦、塔吉克斯坦）、《RCEP 背景下中国—东盟商事仲裁协同机制研究白皮书》等研究报告，已成为以法律合作促进中国与东盟乃至 RCEP 国家经贸交流，为区域经济发展提供商事法律有效供给的重要平台
中国—新加坡国际商事争议解决论坛	由中国国际贸易促进委员会、新加坡律政部、国际商事争端预防与解决组织共同主办，截至 2022 年已经举办 2 届。通过论坛，中国国际贸易促进委员会、新加坡律政部签署合作备忘录，厦门市海丝中央法务区建设工作领导小组办公室、中国国际贸易促进委员会法律事务部、国际商事争端预防与解决组织秘书处签署合作备忘录，还发布了中国—新加坡争端解决联合机制工作组专家名单

续表

会议名称	会议内容
中国—东盟矿业合作论坛	由广西壮族自治区人民政府、自然资源部共同主办，广西自然资源厅、自然资源部国际合作司、中国地质调查局、广西地矿局具体承办，截至 2023 年 6 月已举办 12 届，是中国与东盟矿业投资、技术推广、节能减排、资源综合利用、人才培养等领域合作的重要平台

推动中国—东盟探索构建诉讼与国际商事仲裁对接的机制，秉持"共商共建共享共赢"原则建设联合仲裁机制与机构，重点推进法院判决和仲裁裁决之间的合作。推动中国律师事务所等机构走进东盟国家，以分支机构、附属机构、事务所等形式在东盟各国设立服务机构，为中国及东盟各国战略性矿产资源开发企业提供商事法律服务。建设一支为中国—东盟战略性矿产资源开发合作服务的律师、咨询师等专业人才队伍，尤其是精通国际贸易法规的律师，熟悉中国或东盟国家情况的咨询师，并积极培养矿业人才，助力中国—东盟战略性矿产资源开发合作的深度开展。

三、建立全球战略性矿产资源安全合作示范区

当前全球经济复苏缓慢、地缘政治事件频发，全球战略性矿产资源开发利用形势发生了根本性变化，国家间贸易竞争也日趋激烈，国家战略性矿产资源的获取呈现出集团化、区域化的特点（见表 7 – 3），如 2022 年 6 月，美国与加拿大、澳大利亚、芬兰、法国、德国、日本、韩国、瑞典、英国、欧盟等国家和组织建立 MSP；2022 年 12 月，美国、加拿大、澳大利亚、法国、德国、日本、英国联合发起了"可持续关键矿产联盟"。战略性矿产资源的产业链供

应链安全已经超越经济贸易范畴,成为提升国家综合实力、保障国家安全的重要组成部分。

表 7-3 美国等国家维护战略性矿产资源的主要举措

国家/地区	主要举措
美国	发布《关键矿产清单》(2018 年)、《确保关键矿产安全可靠供应的联邦战略》(2019 年)、《应对依赖国外竞争对手的关键矿产对国内供应链的威胁 支持国内采矿和加工业》(2020 年)、《供应链百日评估报告》(2021 年)、《美国供应链的行政命令》等,制定实施《国家关键物质法》(1984 年)、《战略和关键矿产法》(1990 年)等,并试图将战略性矿产资源产业链供应链问题政治化
欧盟	2020 年以来,通过了《供应链法(草案)》;欧盟委员会公布新版"关键原料清单",并编撰《关键原材料弹性:绘制更加安全和可持续性路线》《战略性技术和产品供应链评估报告》。2023 年 3 月,发布《关键原材料法案》
日本	制定实施了《石油天然气金属矿产资源机构法》(2002 年)、《稀有金属保障战略》(2009 年)等专门法律法规,发布《日本资源战略中的金属的关键性评估》(2015 年),并成立了石油天然气金属矿产资源机构等专门机构支持鼓励海外矿产资源开发。截至目前,该机构已在拉丁美洲、欧洲、亚洲、大洋洲、非洲等地区的 14 个主要能源资源国或地区设立了办事处。2021 年,"供应链弹性倡议"开始实施,明确要求建立替代方案以在关键领域减少对中国供应链的依赖
澳大利亚	国家层面没有统一的矿业法,但制定了不同领域的法律,如《海上矿产法》(1994 年)、《石油(下沉陆地)法》(1967 年)、《海上石油法》(2006 年)等。2023 年 6 月,澳大利亚发布《2023—2030 年关键矿产战略》。澳大利亚与美国、日本、欧盟等开展了深入的矿产资源合作

我国与东盟国家都是当今世界上重要的资源能源宝库之一，但由于特殊的地理构造，战略性矿产资源地质储量分布极不均衡。东盟国家在铜、金、铁、锡、铬、镍、铅锌、铝土、钾盐等方面具有优势，铜、铬、镍、铝土、钾盐等矿产资源，却是我国紧缺型资源，东盟国家与我国矿产资源互补性很强。东盟国家国土面积相对较小，战略性矿产资源分布较为分散，抵御风险挑战能力不强，且开发利用技术水平不高，迫切需要走安全合作发展道路。同时，美国不断在南海搅局，东盟国家被视为其“战略棋子”，东南亚地区安全稳定问题受到极大威胁。在全球分工模式下，我国和东盟战略性矿产资源供应链价值链安全都面临严重的地缘政治风险，以及美国和西方国家贸易保护主义和资源民族主义的双重挑战。

安全和发展是中国与东盟国家共同的诉求。因此，中国与东盟国家应进一步加强战略性矿产资源产业链供应链安全合作，建立全球战略性矿产资源安全合作示范区，合作应对西方发达国家通过金融、技术、产业等多种手段，对全球矿产资源的占有、生产、贸易、价格、消费进行干预和控制产生的影响和冲击，共同维护中国和东盟各国战略性矿产资源的产业链、供应链、价值链和投资链安全与稳定，并为中国与全球其他地区的战略性矿产资源开发合作树立良好典范。

一是在中国—东盟“10＋1”合作框架下积极围绕建立全球战略性矿产资源安全合作示范区进行沟通，凝聚共识，争取写入中国—东盟领导人会议联合声明或相关合作备忘录，并将建立全球战略性矿产资源安全合作示范区作为重要安全合作议题纳入东盟地区论坛、东盟防长扩大会等，多渠道推进合作示范区建设。

在充分沟通和达成共识的基础上，由中国和东盟各国相关部门合作制定“中国—东盟国家战略性矿产资源产业链供应链安全合作体系框架”，明确中国—东盟国家战略性矿产资源产业链供应链安全合作的指导性原则、内容、定位等，做好我国与东盟国家战略性矿产资源产业链供应链安全合作短、中、长期规划，使中国—东盟国家战略性矿产资源产业链供应链安全合作磋商、沟通、交流、项目实施、风险评估等，都在这个框架下进行，确保方向性、导向性符合我国国家安全与发展战略。

二是积极推进中国与东盟各国双边层面的合作，通过建立全球战略性矿产资源安全合作示范区的试点，积累合作建设经验，由点及面，推进安全合作示范区建设，优先推动与老挝、印度尼西亚、马来西亚、缅甸等国家的合作。通过合作建立全球战略性矿产资源安全合作示范区，共同抵御外在风险，增强抗压能力，确保经济贸易持续稳定发展。

三是以“中国—东盟国家战略性矿产资源产业链供应链安全合作”为主旨，通过综合评估，精准识别和掌握中国与东盟国家战略性矿产资源产业链供应链存在的“弱链”“短链”“断链”问题，根据不同状况采取相应措施。选择最有利于开展国家战略性矿产资源产业链供应链安全合作的国家和项目，在人类命运共同体理念指导下，进行积极沟通与战略对话，以点带面，发挥示范效应。然后，多点布局，全面开花，整体形成我国与东盟国家战略性矿产资源产业链供应链安全合作体系。

第三节　建立我国与东盟国家战略性矿产资源安全合作命运共同体

2013 年 10 月，国家主席习近平在印度尼西亚国会演讲时提出携手建设更为紧密的中国—东盟命运共同体的倡议，老挝、柬埔寨、缅甸、泰国、印度尼西亚等东盟成员国也对构建命运共同体给予积极反馈。命运共同体的内涵是丰富的，涵盖多个领域，以命运共同体的理念引导中国—东盟战略性矿产资源安全合作，可以通过构建中国与东盟国家战略性矿产资源安全合作命运共同体应对美国等西方国家对我国与东盟合作的影响，具有重要实践价值和意义。

一、以共商共建共享共赢的原则推进中国—东盟战略性矿产资源安全合作命运共同体建设

中国—东盟国家战略性矿产资源产业链供应链安全合作需要保持稳定、持续，这需要秉持共商共建共享共赢原则构建中国—东盟国家战略性矿产资源产业链供应链安全合作运行机制，以合作机制支撑命运共同体建设，重点打造安全合作五大运行机制：一是构建沟通协调机制，主要负责合作的沟通协商与对话，化解合作中信息不对称、外来因素挑拨等风险；二是构建信息共享机制，避免造成各国在合作上的战略决策与抉择失误；三是构建合作互认机制，推动中国—东盟国家战略性矿产资源产业政策、标准规范与东盟国家对接互认，打通产业链供应链的堵点；四是

构建风险评估机制，全面考虑战略性矿产资源产业链供应链安全合作中的风险点，提前做好应对预案；五是构建合作保障机制，从人、财、物、制度等方面给予中国—东盟国家战略性矿产资源产业链供应链安全合作支持，确保安全合作良性运行，逐步形成“你中有我，我中有你”的命运共同体。

二、以创新合作和能力升级为关键抓手推动中国—东盟战略性矿产资源安全合作命运共同体建设

提高战略性矿产资源全产业链供应链创新能力，使我国在与东盟国家战略性矿产资源产业链供应链安全合作中占据主动地位是中国—东盟战略性矿产资源安全合作命运共同体建设的重要目标。要在国家战略性矿产资源产业链供应链安全合作中占据主动地位，关键在于有创新性核心技术。我国要在先进基础工艺和关键基础材料等领域加快创新突破，以提高战略性矿产资源开采利用技术含量和产品质量。当前形势下，谁具备创新能力和技术，谁就在合作中拥有话语权，占有主动性。相关部门应增加国家战略性矿产资源开采利用技术研发经费，在国家科研项目立项上向战略性矿产资源产业前沿性研究项目倾斜。

（一）加速国内制度创新

加速国内制度创新，大力推进国内矿业市场的发展，调动各方积极性，加强国内战略性矿产资源的勘探、开采、冶炼、深加工、回收利用等技术创新，推动技术不断进步与创新，从而加大国内战略性矿产资源产业链供应链安全保障力度。努力寻找替代性资源，同时，增加国内战略性矿产资源的储备。这虽然不足以充分满足国内经济需求，但可以大大减轻负担，是最有力的保底手

段。为此需要采取税收减免、信贷、补贴、知识产权保护、科技奖励政策等综合措施，引导企业向这一领域加大投入，必要时政府可以直接设立国有企业从事相关基础设施建设，为民间资本的进入创造条件。

（二）基于国际能源治理，推动战略性矿产资源的全球治理机制创新

推动国际社会进行国际金融体制改革，加强对金融创新、资本流动的监管，以防止过度投机；坚持维护多边自由贸易机制，反对保护主义与逆全球化，推动自由、公平的投资市场体系；推动资源输出国、输入国及中转国进行协商，共同讨论资源政策，建立合理的定价机制，维护运输通道的安全；建立公平、自由的资源交易、投资市场秩序，反对国家干预；维护公平竞争，反对垄断；建立危机预警与应对机制，引导合理消费、绿色消费。这些努力需要国际社会的广泛合作，以最大限度地避免个别国家人为操纵，从而保障我国以及各国的战略性矿产资源产业链供应链安全。当然这一进程是长期的，但必须从现在着手。

第四节　共同倡议构建全球战略性矿产资源安全合作命运共同体

战略性矿产资源安全合作涉及全球各个国家和地区，要用人类命运共同体理念指导战略性矿产资源全球治理的机制体系的构建，用“共商共建共享共赢”原则推动战略性矿产资源全球治理的机制体系的构建，用区域内集体安全等系列理论支撑战略性

矿产资源全球治理的机制体系的构建，用一系列机制与制度保障战略性矿产资源全球治理的机制体系的构建，在此基础上共同倡议构建全球战略性矿产资源安全合作命运共同体。根据我国与全球不同地区战略性矿产资源合作的基础，综合运用国际贸易中的市场机制、竞争机制、人才机制和技术机制，构建南亚、中亚和东北亚区域与中东、南美洲和太平洋岛屿区域之间，以及这两大区域与大洋洲、欧洲和北美洲区域之间综合性的紧密型合作、半紧密型合作、竞争与博弈型合作的国内外产业链供应链安全合作机制，综合提升我国战略性矿产资源产业链供应链的外部安全保障网，在此基础上逐步构建全球战略性矿产资源安全合作命运共同体。

一、构建我国与南亚、中亚和东北亚战略性矿产资源产业链供应链安全体系，建立紧密型合作关系

南亚、中亚和东北亚区域内的国家与我国构成了相互连接的共生关系。随着综合国力的显著增强，我国全面发展同周边国家的友好合作关系。通过践行人类命运共同体理念，秉持共商共建共享共赢原则，借助区域内集体安全等系列理论和资源优势互补及资源保护规则协同等系列机制与制度，建立紧密型合作发展模式，开展战略性矿产资源产业链供应链安全合作，将战略性矿产资源嵌入各个国家的产业链，确保该区域战略性矿产资源产业链供应链安全体系的巩固与牢固，形成“你中有我，我中有你”的紧密关系，保障区域内各国产业链供应链的集体安全，有效化解政治事件给本地区带来的战略性矿产资源产业链供应链风险。

（一）建立我国战略性矿产资源产业链供应链的第二链体系的网络模型

运用区域合作理论、复杂网络理论和风险仿真模型，以设置主体、环境和交互关系的不同场景，模拟外部、内部冲击对我国与东南亚、中亚、东北亚战略性矿产资源产业链供应链引发的“断链”风险。同时，从风险的产生、发展和衰退三个过程及风险扩散的“点—链—网”三个层面，通过大数据分析论证我国战略性矿产资源产业链供应链中各主体与各要素的关联度，预测风险的影响范围和程度，识别风险的传导路径。

（二）打造紧密型安全链的合作网络模型

针对战略性矿产资源产业链供应链的供应渠道、嵌入模式上存在的“断链”风险，从技术创新能力提升、现代产业体系改革和区域产业链布局优化等方面提出政策路径，并从我国与东南亚、中亚、东北亚等国家及地区的多领域合作层面创建更多相关主体间的交互共赢关系网，打造紧密型安全链的合作网络模型，形成一系列机制政策、平台载体、预警体系等特色方案，增强存在“断链”风险的链条的抗风险能力。

二、构建我国与中东、南美洲、太平洋岛屿等地区战略性矿产资源产业链供应链安全体系，建立半紧密型合作关系

该地区的一些国家与我国存在战略性矿产资源贸易、开发、利用等方面的合作，但是这些国家因地缘、民族、宗教及资源等因素影响，利益争端不断，造成这些国家常年战乱、政权更迭频繁。因此，一旦出现“弱链”、“短链”甚至“断链”问题，将对我国战略性矿产资源产业链供应链安全带来系统影响。因此，国家在全球

矿业布局中,要着力降低此类地区的战略性矿产资源产业链供应链风险可能给我国带来的不利影响,通过现状考察、风险评估、系统分析、策略应对等不同角度对我国与此类区域深入开展半紧密型合作的战略性矿产资源产业链供应链安全合作进行评估。

三、构建我国与大洋洲、北美洲、欧洲战略性矿产资源产业链供应链安全体系,建立竞争型合作关系

该区域主要为西方发达国家,这些国家目前在全球国际分工中与我国客观上存在紧密联系。然而,在大国博弈、集团对抗等新冷战思维的影响下,我国与该类区域之间开展战略性矿产资源产业链供应链安全合作,相较于其他区域更为棘手,但对于维护我国稳中向好的经济社会发展大局又最为关键。由这些国家促发的地缘政治事件,极可能造成我国战略性矿产资源初级产品供应"断链",同时形成区域专业技术壁垒、价值链绿色贸易壁垒、劳动人权壁垒等。对此,应将战略性矿产资源嵌入该区域各个国家的产业链,使该区域战略性矿产资源产业链供应链安全体系相对牢固,形成"你中有我,我中有你"的紧密关系,形成"在斗争中团结"、努力维持"斗而不破"的局面。

首先,考察该区域战略性矿产资源分布、储量等,研判战略性矿产品的空间流向结构以及我国对这些战略性矿产资源的依存度,并从地缘政治的视角,系统考察我国与研究区域在上游矿产资源的获取保障、中游矿产资源的加工制造、下游应用端技术和知识产权的控制方面所存在的竞争、合作、依存关系。

其次,剖析外部国际局势与竞争关系,尤其是我国与美西方国家在战略性矿产资源需求、供应方面的竞争关系,研究美西方

国家战略性矿产资源存储、产量在全球的份额及其对全球各区域尤其是对半紧密型合作国家的控制力，进而从区域内集体安全、国家总体安全等视角，分析地缘政治突发事件视域下我国与该类区域之间在战略性矿产资源产业链供应链合作方面可能会遭受到的“断链”威胁。

最后，加强我国与该类区域的战略性矿产资源供应链安全合作。针对我国与该类区域战略性矿产资源产业链尤其是供应渠道、嵌入模式上存在的“弱链”、“短链”乃至“断链”风险，深入研究美国主导的“能源资源治理倡议联盟”，防范其中暗藏的区域专业技术壁垒、价值链绿色贸易壁垒、劳动人权壁垒、矿产品制造业回流冲击，加强我国与该类区域的战略性矿产资源产业链供应链安全合作，建立地缘政治事件导致产业链供应链安全风险的评估模型，有针对性地增新链、补旧链、强韧性，保障我国在上述地区的战略性矿产资源产业链供应链安全。

第五节　构建人类命运共同体的具体实践

构建人类命运共同体理念，是习近平新时代中国特色社会主义思想和习近平外交思想的重要组成部分，为破解人类共同难题、推动世界和平发展提出中国方案。在新时代中国特色大国外交实践中，人类命运共同体的思想内涵不断丰富，展现出强大的生命力、感召力，凝聚起日益广泛的国际共识。

目前，构建人类命运共同体在各方向、各领域不断取得积极进展。作为地球上的自然资源，矿产资源是属于全人类的共同财富，合理利用战略性矿产资源有助于世界各国和平共处。在战略性矿产资源国际竞争日趋激烈的背景下，推进中国与东盟战略性矿产资源合作，探索建设中国—东盟国家战略性矿产资源安全合作命运共同体，充分发挥我国与东盟在全球战略性矿产资源安全合作领域的示范作用，进而推动全球战略性矿产资源安全合作命运共同体建设，是对人类命运共同体理念的践行。

一、以人类命运共同体理念指导战略性矿产资源产业链供应链安全体系的构建

矿产资源是全人类的共同财富。探索建设中国—东盟战略性矿产资源安全合作命运共同体，发挥我国与东盟在全球战略性矿产资源安全合作领域的示范作用，从顶层设计上构建安全合作体系。一方面，深度分析国际矿业供需和发展新趋势，全面贯彻新发展理念和践行人类命运共同体理念，做好总体规划，研究制定“中国—东盟战略性矿产资源产业链供应链安全合作体系框架”，明确安全合作的指导性原则、内容、定位等，确保方向性、导向性符合我国国家安全与发展战略。另一方面，推动矿业绿色转型升级，加大保护力度，促进战略性矿产资源开发利用的国际务实合作，以矿业安全合作为主旨，综合评估战略性矿产资源产业链存在的“弱链”“短链”“断链”实际状况，选择最有利于开展战略性矿产资源产业链供应链安全合作的国家和项目，多点布局、以点带面，发挥示范效应，为该区域经济社会发展提供可靠的战略性矿产资源安全保障。

二、深入融入全球战略性矿产资源产业链，形成经济利益的共同体

保障外部战略性矿产资源产业链供应链的安全，积极参与战略性矿产资源的全球治理，加大对外部战略性矿产资源的投资力度，积极参与全球战略性矿产资源的勘探、开采、冶炼、深加工和回收与再利用等各个环节，深入融入全球战略性矿产资源产业链，形成经济利益的共同体，使彼此不可分割，从而在较大程度上消除来自国际政治关系、资源所在国经济政策等方面的风险。

我国是全球经济一体化的支持者，经济的一体化有利于更高效地利用全球资源，推进世界经济的民主性与平等性，增强各国联系以及人类共同体的感情，从而有利于和平与共同发展。然而，美国为维护自身霸权，实施反全球化政策，破坏第二次世界大战后长期形成的世界产业分工链条，是阻碍人类进步的，对此必须予以揭露。中国认为国际法基本原则具有统一性，必须尊重他国主权，任何情况下不应干涉他国内政，不能搞“颜色革命”。在战略性矿产资源产业链供应链安全保障措施的设计上，我国同样遵循这一理论的要求，在经济支持与援助时不对受援国施加政治要求，并在战略性矿产资源的勘探、选矿、开采、分离、冶金、回收利用等全产业链过程中及矿业贸易中追求互利共赢，促进发展中国家共同发展。

第八章　我国与东盟国家战略性矿产资源安全合作的重点项目及未来拓展

第一节　我国与东盟国家战略性矿产资源安全合作的重点项目

加快谋篇布局“一带一路”,深耕矿产资源合作,落实重点项目建设,是深化我国与东盟国家战略性矿产资源安全合作的重要方向。在“十四五”期间,我国应积极引导矿产资源相关企业认真落实国家“一带一路”倡议,在新发展理念的指引下,秉持“共商共建共享共赢”原则,在国际贸易、矿业投资、海外工程建设等多个方面不断拓展,主要开展工程承包、资源开发、金属冶炼、矿产品贸易、房地产开发、融资服务等业务，不断开辟新的国际合作空间。例如，聚焦优势且稀缺的矿产资源种类，加强与越南、印度尼西亚、马来西亚等国家的合作交流，重点打造中越关键矿产与能源产业跨境合作示范区、中印（印尼）“两国双园”的镍矿产业合作示范区、中马“两国双园”的铝土矿和锰矿产业合作示范区，主要从冶金工程建设到矿产资源开发，从城市基础建设到特色主题工程，从金属矿产品贸易到融资服务，实现我国战略性矿业的全产业链“走出去”，不断增强我国企业在海外大型矿山项目建设、管理、运营方面的国际竞争力和专业能力。

一、打造中越关键矿产与能源产业跨境合作示范区

2023 年 12 月 12 日至 13 日，中共中央总书记、国家主席习近平对越南进行国事访问，两国发表了《中华人民共和国和越南社会主义共和国关于进一步深化和提升全面战略合作伙伴关系、构建具有战略意义的中越命运共同体的联合声明》（以下简称《中越联合声明》），表示要办好经贸合作区，重点加强农业、基础设施、能源、数字经济、绿色发展等领域的投资合作，在市场化原则和实质、可持续精神基础上，积极探讨加强关键矿产领域双多边合作的可能性，保障能源产业链供应链安全。打造中越关键矿产与能源产业跨境合作示范区（以下简称中越跨境合作区），是落实《中越联合声明》有关加强关键矿产领域双多边合作的重要抓手。

（一）打造跨境合作区拥有良好基础

1. 中越跨境合作区核心载体已具备

中国红河—越南老街跨境经济合作区内的中国龙邦—越南茶岭跨境经济合作区可作为跨境合作区的核心载体。2013 年 10

月,中国商务部和越南工贸部共同签署了《关于建设跨境经济合作区的谅解备忘录》,设定中国凭祥—越南同登、中国东兴—越南芒街和中国红河—越南老街三个跨境经济合作区。随后,在中越地方政府的共同推动下,中国广西与越南高平省就合作建设中国龙邦—越南茶岭跨境经济合作区达成协议,并已被纳入中国"一带一路"建设重点项目。2023 年 12 月 28 日,中国龙邦—越南茶岭(含中国那西—越南那弄通道)国际性口岸正式开通,由原来仅限于中越人员、货物、车辆通关,扩大到全世界的人员、货物和车辆均可通关。同时,广西着力打造西南边境区域性中心城市,构建中国西南面向东盟的重要门户,这为打造中越跨境合作区载体夯实了基础。

2. 中越跨境合作区物流基础已具雏形

2023 年 12 月,中越双方签署《关于加强中国—越南铁路合作的谅解备忘录》,稳步开展两国在铁路基础设施领域的合作,推动中越跨境标准轨铁路连通,提升互联互通水平。位于靖西龙邦口岸的万生隆国际商贸物流中心是中国龙邦—越南茶岭跨境经济合作区中方园区的核心项目,投资约 30 亿元,与越南茶岭口岸经济区无缝对接。目前,互市监管区、联检楼、仓库等基础设施已基本竣工,龙邦边民互市贸易区已建成开园。同时,广西百色市与越南高平省签署了《中国广西百色市与越南高平省加快中国龙邦—越南茶岭跨境经济合作区试点项目建设的协议》。根据规划,这一经济合作区的核心功能区域遵照"功能呼应、有机衔接"的原则,共同形成五大功能,包括口岸综合服务、跨境商贸、跨境物流、进出口加工与跨境旅游,上述这些平台都将显著提高中越两国资源的物流效率。

3. 中越关键矿产与能源产业跨境合作互补优势明显

（1）双方关键矿产与能源的储量与技术互补优势明显

我国具有铝土矿、稀土矿、煤矿等矿产的采选冶及深加工全套技术优势和水电开发应用优势（特高压输电技术独树一帜），越南具有储量较大的高品位铝土矿、稀土矿、煤矿等矿产资源优势。经初步调查与分析，仅在中国龙邦—越南茶岭跨境经济合作区周边14.2万平方千米范围内，越南就拥有大量的铝土矿、稀土矿、煤矿。例如，在中国龙邦—越南茶岭跨境经济合作区周边的高平、谅山和河江省，就拥有约7100万吨铝土矿（硬水铝石矿，南部达农、林同和平福省的红土风化铝土矿已探明储量更是高达67亿吨），约1000万吨稀土矿，2000多万吨煤矿。双方可事先协商保护好各国原有的知识产权，合作过程中形成的新的知识产权可共享。同时，通过政府、企业和学术界等多方共同努力，共同推动冶炼及深加工理论与技术创新。

（2）交通等基础设施及其建设互补优势明显

在中国龙邦—越南茶岭跨境经济合作区内，我国的铁路、公路和水路等基础设施相对完备，交通相对发达，越南则恰恰相反。这样一来，在交通等基础设施建设方面，双方形成了明显的互补优势。合作期间，中国可在中国龙邦—越南茶岭跨境经济合作区内，帮助越南加强铁路、公路和水路等基础设施建设，以提升中越关键矿产与能源产业跨境合作的效率。

（3）环境保护互补优势明显

近年来，我国的国家级绿色矿山建设与发展取得较好成效，在支撑绿色矿业发展方面也取得了较多成果，包括循环经济、矿产资源综合利用、生态修复新模式、智慧矿山建设等。2022年，时任越南副总理黎文成签署第450号决定,批准了越南至2030年的最新国家环境保护战略,制定了越南直到2050年之前的环境发展愿景。越南政府将加强对可能造成污染的典型高风险项目设施的密切监督,同时加强对跨境投资项目的环境保护监察,以实现越南在第26届联合国气候变化大会上作出的承诺,停止批准和新建燃煤电厂项目,并在未来10年内完全退出煤炭业务,减少温室气体排放,到2050年实现碳中和。因此,我国的绿色矿业发展经验可以为越南提供借鉴,帮助其在矿产资源开发利用中更好地平衡经济发展与环境保护的关系,两国还可以共同研究和推广绿色采选技术,减少对环境的影响。

(二)打造中越跨境合作区存在的主要问题

1. 越南禁止部分关键矿产与能源矿产出口

越南禁止铝土矿、稀土矿、煤矿等关键矿产与能源矿产出口,因此其所具备的储量较大、高品位的铝土矿、稀土矿、煤矿等矿产资源优势未能在中越跨境关键矿产与能源产业合作中得到充分发挥。

2. 我国部分关键矿产采选冶及深加工技术尚未推广至越南

我国的铝土矿、稀土矿、煤矿等矿产的采选冶及深加工技术相对较为集中,因此我国所具有的铝土矿、稀土矿、煤矿等矿产的采选冶及深加工技术及水电开发应用技术(特别是特高压输电技术)未能在中越跨境合作中得到推广应用。

3. 越南的关键矿产和能源的权属较为复杂

据了解,越南北部靠近我国的铝土矿等关键矿产由军方所掌握,因此地方政府未能在中越跨境经济合作区有效开展关键矿产与能源产业跨境合作。

4. 我国能耗双控制度约束产业能耗指标

我国对铝土矿、锰矿等新项目有严格的能源消费总量和强度双控制度规制，致使地方政府未能在中越跨境合作区开展关键矿产与能源产业的大规模、多领域合作。

5. 中越建设用地指标的制约

中越跨境合作区多属丘陵山区，建设用地指标不足，致使地方政府未能在中越跨境合作区开展关键矿产与能源产业的大规模、多领域合作。

（三）打造中越跨境合作区的具体途径

1. 推动中越跨境合作区建设上升为双方国家战略对接

为进一步加强我国与东盟国家战略性矿产资源安全合作，我国应以打造中越命运共同体为契机，着力打造中越关键矿产与能源产业跨境合作示范区，将其纳入"一带一路"建设重点项目。聚焦中国龙邦—越南茶岭跨境经济合作区这一核心载体，加强与越南政府沟通联系，加快推动越南政府开展谈判、签署相关协议，通过双方的地方政府和部委共同努力，争取将该合作区的发展建设上升为双方的国家战略对接。

2. 推动中越双方关键矿产与能源的储量与技术优势互补

推动我国的铝土矿、稀土矿、煤矿等矿产的采选冶及初加工的一部分技术和水电开发应用优势（含特高压输电技术）与越南的铝土矿、稀土矿、煤矿等矿产资源优势进行互补。双方可事先协商保护好各国原有的知识产权，合作过程中形成的新的知识产权可共享。同时，通过政府、企业和学术界等多方共同努力，共同推动采选冶及深加工理论与技术创新，形成优势互补、合作共赢新格局，打造经济社会发展新一极。

3. 打造中越铝土矿和稀土矿产业集群(工程)

(1)铝土矿产业集群。第一期,中越共建年产100万吨电解铝、200万吨氧化铝、100万吨深加工铝、5×60万千瓦火电机组建设的产业规模。按照5∶5比例的税收、利润分成、人员安排等,每年将为双方新增投资约550亿元(不含基础设施建设),年新增产值540亿元、增加值90亿元、税收40亿元、就业1万人。第二期,共建年产200万吨电解铝、400万吨氧化铝、200万吨深加工铝的产业规模。

(2)稀土矿产业集群。越南是世界上矿产潜力巨大的国家之一,4种矿产储量居全球前5位。其中,稀土(2200万吨)和铝土(54亿吨)位居第2、钨(9.5万吨)位居第3、萤石(500万吨)位居第五。另外,越南还有2400亿吨煤炭储量。第一期,中越共建年产1万吨采选冶及初加工稀土矿,按照5∶5比例的税收、利润分成、人员安排等,每年将为双方产生近百亿元的产值和数十亿元的税收。

4. 完善中越跨境合作区的基础设施

(1)建设互联互通的交通基础设施。加快建设和完善通达中越跨境合作区的高速公路、铁路,重点建设靖西—龙邦、越南太原—茶岭铁路、海防—下龙湾—芒街铁路,升级改造南宁—凭祥—河内准轨铁路,加快建设越南谅山—茶岭口岸高速公路,完善两国交通互联互通网络。

(2)共建能源基础设施。一是在中越跨境合作区内的中国一侧建设清洁燃煤电厂,越南供应煤炭资源,我国供应煤炭发电技术,电力共享。二是中越合作推动与老挝的电网互联互通,《中越联合声明》提出中越将加强澜沧江—湄公河合作,致力于推动构建面向和平与繁荣的澜湄国家命运共同体。加强在大湄公河次区域经济合作框架下合作。在这些合作机制下推进中越老电力互联互通,用我国特高压输电技术将老挝丰富的电力引入中越跨境合作区。

5. 给予中越跨境合作区特殊能耗政策

对中越跨境合作区的中方能耗双控实行特殊政策,旨在促进中越跨境合作区的可持续发展、提高资源利用效率、降低能源消耗。

(1)能源审查和指导。地方政府可建立专门的能耗机构,对中越跨境合作区进行定期的能源审查和指导。能源专业团队的评估,可帮助跨境合作区识别潜在的能源浪费点和优化空间,提供针对性的改进建议。

(2)能源价格优惠。对符合节能减排标准的企业,在中越跨境合作区提供一定时期内的优惠能源价格。

(3)设立能源管理奖励基金。地方政府设立能源管理奖励基金,对在中越跨境合作区实行节能减排政策成效显著的企业给予奖励,以激发企业的创新能力,调动其节能减排的积极性。

(4)建设共享能源。在中越跨境合作区内建设共享能源,如太阳能发电站和风力发电站等企业可以共同使用的能源,以降低能源采购成本,并减少对传统能源的依赖。

6. 建立中越跨境合作区区域电网

中越两国在中国龙邦—越南茶岭跨境经济合作区合作建设跨国区域电网。双方政府、企业和相关机构密切协作,共同制定相关的政策、规划和技术标准。通过跨国区域电网建设,实现电力资源的共享和能源的高效利用。

(1)推动政策协调。通过协调电力政策,双方共同制定促进跨国区域电网合作的政策框架,包括电力市场准入、发电许可、跨国电力交易等政策,为建立跨境电网提供合法、稳定的政策环境。

(2)推动法律法规协同。出台适应跨国区域电网合作的法律法规,明确电力交易、输电规则、网络接入和跨境电力贸易等规定,完善区域电网合作的法治保障。

(3)建立技术标准和规范。确立跨国区域电网的技术标准和规范,以保障电力系统的稳定运行和相互可操作性,包括电力输送、电力转换、智能电网等技术方面的标准。

(4)建立投资和融资机制。确定合作各方的投资和融资机制,探讨融资来源、资金分配和投资回报等问题。引入国际金融机构等,降低跨国区域电网建设的融资风险。

(5)推动企业合作。鼓励中越两国的电力企业合作共建跨国区域电网,共同参与电力生产、输电和配电等环节。

(6)建立电力调度和运营机制。确定跨国区域电网的电力调度和运营机制,建立共同的电力市场平台,确保电力系统的平稳运行。

(7)网络规划和建设。共同规划跨国区域电网的布局和建设,考虑输电线路、变电站、电缆等基础设施的合理布局,确保电力的有效传输。

(8)确保信息共享。建立中越跨境合作区之间的信息共享机制,包括电力市场信息、运行数据等。

7. 推动打造中越友好矿业城市

经初步预测,中越跨境合作区及其周边铝土矿,按年产 100 万吨电解铝、200 万吨氧化铝、100 万吨深加工铝的产业规模,可开采30年左右;拓展到越老边境和越柬边境,则可持续开采30年至50年。因此,可以预见未来中越携手50年可打造一个现代化的中越友好矿业城市,为国家间双边友好合作树立全球典范。

二、打造中印(印尼)“两国双园”镍矿产业合作示范区

2023年10月16日至18日,应国家主席习近平的邀请,印度尼西亚总统佐科·维多多(Joko Widodo)来华出席第三届“一带一路”国际合作高峰论坛,并对中国进行国事访问。两国元首认为,当前双方全面战略伙伴关系保持强劲发展势头,决定以两国建立全面战略伙伴关系10周年为契机,推动《中印尼加强全面战略伙伴关系行动计划(2022—2026)》全面有效落实,建立更强劲、多元、高质量以及互惠互利的双边关系。同时强调双方将深化资源禀赋和产能优势互补,打造更多优质合作项目,包括深化矿产加工合作以加强本地价值创造。

(一)打造中印(印尼)“两国双园”镍矿产业合作示范区拥有良好基础

1. 中印(印尼)“两国双园”镍矿产业合作示范区核心载体已经具备

2023年1月19日,国务院批复同意设立中国—印度尼西亚经贸创新发展示范园区,并原则上同意示范园区建设总体方案,标志着中印(印尼)“两国双园”示范区建设正式落地。“两国双园”是指两个主权国家在对方境内互设园区、联动发展的一种新型产能合作模式。通过共同建设两国产业合作区,探索建立产业互联、设施互通、政策互惠的双园结对合作机制。作为唯一与东盟陆海相连的省区,近年来,广西认真落实中印(印尼)两国领导

人达成的重要共识，与印度尼西亚在贸易、投资等领域的合作均保持了良好的发展势头，从地方层面为共建中印（印尼）命运共同体作出积极贡献，这也为打造"两国双园"镍矿跨境产业合作示范区夯实了基础。

2. 中印（印尼）"两国双园"镍矿产业合作示范区物流建设正酣

2023 年 9 月，雅加达至万隆高速铁路如期顺利开通运行，这是一项由我国承建的"一带一路"旗舰工程，也是印度尼西亚和东南亚的首条高速铁路。高速铁路开通后，中印（印尼）镍矿产业跨境合作区的企业可以节省运输费用，提升竞争力，并有望降低物流成本与货物价格，从而推动双方贸易和合作的发展；有效连接中印（印尼）镍矿产业跨境合作区内的主要城市和交通枢纽，扩大市场覆盖范围，畅通物流，拓展市场空间，增进双方政府和民众之间的互信与合作，为未来更多领域的合作奠定良好基础。同时，我国南宁与印度尼西亚之间的第一条航空货运航线——南宁—雅加达货运航线的正式开通，也促进了中印（印尼）镍矿产业跨境合作区内企业的互动与合作，推动了产业链的深度融合与优化配置，显著提高了中印（印尼）两国的物流效率，成为促进双方镍矿产业跨境合作与发展的有力引擎。

3. 中印（印尼）镍矿产业跨境合作互补优势明显

一是双方关键矿产储量与技术互补优势明显。我国在镍矿的开采、冶炼、精炼等方面已经形成了较为完善的产业链和技术体系，具有较高技术水平和竞争力（如冶炼方法中使用的火法冶炼、湿法冶炼、氧化还原法等，实现了对镍矿的高效冶炼和精炼）。我国的镍矿冶炼工艺逐步向清洁、高效的方向发展，注重能源节约和环境保护,而印度尼西亚虽然在镍矿开发方面也有一定经验,但技术水平相对较低,仍存在一定的发展空间和需求。因此,双方在技术方面存在明显的互补性,可以通过合作共享技术资源和经验,推动印度尼西亚的镍矿产业提升技术水平,实现共同发展。同时,中印(印尼)镍矿产业跨境合作也需考虑建立以保护知识产权和促进创新为核心的合作机制,通过合理的分工合作和资源共享,实现合作成果最大化,为双方发展注入新动力。印度尼西亚作为世界上镍矿矿藏丰富的国家之一,其镍矿总储量为 223 亿吨,其中探明储量和估计储量分别为 53 亿吨和 170 亿吨。充分发挥双方的资源和技术优势,加强合作交流,可以实现资源的互通共享和技术的互相提升,促进产业链的深度融合和优化发展,实现合作共赢。

二是交通等基础设施及其建设互补优势明显。我国在交通基础设施建设方面积累了较丰富的经验和技术,并具备了进行大规模、高水平的基础设施建设的能力;而印度尼西亚则面临基础设施建设的迫切需求,尤其是在交通运输、能源等领域。雅加达至万隆高速铁路及航空专线的开通,将共同推动基础设施建设项目的发展,提升镍矿产业合作的整体效益。

三是环境保护互补优势明显。我国在环境监测、废水处理、土壤修复等方面积累了丰富的技术和经验,拥有一批成熟的环境治理技术和设备,在支撑绿色矿业发展方面也取得了较多成果,包括循环经济、矿产资源综合利用、生态修复新模式、智慧矿山建设等。2023 年 11 月,印度尼西亚海事和投资协调部矿业助理副部长图巴格斯(Tubagus Nugraha)在 2023 年东南亚国际镍铬锰不锈钢产业链峰会上发表题为《镍与全球能源转型:印度尼西亚的主导作用》的演讲，强调未来印度尼西亚坚定地巩固其作为全球最大镍生产国的地位，把握住全球绿色能源转型的机遇，将先天的资源禀赋转化为国家现代化建设所需的工业基础设施和良性可持续的产业生态。因此，我国的绿色矿业发展经验可以为印度尼西亚提供借鉴，帮助其在矿产资源开发利用中更好地平衡经济发展与环境保护的关系。两国也可以共同研究和推广绿色采选技术，促进镍矿产业的可持续发展，实现经济效益和环境效益的双赢。

（二）打造中印（印尼）“两国双园”镍矿产业合作示范区存在的主要问题

1. 印度尼西亚政府限制镍原矿的出口

多年来，印度尼西亚政府一直试图限制或禁止镍原矿的出口，以促进镍的加工和精炼领域的高附加值工业活动的发展。2019 年 8 月，印度尼西亚能源与矿产资源部宣布于 2020 年 1 月提前两年重新启动全面出口禁令，反映出印度尼西亚政府鼓励矿商在国内建冶炼厂并出口高附加值镍产品。

2. 我国镍矿采选冶及深加工技术尚未在印度尼西亚推广应用

我国镍矿的采选冶及深加工技术相对集中，这些技术并未在印度尼西亚得到广泛的推广应用。在印度尼西亚，受技术水平和产业发展水平的限制，镍矿的采选、冶炼以及深加工工艺相对滞后，大部分镍矿仍以原矿形式出口，附加值较低，导致了资源的浪费和附加值的丧失。

3. 镍矿开采过程中的碳排放问题

镍矿开采本身就会对生态系统造成破坏，而且镍的开采和冶炼行业属于能源密集型产业。镍产品的单位碳排放量在 10 ~ 16

吨二氧化碳当量,仅次于铝,其单位产品碳排量在有色金属中位居第二。目前,我国不断推动能耗双控向碳排放双控转变,2021年12月召开的中央经济工作会议首次提出,创造条件尽早实现能耗双控向碳排放和强度双控转变,即从控制能耗总量和强度转变为控制碳排放总量和强度,这意味着碳排放双控的制度基础建设也将提速。随着碳达峰、碳中和目标稳步推进,"双碳"的要求使金属矿业承压较大,这对云南、贵州、广西等可再生能源较为丰富的地区来说,能耗双控的刚性约束既是制约因素,也是机遇。从能源消费总量和强度双控转向碳排放总量和强度双控,突出控制化石能源消费的政策导向,有利于统筹能源安全和能源结构转型。

(三)打造中印(印尼)"两国双园"镍矿产业合作示范区的路径对策

1. 推动中印(印尼)"两国双园"镍矿产业合作示范区建设上升为双方国家战略对接

双方地方政府和部委的共同努力,能促进两国合作示范区的建设上升为双方的国家战略对接。应在两国政府之间建立更加密切的战略合作框架,明确双方合作的重点领域和实施路径,为后续合作奠定坚实基础。同时,各级政府部门应加强协调与合作,形成合力,共同推动双园镍矿产业合作示范区的建设与发展。另外,通过允许参与项目规划、政策支持和资源整合等方式,为企业提供便利化的营商环境和优惠政策支持,吸引更多国内外企业与投资者参与到合作示范区建设中。

2. 推动双方镍矿的储量与技术优势互补

推动我国的镍矿采选冶及初加工的一部分技术和水电开发

应用优势与印度尼西亚丰富的镍矿资源优势互补，双方可积极建立技术合作平台，鼓励企业和研究机构开展联合研究项目，共同攻克技术难题。同时，加强人才培训与交流，培养一批具备镍矿开采、冶炼和深加工专业技能的人才队伍，为镍矿产业的长期发展奠定人才基础。此外，积极与东盟各国特别是印度尼西亚开展知识产权与标准化合作，这不仅有助于我国企业防范涉外知识产权风险，更能为东盟国家的基础设施建设和产能合作提供机制保障，有利于我国与东盟各国合力突破西方国家的既有技术和标准封锁。

3. 推动中印(印尼)“两国双园”镍矿产业合作示范区绿色发展

针对中印(印尼)“两国双园”镍矿产业合作示范区在镍矿开采过程中的碳排放问题，可以采取以下措施。

一是能源供应优化：评估示范区周边的清洁能源资源，如太阳能、风能等，制定清洁能源利用规划，并建设相应的发电设施；优化电力供应系统，提高供电效率，降低能源消耗和碳排放。

二是采矿设备节能化：使用节能型采矿设备和机械，如以电动车辆替代传统燃油车辆，提高能源利用效率，减少碳排放；推广智能化、自动化采矿设备，优化生产过程，降低能耗和碳排放。

三是优化采矿工艺：采用高效、低能耗的采矿工艺，减少矿石开采加工中的碳排放；推广水力选矿、重介质分离等环保型选矿技术，减少尾矿处理的能耗和碳排放。

四是实行碳排放监测与管理：建立镍矿开采过程中碳排放的监测系统，实时监测和记录碳排放数据。根据监测数据，制定碳排放控制目标以及相应的管理措施。

五是建立碳排放交易机制：探索建立碳排放交易市场，鼓励企业参与碳排放交易，通过市场机制推动减排行为；鼓励企业自愿参与碳排放减排行动，实施低碳技术和生产工艺，获得碳排放减排收益。

六是加强实践技术创新与合作：加强中印（印尼）两国在节能环保技术方面的合作与交流，共同研发和应用先进的绿色采矿技术。支持示范区内的企业开展碳排放减排技术创新活动，提高技术水平，降低碳排放成本。

七是鼓励承担社会责任：鼓励示范区内的企业积极履行社会责任，承担环境保护和碳减排的责任；支持企业开展环境保护和碳减排相关的社会公益活动，提高社会责任感和公众认可度。

以上综合措施的实施，可以有效应对中印（印尼）"两国双园"镍矿产业合作示范区镍矿开采过程中的碳排放问题，推动示范区的绿色低碳发展。

4. 完善中印（印尼）"两国双园"镍矿产业合作示范区的基础设施

一是继续建设互联互通的交通基础设施。加快建设和完善通达中印（印尼）关键矿产与能源产业跨境合作区的高速铁路、航空、海运路线，充分利用雅加达—万隆高铁及正在规划建设中的万泗线路，规划并建设与高铁线路相衔接的城际快速铁路或支线，实现示范区内外便捷化的交通连接，完善两国交通网络互联互通。

二是共建能源基础设施。首先，双方可以共同规划和建设电力供应系统，包括建设高效稳定的电力输配网和可再生能源发电设施。可在中印（印尼）"两国双园"镍矿产业合作示范区内建设清洁燃煤电厂，由印度尼西亚供应煤炭资源，中国提供煤炭发电技术，双方电力共享。在能源供应方面，可以重点发展清洁能源，如风能、太阳能等，以减少对传统能源的依赖，降低能源成本，提高能源利用效率。其次，可以建设先进的能源存储系统，以应对能源供需之间的波动和不确定性，确保能源供应的稳定性和可靠性。最后，可以加强能源智能化管理，通过引入能源监控和管理系统，实现对能源生产、传输和消费的精细化管理。综合利用中印(印尼)两国的技术和资源优势，共建能源基础设施将为双方的镍矿产业合作提供稳定可靠的能源保障，推动示范区可持续发展和产业升级。

5. 给予中印(印尼)“两国双园”镍矿产业合作示范区特殊能耗政策

对中印(印尼)“两国双园”镍矿产业合作示范区的中方能耗双控实行特殊政策，旨在促进示范区的可持续发展，实现经济效益和环境效益的协同发展。

一是制定能源效率标准。制定适用于示范区的能源效率标准，要求生产企业采取先进的生产工艺和设备，提高能源利用效率，降低能耗水平。

二是提供能源价格优惠。为示范区内的企业提供优惠的能源价格，鼓励企业采取节能措施和技术，降低生产成本，提高竞争力。

三是加强能源消耗监管。建立严格的能源消耗监管机制，对示范区内的企业进行能源消耗监测和评估，及时发现和纠正能源浪费行为，促进资源的合理利用。

四是优化能源税收政策。制定差别化的能源税收政策，对示范区内的企业实行税收优惠或减免征收政策，鼓励企业采用清洁能源和节能技术，减少对传统能源的依赖。

五是开展环境与能源综合考核。将企业的环境保护和能源消耗情况纳入综合考核体系，对能源消耗较高的企业进行限产或处罚，推动企业加强节能减排。

六是推动技术支持与培训。提供技术支持和培训服务，帮助企业采用先进的节能技术和管理方法，推动企业转型升级，实现绿色发展。

（四）增强印度尼西亚丰富能源对示范区的保障能力

中印（印尼）“两国双园”镍矿产业合作示范区发展需要消耗大量的能源。目前，印度尼西亚丰富的能源资源还没有得到很好的开发，这对示范区发展是一大制约因素。印度尼西亚国土辽阔，能源资源丰富且种类齐全，煤炭、石油、天然气、水电和地热等资源都排在东盟国家前列。根据印度尼西亚能源和矿产资源部的相关数据，印度尼西亚煤炭储藏量在 1205 亿吨左右，已探明石油资源储备约 36.9 亿桶，已探明的天然气储量在 286.01 万亿立方米。按照目前的生产率，石油可以开采约 23 年，天然气可以开采约 59 年，煤炭还可以开采约 146 年。目前，印度尼西亚的能源生产仍然以原油、煤炭和天然气等化石能源为主，水电、地热、太阳能、风能等可再生能源没有得到充分利用。

印度尼西亚岛屿和人口众多，能源需求量大，是东盟国家中最大的能源开发市场。目前，印度尼西亚电力覆盖很不平衡，仍有超过 12600 个岛屿缺乏供电，丰富的资源开发也需要大量的电力，如加里曼丹岛拥有丰富的铝土矿等资源，因电力缺乏还未充分开发。电力不足是印度尼西亚资源开发面临的最大挑战，发展可再生能源是应对这一挑战的有效办法。

印度尼西亚位于太平洋火山带上,拥有127座活火山,是潜在的地热能发电厂。有约300个地区蕴藏地热资源,约占世界地热总储量的40%,主要分布在苏门答腊岛和西爪哇岛。目前,印度尼西亚地热使用率仅为4%~5%。2014年8月,印度尼西亚众议院通过了《地热法》,将地热与其他采矿活动区分开来,为该国的地热勘探铺平了道路。2016年,印度尼西亚政府颁布了新法规,允许10兆瓦以上的地热发电厂拥有完全外资所有权,小型电厂的外资可拥有67%的股份。政府已采取措施鼓励投资地热能,计划到2025年将地热发电能力提高到6.6吉瓦。2022年,印度尼西亚总发电量约为81吉瓦(包括化石燃料发电厂提供的电力)。

水电资源在印度尼西亚所有的可再生能源中发展潜力最大。印度尼西亚可再生能源的总潜力估计为3686吉瓦,其中水力发电的估计潜力为95吉瓦。2023年年初,印度尼西亚能源和矿产资源部宣布,截至2022年年底印度尼西亚可再生能源装机容量为1255.70万千瓦,其中水电总装机容量为668.89万千瓦,水电在印度尼西亚可再生能源电力中占比53.3%,仅开发了估计水电总潜力的7%,[1]仍有大量未开发。目前,印度尼西亚的水电站大多建在爪哇—巴厘岛、苏门答腊岛、苏拉威西岛和努沙登加

---

〔1〕 See *Hydro Power Generation in Focus: Still Indonesia's Biggest Source of Renewable Energy*, Indonesia Investments (Oct. 20, 2023), https://www.indonesia-investments.com/news/todays-headlines/hydro-power-generation-in-focus-still-indonesia-s-biggest-source-of-renewable-energy/item9669#:~:text=Based%20on%20data%20from%20Indonesia%E2%80%99s%20Energy%20and%20Mineral,6%2C688.9%20megawatt%20%28MW%29%20at%20the%20end%20of%202022.

拉群岛，大多数水电资源都分布在电力需求低、电气化率低、基础设施较差或根本不存在基础设施的偏远地区，远离印度尼西亚人口最稠密的爪哇岛。印度尼西亚计划在未来 10 年内新建 570 万千瓦的水力发电厂。

印度尼西亚位于热带地区，每天可提供 4.8 千瓦时/平方米的太阳能资源，但尚未开发利用，太阳能上网电价为 0.25 美元/千瓦时。印度尼西亚拥有较长的海岸线和持续的海风，尽管印度尼西亚的风力资源丰富，但是目前仅建设了 12 个风电场，计划到 2025 年风电装机容量达到 97 万千瓦。

据印度尼西亚能源和矿产资源部估计，国内对能源的需求将每年增长 7% 左右，2010—2030 年用电需求预计将增长 3 倍。根据巴黎气候协议减少温室气体排放的计划，印度尼西亚到 2025 年将可再生能源在其能源结构中的比重提高到 23%，新能源和可再生能源装机容量达 13600 万千瓦（见表 8－1、表 8－2），到 2050 年可再生能源使用量占能源消费总量的 31%。

表 8－1　印度尼西亚新能源和可再生能源开发潜力

新能源和可再生能源发电类型	电厂装机容量（万千瓦）			
	已确定	2025 年	2050 年	2050 年开发程度
地热	724.2	724.2	1750	总开发潜力（2950）的 59.3%
水电	1555.9	2098.7	4500	总开发潜力（7500）的 60.0%
生物质	200.6	550.0	2610	总开发潜力（3200）的 81.6%

续表

新能源和可再生能源发电类型	电厂装机容量(万千瓦)			
	已确定	2025 年	2050 年	2050 年开发程度
太阳能	54.0	650.0	4500	总开发潜力(53200)的 8.5%
风能	91.3	180.0	2860	总开发潜力(11350)的 25.2%
其他能源	37.2	312.5	640	—
总计	2663.2	4515.4	16860	—

资料来源:印度尼西亚能源和矿产资源部(MEMR)(2017)。

表 8-2 印度尼西亚新能源和可再生能源开发计划

	2016 年	2025 年	2050 年
各种新能源占比(%)	7.7	23	31
能源供应(百万吨油当量)	169	400	1012
装机容量(万千瓦)	5900	13600	44300
用电量/人均(千瓦时)	956	2500	7000
电气化率(%)	91	100	100

资料来源:印度尼西亚能源和矿产资源部(MEMR)(2017)。

可见,印度尼西亚还有大量未开发的可再生能源,特别是太阳能、水力发电和地热发电等清洁能源。虽然印度尼西亚能源资源丰富,但是印度尼西亚却是东盟第一大“缺电”国,能源开发不足一直是制约印度尼西亚国民经济发展的主要障碍。从目前的适度开发水平来看,2015—2030 年,印度尼西亚每年需要超过 160 亿美元的投资。印度尼西亚需要不断增加电力投资才能解决无电人口和工业园区电力不足的问题。

三、打造中马“两国双园”铝土矿和锰矿产业合作示范区

2023 年 3 月 31 日，国家主席习近平在人民大会堂会见来华访问的马来西亚总理安瓦尔·易卜拉欣（Dato’ Seri Anwar bin Ibrahim）。双方就共建中马命运共同体达成重要共识，为新时期两国关系发展擘画了新蓝图。双方强调要不断提升高质量共建“一带一路”水平，推进重点项目，培育数字经济、绿色发展、新能源等领域的合作增长点，为地区繁荣稳定作出更大贡献。广西要加快深度融入共建“一带一路”建设，全面拓展与 RCEP 成员国的合作领域，携手构建跨区域跨境产业链供应链。与东盟国家对接各自发展战略，将钦州产业园区打造成中马合作旗舰项目和中国—东盟合作示范区。打造中马“两国双园”铝土矿和锰矿产业合作示范区，也是实现中马签署《中华人民共和国商务部与马来西亚交通部关于交通基础设施合作的谅解备忘录》中有关推动产能合作健康发展的战略重点。

（一）打造中马“两国双园”铝土矿和锰矿产业合作示范区拥有良好基础

1. 中马“两国双园”铝土矿和锰矿产业示范区核心载体已经具备

随着共建“一带一路”倡议的深入推进，中马经贸往来不断扩大和深化，“两国双园”经贸合作模式成为中国—东盟自贸区合作的典范。双方通过共同建设产业合作区，探索建立产业互联、设施互通、政策互惠的双园结对合作机制。作为唯一与东盟陆海相连的省区，近年来，广西认真落实中马两国领导人达成的重要共识。2012 年 4 月，中马钦州产业园区正式设立；2013 年 2

月，马中关丹产业园正式开园，由此开创国内第一个以“两国双园”为载体推进国际产能合作的先例。马中关丹产业园投资175亿元开展“焦电铝－锰”循环经济项目，该项目包括建设氧化铝厂（年产量200万吨）、电解铝厂（年产量100万吨）及锰铁合金厂（年产量100万吨），建成投产后将实现超过350亿元的年销售收入。此外，预期将为当地创造5000个就业岗位，并显著提升关丹港的年处理能力，增加超过1000万吨的货物吞吐量及15万标准集装箱。

目前，中国广西与马来西亚在贸易、投资等领域均保持良好的发展合作势头，从地方层面为共建中马命运共同体作出积极贡献，这也为打造中马“两国双园”铝土矿和锰矿产业合作示范区夯实了基础。

2. 中马“两国双园”铝土矿和锰矿产业示范区物流已具雏形

2023年4月，关丹港—北部湾港—中国川渝多式联运航线正式开通，标志着马来西亚东海岸经济特区与中国北部湾经济区、中国西部地区开启海铁联运。马来西亚的货物从关丹港上船，抵达北部湾港后，可通过西部陆海新通道班列，快速分拨到中国中西部地区的10余个省市。该航线在原有航线基础上进行升级，凸显“一站式”多式联运，助力地区经济增长，立足新起点推动两国双园升级发展。

同年，马中关丹国际物流园项目的开工建设和未来东海岸铁路关丹站的开通运行，进一步形成以现代化港口为核心、综合物流为纽带、“港—铁—园”协同发展的联动模式，帮助园区产品辐射至国际市场，打造中国直通东南亚的另一条黄金通道。物流畅通也有利于吸引更多投资和产业链上下游企业入驻示范区，形成更加完整和具有竞争力的产业集群，推动产业链的深度融合与优化配置，为两国经济发展和区域合作带来诸多机遇。

3. 中马铝土矿和锰矿产业跨境合作互补优势明显

一是双方关键矿产储量与技术互补优势明显。我国在铝土矿和锰矿的开采、冶炼、精炼等方面已经形成了较为完善的产业链和技术体系，具有较高技术水平和竞争力（如选矿技术中使用重选、浮选、磁选等多种方法，有效提高矿石品位和提取率）。我国的铝土矿资源不仅储量有限，且品质较低，主要为难以加工且能耗较高的一水硬铝石类型。此外，相当一部分铝土矿含有过量的硅、硫、铁等元素，不仅增加了氧化铝生产的工艺复杂度，还导致碱消耗和电力消耗以及生产成本的上升。铝土矿资源的紧缺和品质下降已成为我国氧化铝工业发展的瓶颈。

马来西亚拥有丰富的铝土矿和锰矿资源，能为我国提供重要的矿产资源补给，但马来西亚矿产开发技术水平相对较低，存在一定的发展空间。两国在资源与技术方面的互补性进一步强化了合作的可行性。我国企业在矿产开采、加工和资源利用方面拥有丰富的经验和成熟的技术体系，能够为马来西亚的矿产资源开发提供技术支持和管理指导。与此同时，我国企业也能够借助马来西亚丰富的矿产资源，进一步完善自身的产业链布局，提升产品质量、增强市场竞争力。双方的合作将使得彼此的优势互补，共同实现资源的有效开发和利用。

同时，中马铝土矿和锰矿产业跨境合作也需考虑建立以保护知识产权和促进创新为核心的合作机制。充分发挥双方的资源和技术优势，加强合作交流，实现资源互通共享和技术提升,促进产业链深度融合,实现合作共赢局面,推动双边关系深入发展。

二是交通基础设施及其建设互补优势明显。中马合作可以借助我国先进的铁路技术和丰富的运输经验,帮助马来西亚改善铁路网络,提升矿产运输的效率。而马来西亚丰富的海运资源和港口设施则可以为我国提供更便捷的出口通道,实现资源的快速运输流通。中国共建"一带一路"倡议和马来西亚"东海岸走廊经济特区"战略都提出加强交通基础设施建设和促进区域一体化的目标,中马铝土矿和锰矿产业的合作恰好契合这一发展方向,有助于推动区域经济的互利共赢。目前,马来西亚东海岸铁路项目、马中关丹国际物流园项目等的运行都将共同推动基础设施建设,提升中马铝土矿和锰矿跨境产业合作的整体效益。

三是环保技术与环境立法形成合力。近年来,我国在绿色矿业发展道路上持续前行,不断探索创新。新型环保技术如生态矿山设计、智能环境监测系统等逐渐成熟,为实现可持续发展注入了强劲动力。同时,环境保护意识的不断增强也推动矿业企业加大环境治理投入,实现资源节约和循环利用,这些举措为未来绿色矿业的可持续发展奠定了坚实基础。

马来西亚的环境保护法律法规体系也相对完善,包括《环境质量法》《环境管理法》《环境影响评价法》等一系列法律法规,涵盖矿产开采和冶炼等环节的环境管理要求。这些法律法规明确了企业在矿产开发过程中应承担的责任和义务,规定了环境影响评价、污染物排放控制、环境监测等方面的具体要求,为矿产企业的合法经营提供了法律保障。同时,当地政府部门会定期进行环境检查和监测，对存在环境违法行为的企业进行处罚，提出整改要求，确保企业按照法律法规要求开展生产经营活动，保护环境和生态系统的完整性和稳定性。我国的绿色矿产研发技术与马来西亚矿产业严格的环境保护法律法规为中马铝土矿和锰矿产业的跨境合作提供了有力的技术、法律保障和执行依据。双方可在遵守法律法规的前提下，加强合作，共同推动绿色低碳发展，实现经济增长与环境保护的双赢。

4. 马来西亚丰富的能源可保障中马“两国双园”铝土矿和锰矿产业合作示范区可持续发展

马来西亚矿产资源丰富，矿业开发以锡、石油和天然气开采为主。能源中石油和天然气储量大，可满足国内消费及出口需求。此外，铁、金、钨、煤、铝土、锰等矿产也是马来西亚的优势矿产，有利于中马“两国双园”铝土矿和锰矿产业合作示范区更好地发展。根据 2021 年版《BP 世界能源统计年鉴》，2021 年马来西亚石油日产量为 73.7 桶，天然气日产量为 2 亿标准立方米。

马来西亚可再生能源潜力巨大，全年光照充足，河流众多。可再生能源资源理论蕴藏量为 288.7 吉瓦，其中，太阳能 269 吉瓦，大型水电 13.4 吉瓦，生物质能 3.6 吉瓦，小型水电 2.5 吉瓦，地热能 0.2 吉瓦。为实现减排目标，马来西亚重点发展三大领域，即光伏发电、生物质能发电、水力发电。2021 年，马来西亚可再生能源总装机容量达 9.0 吉瓦，占总装机容量的 25.44%。2022 年，马来西亚可再生能源总装机容量达 9.3 吉瓦，占总装机容量的 23.68%，其中大型水电站总装机容量达到 5.7 吉瓦。

2021 年 6 月，马来西亚政府宣布了新的能源发展规划，旨在降低对化石燃料的依赖、减少碳排放、提高可再生能源发电占比。规划主要包括三个目标。一是截至 2025 年，国内可再生能源发电装机容量由当前的 8 吉瓦增加至 18 吉瓦，占比由当前的 16% 提升至 31%，并在 2040 年将这一比例进一步提高至 40%。其中，计划扩大水电站的发电规模，到 2025 年，实现大型水电站装机容量达 5.9 吉瓦，小型水电站装机容量达 1.2 吉瓦；到 2035 年，计划实现大型水电站装机容量达 8.1 吉瓦，小型水电站装机容量达 1.2 吉瓦。[1] 二是按照《联合国气候变化框架公约》所规定的马来西亚国家自主贡献（Nationally Determined Contribution, NDC），以 2005 年水平为基准，在 2030 年将国内能源部门的碳排放系数降低 45%，并在 2035 年降低 60%。三是不再新建任何煤电项目，并在 2033 年停用总装机容量为 7 吉瓦的燃煤电站。[2] 这将为需要大量电力的中马"两国双园"铝土矿和锰矿产业合作示范区的产业发展提供足够的电力保障。同时，马来西亚还逐步开放马来西亚半岛电力燃料来源、发电、输电以及配电与零售市场，从电力购买协议特许经营走向电力容量及能源市场，允许更多独立企业进入电力领域。为进驻中马"两国双园"铝土矿和锰矿产业合作示范区的生产企业发展绿电产品提供有竞争力的电力价格。

---

〔1〕 参见《马来西亚可再生能源和水电发展情况》，载能源界 2023 年 2 月 21 日，https://www.nengyuanjie.net/article/69739.html。

〔2〕 参见商务部国际贸易经济合作研究院：《对外投资合作国别（地区）指南——马来西亚（2022 年版）》，载商务部 2023 年 6 月 19 日，http://opendata.mofcom.gov.cn/front/data/detail? id=C5E1C2CA614F1C512980B497A98BE71C。

（二）打造中马“两国双园”铝土矿和锰矿产业合作示范区存在的主要问题

1. 马来西亚政府对铝土矿和锰矿出口管控严

马来西亚于2016—2019年禁止铝土矿的开采，虽然目前已较此前相对宽松，但总体政策仍偏紧，可能影响企业对合作示范区的投资决策。同时，当地政府对铝土矿和锰矿出口设立了一定的配额和手续限制，使出口过程更加烦琐，增加了出口成本，影响了效率和竞争力，难以满足实际需求。同时，随着环保意识的增强，马来西亚政府对矿产资源的开采和出口也加强了环保限制。出口企业需要满足一系列的环保要求和标准，如减少污染排放、保护生态环境等。这增加了企业的环保成本和压力，导致一些小型企业无法承担，限制了出口规模和数量。

2. 矿产资源跨境合作法律框架不足

中马铝土矿和锰矿产业合作示范区跨境合作涉及多国法律体系之间的交叉与融合，因此需要建立适应跨境合作需求的法律框架。目前，中马两国在资源开采、环境保护、投资保护等方面的法律体系存在差异：如马来西亚各州的矿产资源保护法不同，除了统一的《矿产资源开发法》《联邦矿产开发法》，还有专门的州矿产条例。跨境合作法律框架的不完善，可能导致合作双方在利益分配、资源管理、环境保护等方面存在分歧和冲突，影响合作的顺利进行。

3. 铝土矿和锰矿开采过程中的碳排放问题

铝土矿和锰矿的开采和提炼需要消耗大量的能源如电力、燃料等，这直接导致了碳排放的增加。同时，开采活动可能导致土地退化、生态破坏等环境问题，从而影响碳循环过程。马来西亚政府通过立法、法规和政策来规范和管理矿产开采活动，以尽可能减少资源开发过程中对环境产生不良影响。例如，马来西亚的《环境质量法》规定了环境标准和监管措施，要求企业在开展矿产开采活动时遵守环境法规，采取必要措施来保护环境。马来西亚也重视公众参与，鼓励社会各界积极参与环境保护和资源管理。矿产开采地政府加强与民间组织和社区密切合作，共同监督和管理矿产开采活动，确保其符合环境法规和可持续发展原则。目前，我国在不断推动能耗双控向碳排放双控转变，“双碳”要求使金属矿业承压巨大。2021 年 12 月召开的中央经济工作会议首次提出，创造条件尽早实现能耗双控向碳排放和强度双控转变，指的是从控制能耗总量和强度转变为控制碳排放总量和强度，这意味着碳排放双控的制度基础建设也将提速。对云南、贵州、广西等可再生能源较为丰富的地区来说，能耗双控的刚性约束既是制约因素，也是机遇。从能源消费总量和强度双控转向碳排放总量和强度双控，一方面突出控制化石能源消费的政策导向，有利于推动可再生能源发展；另一方面有利于统筹能源安全和能源结构转型。

（三）打造中马“两国双园”铝土矿和锰矿产业合作示范区的对策建议

1. 推动中马“两国双园”铝土矿和锰矿产业合作示范区上升为双方国家战略对接

在中马“两国双园”铝土矿和锰矿产业合作示范区建设的过程中，地方政府和部委需要紧密协作，确保政策落实和资源整合的顺利进行。同时，要加强与企业和投资者的沟通与合作，共同探讨发展路径和市场前景，通过深化国际合作，引进先进技术和管理经验，提升示范区的核心竞争力和影响力。只有充分发挥各方优势,才能实现“两国双园”铝土矿和锰矿产业合作示范区的可持续发展,为两国经济的繁荣注入新动力。

2. 推进两国跨境合作法律平台的构建

跨境合作涉及不同国家的主权和利益,因此需要兼顾国际法原则和国家利益,寻求平衡。目前,两国尚缺乏有效的跨境合作法律框架,可能导致合作双方在利益分配、资源管理、环境保护等方面存在分歧和冲突,影响合作的顺利进行。针对跨境合作法律框架不足的问题,可以采取以下几点措施。

一是建立双边或多边跨境合作协议。通过双边或多边谈判,签订专门的跨境合作协议,明确双方在资源开采、环境保护、投资保护等方面的权利和义务,规范合作行为,提供法律保障。

二是制定适用于跨境合作的国际法律原则。借鉴国际法的相关原则和规定,制定适用于跨境合作的法律原则,如国际合同法、国际投资法等,完善跨境合作法律体系。

三是建立法律沟通和协调机制。建立定期的法律沟通和协调机制,加强对法律问题的讨论和解决,及时协调法律立法,为跨境合作提供法律支持和保障。

四是建立独立的跨境合作法律机构。建立独立的跨境合作法律机构,负责制定、解释和执行跨境合作法律规定,加强对跨境合作法律问题的研究,为合作双方提供专业的法律服务。

以上措施的实施,可以有效应对中马“两国双园”铝土矿和锰矿产业合作示范区存在的跨境合作法律框架不完善的问题,为合作示范区的建设和发展奠定坚实的基础。

3. 推动中马“两国双园”铝土矿和锰矿合作示范区绿色发展

推动中马“两国双园”铝土矿和锰矿合作示范区绿色发展是

一个至关重要的任务，为实现这一目标，需要政府、企业和社会各方的共同努力，采取一系列措施，从制度、技术和管理等多个方面推动绿色发展。

一是制定和完善相关法律法规是实现绿色发展的关键。需加强立法工作，出台环境保护、资源管理等方面的法律法规，明确矿产开采和加工过程中的环境保护要求，规范企业行为，确保资源开发活动符合环境保护和可持续性理念。

二是推动技术创新和转型是实现绿色发展的有效途径。应当加强科学研究，推广绿色矿产开采和加工技术，减少能源消耗和碳排放，提高资源利用效率，减轻环境污染和生态破坏，从而实现矿产产业的绿色转型。

三是强化企业责任意识也是推动绿色发展的重要举措。企业应当积极履行社会责任，关注环境保护和可持续发展问题，建立健全环境管理体系，采取节能减排、循环利用等措施，减少对环境的负面影响，推动产业向绿色、低碳方向发展。

四是加强政府监管和社会监督也是推动绿色发展的重要手段。政府部门应当加强对矿产开采和加工活动的监督和管理，严格执行环保政策和法律法规，加大对环境违法行为的处罚力度，确保矿产产业的绿色发展目标得以实现。同时，社会各界应当积极参与监督，增强环保意识，推动绿色发展。

五是推动中马"两国双园"铝土矿和锰矿合作示范区绿色发展需要政府、企业和社会各方的共同努力。通过制定相关法律法规、推动技术创新、加强企业社会责任、强化政府监管和社会监督等多种手段，共同促进矿产产业向绿色、低碳、可持续发展的方向迈进，实现经济、社会和环境的协调发展。

4.完善中马“两国双园”铝土矿和锰矿产业合作示范区的基础设施

一是继续建设互联互通的交通基础设施。加快建设和完善通达中马关键矿产与能源产业跨境合作区的高速铁路、航空、海运路线,充分利用马中关丹国际物流园项目及东海岸铁路项目,规划并建设与高铁线路相衔接的城际快速铁路或支线,实现示范区内外的便捷交通连接,形成“港—铁—园”协同发展的联动模式,完善两国互联互通交通网络。

二是共建能源基础设施。在打造中马“两国双园”铝土矿和锰矿产业合作示范区的基础设施中,共建能源基础设施是至关重要的一环。双方可以共同规划和建设电力供应系统,其中包括建设高效稳定的电力输配网和可再生能源发电设施。针对马来西亚的地理条件和资源优势,可以考虑在示范区内建设清洁燃煤电厂,利用当地的煤炭资源,结合中国先进的煤炭发电技术,实现电力共享,确保能源可靠供应。同时,也应重点发展清洁能源,如太阳能和风能等,以降低对传统能源的依赖,减少碳排放,提高能源利用效率。

三是加快建设先进能源存储系统。为了应对能源供需之间的不确定性,示范区可建设先进能源存储系统。引入电池储能、压缩空气储能等先进技术,能够有效平衡能源供应和需求之间的差异,提高能源供应稳定性和可靠性。同时,加强能源智能化管理也非常重要。引入先进能源监控和管理系统,可以实现对能源生产、传输和消费的精细化管理,从而优化能源利用结构,提高能源利用效率,降低能源消耗成本。

总之,综合利用中马两国的技术和资源优势,共建能源基础设施将为双方铝土矿和锰矿产业合作提供稳定可靠的能源保障,推动示范区可持续发展和产业升级。这一举措不仅能够促进两国之间的经济合作和技术交流,也将为全球绿色能源领域的发展贡献我国与马来西亚两国力量。

第二节　我国与东盟国家战略性矿产资源安全合作的未来业务拓展

在未来,加大矿业资源的世界区域布局,不断拓展国际矿业经贸合作,是进一步提升我国战略性矿产资源安全能力的决定性力量。除了围绕中国—东盟的矿产资源优势,着力打造一系列关键矿产与能源产业跨境合作示范区之外,也要从全球视野构建更大区域的矿产资源安全链。例如,沿粤港澳大湾区—北部湾—孟加拉湾,构建以交通和能源互联互通为基础、关键矿产分工合作为重点的关键矿产与能源产业合作走廊,即粤港澳大湾区—北部湾—孟加拉湾关键矿产与能源产业合作走廊(以下简称三湾关键矿产与能源产业合作走廊),形成中国从太平洋到印度洋距离最短的关键矿产与能源产业合作走廊和陆海国际贸易通道。

一、打造三湾关键矿产与能源产业合作走廊

随着世界经济重心加速向亚洲东移,粤港澳大湾区和北部湾地区集聚了大规模的石化产业、新材料和电子产业等,北部湾—孟加拉湾沿线也承接了大量的电子信息、新能源、新材料、纺织服装等产业,成为全球经济极为活跃的发展区域。北部湾与孟加拉

湾之间的关键矿产资源和能源较为丰富,区域之间的产业互补性很强,可根据不同国家的资源禀赋,开展关键矿产和能源产业合作。这将有利于促进粤港澳大湾区、北部湾与孟加拉湾之间的关键矿产资源、能源及其生产要素的有机结合,保障沿线国家关键矿产和能源产业链供应链安全,打造三湾关键矿产与能源产业合作走廊,成为中国—东南亚—南亚经济发展新动能。

(一)关键矿产与能源产业合作走廊构想及其内涵

1. 基本构想。基于人类命运共同体和集体安全理念,粤港澳大湾区—北部湾—孟加拉湾地区应构建以交通和能源互联互通为基础、关键矿产分工合作为重点的关键矿产与能源产业合作走廊。随着共建"一带一路"倡议和区域经济一体化的不断推进,构建以铁路、高速公路、电网、油气管道等交通和能源互联互通为基础,关键矿产与能源产业合作为重点的三湾关键矿产与能源产业合作走廊,形成中国从太平洋到印度洋距离最短的关键矿产与能源产业合作走廊和陆海国际贸易通道,进而促进粤港澳大湾区、北部湾城市群与环孟加拉湾国家之间形成各种经济资源、市场和生产要素优势互补、资源共享、信息互通、良性互动的国际区域经济新格局,有望成为区域内各国的共同目标。

2. 主要范围。三湾关键矿产与能源产业合作走廊就是建设自粤港澳大湾区经北部湾、越南、老挝、泰国、缅甸至孟加拉湾的陆路大通道,将太平洋西岸与印度洋东岸通过交通通道、能源通道连接起来,推动粤港澳大湾区的经济增长对北部湾和孟加拉湾等欠发达地区的经济发挥辐射、引领和带动作用,促使孟加拉湾地区、北部湾城市群与粤港澳大湾区之间的关键矿产、能源、技术、资金、人才和信息相互流动,推动关键矿产和能源开发、贸易和产能合作，形成交通与能源互联互通、关键矿产互补发展。

三湾关键矿产与能源产业合作走廊将辐射我国广东、广西、海南、云南及越南北部、老挝、泰国、缅甸等总人口约 2.5 亿的经济区域，并将延伸影响孟加拉国、印度等人口数量合计超过 15 亿的南亚国家，推动经济相对发达的粤港澳大湾区与人口众多的东南亚、南亚新兴市场等区域之间经济的互动发展。根据沿线国家和地区的实际情况和需要，三湾关键矿产与能源产业合作走廊将重点建设一条铁路、一条高速公路、两大港口群、一条超高压输电线路、一条原油管道、一条成品油管道、一条天然气管道及若干关键矿产和能源产业园区，形成以交通和能源通道为基础，主要由沿线各国城市、关键矿产和能源产业园区构成的关键矿产与能源产业合作走廊。

三湾关键矿产与能源产业合作走廊综合交通由铁路和高速公路组成。一条铁路是指建设经北部湾连接粤港澳大湾区与孟加拉湾的铁路干线，具体构想为建设中国广州—茂名—钦州—防城港—越南下龙—河内—老挝琅勃拉邦—泰国清迈—缅甸仰光—勃生港—孟加拉国吉大港—达卡—印度加尔各答铁路干线，联通沿线各港口，全长约 3500 千米。目前，全线还缺失越南芒街—下龙湾、河内—万象、老挝琅勃拉邦—泰国清迈—缅甸仰光、卑谬—孟加拉国吉大港、达卡—印度加尔各答总长约 2300 千米的路段。一条高速公路是指建设防城港—越南河内—老挝琅勃拉邦—泰国清迈—缅甸勃生港—印度加尔各答约 2700 千米的高速公路，填补北部湾与孟加拉湾之间的高速路网空白。目前，越南河内—海防—下龙湾—芒街、与三湾关键矿产与能源产业合作走廊部分重叠的印度—缅甸—泰国部分路段已经建成，还有约

1900 千米路段没有建成高速公路。

三湾关键矿产与能源产业合作走廊港口系统主要是建设缅甸勃生港、仰光港、皎漂港、孟加拉国吉大港和我国广西北部湾港、湛江港、茂名港、广州港、深圳港，用铁路和高速公路将三湾港口群连接起来，形成互为货源腹地和目的地的港口群。

三湾关键矿产与能源产业合作走廊以关键矿产和能源产业合作为重点，主要建设的能源基础设施有：一条连接缅甸皎漂湾—泰国清迈—老挝琅勃拉邦—越南河内—中国防城港—广州—惠州的超高压输电线路以及相同走向的一条原油管道、一条成品油管道、一条天然气管道，为构建三湾关键矿产与能源产业合作走廊的沿线产业链奠定交通和能源基础。[1]

3. 建立三湾关键矿产与能源产业合作走廊具有重大意义。三湾关键矿产与能源产业合作走廊是中国—中南半岛经济走廊的重要组成部分。建设三湾关键矿产与能源产业合作走廊对推进中国—中南半岛经济走廊和“一带一路”建设，加强我国与东南亚、孟加拉湾地区国家的政治、经济等合作，保障区域各国关键矿产和能源产业安全，提升沿线国家福祉具有重大战略意义。

三湾关键矿产与能源产业合作走廊是中国连接印度洋和太平洋距离最短的关键矿产和能源贸易通道，以集体安全理念将孟加拉湾地区国家以及泰国、老挝、越南、北部湾城市群和粤港澳大湾区紧密连接，建设三湾关键矿产与能源产业合作走廊，突出走廊沿线的关键矿产与能源产业的经贸合作，可将孟中印缅经济走

〔1〕 参见刘建文、廖欣：《粤港澳大湾区—北部湾—孟加拉湾经济走廊建设构想与路径选择》，载《经济与社会发展》2021 年第 1 期。

廊扩展为孟中印缅泰老越经济走廊，有利于进一步加强区域各国经济合作交流。

有利于提高我国在中南半岛和南亚地区的经济影响力。关键矿产和能源在战略性新兴产业发展中发挥着至关重要的作用，三湾关键矿产与能源产业合作走廊将建设形成连接粤港澳大湾区—茂名—钦州—防城港—越南河内—老挝琅勃拉邦—泰国清迈—缅甸仰光—缅甸皎漂港—孟加拉国吉大港—印度加尔各答的铁路、公路、港口的综合交通系统和能源网络。沿线国家以发展关键矿产和能源产业合作为着力点，依托粤港澳大湾区的资金、技术、人才和市场，带动北部湾和孟加拉湾经济发展，促使资源、技术、资金、人才和信息充分流动，有利于在 RCEP 框架下，推动我国与 GMS 国家、印度之间的关键矿产和能源贸易、供应链金融、物流、技术等领域的合作，争取印度融入 RCEP 合作。另外，值得注意的是，建设粤港澳大湾区—北部湾—孟加拉湾走廊交通、关键矿产物流和能源通道，使沿线国家与钦州、北海、茂名、湛江的北部湾石化能源基地和广州、惠州、珠海的珠三角石化能源产业集群集聚发展，形成区域油气石化能源产业集群走廊，将增强我国在东南亚、南亚地区的经济影响力，为共建“一带一路”国家发展提供新动能。

有利于推动区域产业转型和国际产业链嵌入。建设三湾关键矿产与能源产业合作走廊不仅能够改善沿线交通条件，而且有利于沿线国家承接国际产业转移。三湾关键矿产与能源产业合作走廊将带动粤港澳大湾区、北部湾城市群与环孟加拉湾国家之间贸易和投资合作，通过承接粤港澳大湾区的产业分工和产业转移，增强粤港澳大湾区国际引领能力，促进北部湾城市群的产业转型升级,促进关键矿产和能源资源优化开发,助推沿线经济社会发展。

有利于关键矿产供应链和区域能源安全。全球关键矿产产业链供应链已呈重组趋势,美国极力在全球建立“去中国化”的产业链供应链,欧洲和大洋洲一些国家亦步亦趋,配合美国围堵中国,给对我国经济可持续发展至关重要的关键矿产产业链供应链安全带来严峻挑战。我国一些关键矿产资源严重依赖国际市场,必须构建稳定、安全的国际关键矿产产业链供应链,保障我国经济安全。因此,建立三湾关键矿产与能源产业合作走廊有利于合作区域的关键矿产供应链和能源安全。

三湾关键矿产与能源产业合作走廊沿线各国的关键矿产和能源资源禀赋与开发能力很不平衡。建设三湾关键矿产与能源产业合作走廊的交通和能源通道,将推进中国—东南亚—南亚石油、天然气、电力等能源互联互通,各国可在交通和油气管道沿线建设关键矿产和能源产业园区,推动区域关键矿产和油气石化能源产业集群发展,形成合作共赢的关键矿产和能源产业链供应链,有利于各国之间关键矿产和能源贸易,互通有无,确保各国关键矿产和能源安全。三湾关键矿产与能源产业合作走廊通过油气管道,将使孟加拉湾经马六甲海峡到北部湾港、粤港澳大湾区的原油海运距离缩短约 3600 千米,极大缩短孟加拉湾、非洲和中东的石油及天然气运送到华南地区的距离。即使出现“马六甲困局”,也能较好地保证沿线国家的能源安全。

（二）沿线国家关键矿产和能源资源互补性强

三湾关键矿产与能源产业合作走廊沿线的关键矿产丰富,但是关键矿产资源分布不平衡且分散在不同的国家,彼此之间互补性强。我国是关键矿产和能源生产大国和消费大国,关键矿产和能源勘探开发、加工技术处于世界领先水平,沿线其他国家关键矿产和能源资源虽然丰富,但是开采和加工技术相对落后、人才缺乏。我国和沿线国家合作开发关键矿产和能源资源,既可以解决所在国能源开发加工的技术落后问题,又可以解决关键矿产品和能源销售的市场问题。

越南矿藏资源包括能源类、金属类和非金属类等 50 多种。能源矿藏主要有煤、石油和天然气;金属矿藏主要有铁、铬、铝、铜、镍、铅、钛等;非金属矿藏主要有磷灰石、硫化矿、高岭土等。越南已探明煤炭储量约 38 亿吨,其中优质无烟煤约 34 亿吨,主要分布在广宁省境内。越南原油储量约 44 亿桶,居世界第 28 位,原油开采规模居世界第 36 位,天然气储量 1 万亿立方米。2020 年越南开采原油 1147 万吨,开采天然气 91.6 亿立方米。已探明铁矿 13 亿吨、铝土矿 54 亿吨、铜矿 1000 万吨、稀土 2200 万吨、铬矿 2000 万吨、钛矿 2000 万吨、锆矿 450 万吨、镍矿 152 万吨、高岭土 2000 万吨。[1] 越南拥有 2200 万吨稀土,位居世界第二,仅次于中国(4400 万吨)。[2] 同时,越南河流众多,水资源充沛,光照强度较大,年均日照 2000 ~2500 小时,风能资源丰富,具备开发风光发电优势。

---

〔1〕 参见商务部国际贸易经济合作研究院:《对外投资合作国别(地区)指南——越南(2022 年版)》,载商务部 2023 年 6 月 19 日,http://opendata.mofcom.gov.cn/front/data/detail? id = C5E1C2CA614F1C512980B497A98BE71C。

〔2〕 参见驻越南社会主义共和国大使馆经济商务处:《越南稀土资源尚未充分开发》,载商务部,http://vn.mofcom.gov.cn/article/jmxw/202212/20221203371729.shtml。

老挝主要矿产包括金、铜、银、锡、煤炭、铝土、石膏、石灰、铁、宝石、钾盐、锌、铅、镍、锰等，其中锡储量为6.5万~8万吨。在老挝能源矿产开发第八个五年规划(2016—2020年)期间能源矿产业发展总体较好。在矿产领域，老挝政府共批准193家公司从事地质勘探和矿产开发，其中地质勘探公司69家、项目咨询公司43家、矿产开发公司81家。5年间，能源矿产业共计向政府纳税17.54亿美元，占GDP 16%，其中电力和矿产行业分别纳税10.2亿美元和7.34亿美元。截至2020年年底，老挝共探明矿点570处，面积16.2万平方千米，占老挝国土面积的68.46%。有649个公司从事942个矿业领域的勘探、开采和可行性研究。[1] 截至2022年4月，老挝共批准308个矿产开发项目，其中一般性矿产项目262个，稀土项目8个，试开采项目38个。[2] 同时，老挝河流众多，落差较大，水电资源丰富。水电资源可开发装机容量达2600万千瓦，水电开发潜力大。光照资源较好，太阳能辐照每天约合4.6千瓦时每平方米。截至2020年年底，老挝发电总装机达10681兆瓦，以水电为主，其占比超过70%。

泰国的矿产资源主要有钾盐、锡、钨、锑、铅、铁、锌、铜、钼、镍、铬、铀等，还有重晶石、宝石、石油、天然气等，其中钾盐储量居

〔1〕 参见商务部国际贸易经济合作研究院：《对外投资合作国别(地区)指南——老挝(2020年版)》，载商务部2020年11月26日，http://opendata.mofcom.gov.cn/front/data/detail? id=C5E1C2CA614F1C512980B497A98BE71C。

〔2〕 参见驻老挝人民民主共和国大使馆经济商务处：《老挝共批准308个矿产开发项目》，载商务部，http://la.mofcom.gov.cn/article/ztdy/202204/20220403301658.shtml。

世界首位。[1]泰国水资源也较为丰富但已充分开发;国内煤炭资源储量小且质量差;天然气储量持续下降,依赖进口;光照资源充分,年均日照时数约2000小时;风力资源集中在泰国南部,与区域负荷中心曼谷距离较远。[2]

缅甸矿产资源丰富,东部掸邦—德林达依高地集中分布有铅、锌、银、锡、钨、锑、宝石和玉石等矿产。缅甸中部主要分布有铜、金、石油、天然气和煤矿等资源,如蒙育瓦铜矿、皎帕托金矿、曼德勒省土因东油气田、勃固省沙廉油田、实皆省葛里瓦煤矿、达贡山镍矿等,缅甸西部那加—若开山区有铬、镍矿等,缅甸石油与天然气资源主要分布在中部和沿海地区,共有104个油气开采区块,其中内陆开采区块53个,近海开采区块51个。根据缅甸官方公布的数据,已探明的石油储量32亿桶,天然气储量2.46万亿立方米。近年来,缅甸在亚太地区天然气储量排名已上升到第7位。[3] 缅甸主要出口黄金、玉石、珍珠、钻石、铅、锡、钨、银、铜、锌、煤炭等。同时,缅甸河流众多,落差较大,水电资源已探明开发量约48500兆瓦,近海天然气油田已探明天然气储量5284亿立方米;太阳能辐照每天约合6.5千瓦时每平方米,光照强度较大。

---

〔1〕 参见商务部国际贸易经济合作研究院:《对外投资合作国别(地区)指南——泰国(2022年版)》,载商务部2022年3月29日,http://opendata.mofcom.gov.cn/front/data/detail?id=C5E1C2CA614F1C512980B497A98BE71C。

〔2〕 参见《电力市场区域化发展探析——基于东南亚5国电力市场研究》,载中国产业海外发展协会2022年8月5日,http://www.ciodpa.org.cn/index.php?m=content&c=index&a=show&catid=18&id=9809。

〔3〕 参见商务部国际贸易经济合作研究院:《对外投资合作国别(地区)指南——缅甸(2022年版)》,载商务部2023年6月19日,http://opendata.mofcom.gov.cn/front/data/detail?id=C5E1C2CA614F1C512980B497A98BE71C。

孟加拉国矿产资源主要有天然气、石灰石、花岗岩、煤炭、硅砂、白黏土等。天然气是孟加拉国最主要的能源,在能源结构中占比55%。储量方面,目前孟加拉国已发现26个天然气田,储量为1.1万亿立方米,其中已探明和可开采储量为2053亿立方米,储量全球排名第42位,主要分布在东北部;煤炭储量约3.23亿吨。此外,孟加拉国还有大量的石油资源未探明。[1]

印度约2.2%的GDP来自采矿业,北部有煤、铁、云母,中部有铀矿、宝石、大理岩,南部则有矾土、黏土、铁矿。云母产量位居世界第一,煤和重晶石产量位居世界第三。主要资源可采储量估计为:煤2533亿吨,铁矿石134.6亿吨,铝土矿24.6亿吨,铬铁矿9700万吨,锰矿石1.7亿吨,锌970万吨,铜529.7万吨,铅238.1万吨,石灰石756.8亿吨,磷酸盐1.4亿吨,黄金68吨,石油7.6亿吨,天然气10750亿立方米。此外,还有石膏、钻石、钛、钍、铀等。森林面积达67.8万平方千米,覆盖率为20.6%。[2]

目前,沿线国家的矿产开发有较大进展,我国以外的沿线国家已经开发了锡、稀土、铝土、钾、铜、金、银、铁矿等关键矿产,但是,对于我国来说,开发规模仍然较小。2021年,老挝矿产品产量达1824.9万吨,泰国6322.6万吨,缅甸1676.1万吨,越南

---

〔1〕 参见商务部国际贸易经济合作研究院:《对外投资合作国别(地区)指南——孟加拉国(2022年版)》,载商务部2023年6月19日,http://opendata.mofcom.gov.cn/front/data/detail? id=C5E1C2CA614F1C512980B497A98BE71C。

〔2〕 参见商务部国际贸易经济合作研究院:《对外投资合作国别(地区)指南——印度(2022年版)》,载商务部2023年6月19日,http://opendata.mofcom.gov.cn/front/data/detail? id=C5E1C2CA614F1C512980B497A98BE71C。

7229.4 万吨,孟加拉国 2300 万吨,印度 1.13 亿吨。[1]

我国云南省矿产资源极为丰富,尤以有色金属及磷矿著称,被誉为“有色金属王国”。云南现已发现矿产 157 种,已探明储量的有 85 种,金属矿遍及 108 个县(市、区),煤矿遍及 116 个县(市、区),同时,共生、伴生矿多,全省共生、伴生矿床占矿床总量的 31%。全省有 82 种(含亚矿种、矿物)矿产查明资源储量排在全国前 10 位,其中,铅、锌、锡、磷、铜、银等 31 种矿产含量居全国前 3 位。此外,云南水能、地热能、太阳能、风能、生物能也有较大发展潜力。

全省水资源总量 2210 亿立方米(多年平均值),水能资源蕴藏量达 1.04 亿千瓦,居全国第 3 位。水能资源主要集中于滇西北的金沙江、澜沧江、怒江三大水系;可开发装机容量 0.9 亿千瓦,居全国第 2 位。全省煤炭资源量为 363.85 亿吨,居全国第 7 位,烟煤、无烟煤、褐煤等煤种也较齐全。全省有露出地面的天然温泉约 700 处,地热资源居全国之首,年出水量 3.6 亿立方米。太阳能资源也较丰富,全省年日照时数在 1000 ~ 2800 小时,年太阳总辐射量每平方厘米在 90 ~ 150 千卡。[2] 截至 2022 年年底,云南电力装机容量达 11144.6 万千瓦,2022 年规模以上企业发电量 3747.94 亿千瓦时,其中水力发电量 3038.82 亿千瓦时,全省外送电量 1816.88 亿千瓦时,已成为全国重要的西电东送基地和绿色能源基地,并与越南、缅甸、老挝等境外电力部分联网。

---

〔1〕 参见《各国矿产产量比较》,载 CEIC,https://www.ceicdata.com.cn/en/indicator/laos/minerals-production。

〔2〕 参见《自然资源》,载云南省人民政府,https://www.yn.gov.cn/yngk/gk/201904/t20190403_96264.html。

广西矿产资源种类多、储量大，尤以铝、锡等有色金属为最，是全国10个重点有色金属产区之一。目前，广西已发现的矿产有171种(含亚矿种)，已查明资源储量的有122种，其中85种资源储量居全国前10位，12种资源储量居全国第1位(锆、钪、熔剂用灰岩、化肥用灰岩、压电水晶、建筑石料用灰岩、玻璃用白云岩、玻璃用砂、高岭土、水泥配料用黏土、水泥配料用泥岩、建筑用大理岩)。[1]

综上所述，缅甸水电资源、近海天然气油田、光热资源丰富，但是燃煤缺乏，平均风速低于4米每秒，不具备风电和煤电项目开发优势。老挝水电资源丰富，光照资源较好，但利用程度较低，太阳能等新能源占比较小，未来仍有开发潜力；老挝平均风速小于2米每秒，尚不满足风力发电要求；油气资源全部依赖进口。泰国能源资源缺乏，不具备煤电、燃气、光伏及风电项目开发优势。越南河流众多，水资源充沛，但是水资源已被充分开发利用；光照强度较大；拥有超过3000千米海岸线，风能资源丰富；煤炭资源日益枯竭，近年来已依赖进口；油气主要依靠进口。可见，沿线国家的关键矿产和能源资源禀赋有较大的差别，经济发展需要的资源互补性强，这为建立三湾关键矿产与能源产业合作走廊提供了合作意愿和动力。

(三)建立三湾关键矿产与能源产业合作走廊已具有较好的基础条件

从合作基础、政治、经济、技术、风险等方面分析，各国已经具

---

〔1〕 参见《资源·物产》，载广西壮族自治区人民政府2023年8月3日，http://www.gxzf.gov.cn/mlgxi/gxrw/zrdl/t1003587.shtml。

备建立三湾关键矿产与能源产业合作走廊的基础和环境条件。

1. 建设三湾关键矿产与能源产业合作走廊的合作基础较好。主要表现在以下几个方面。

一是现有合作机制基础好。三湾关键矿产与能源产业合作走廊是中南半岛、南亚融入“一带一路”的重要国际经济走廊的组成部分，上海合作组织、金砖合作、中国—东盟(10+1)、东盟(10+6)、大湄公河次区域经济合作、澜沧江—湄公河合作等合作机制已经涵盖了走廊的国家和区域，RCEP已经实施，为三湾关键矿产与能源产业合作走廊建立沟通渠道与合作机制奠定了基础。

二是能源互联互通和电力贸易初具规模。中国电力投资集团公司、中国华能集团有限公司、中国大唐集团有限公司、中国华电集团有限公司、国电电力发展股份有限公司等电力企业与越南、老挝、缅甸、泰国等合作开发电力资源，在能源项目投资建设和电能跨境交易合作领域积累了丰富的经验。南方电网与缅甸、老挝、越南等国家电网已经互联互通。中国云南与越南、老挝、缅甸实现电力联网并开展送电、购电和跨国抄表等业务，泰国则通过老挝购买云南电力，老挝与中国、泰国和越南的电网实现互联互通。老挝电力资源丰富，已通过“网对网”“点对网”等模式与泰国、越南、柬埔寨等周边邻国开展跨境电力贸易，计划建设30条与邻国电力互联互通的线路进行区域电力贸易。泰国积极从老挝等周边国家进口更多清洁能源，与老挝签署了多项谅解备忘录，加强两国之间的电力贸易。截至2020年，老挝已经与泰国签订了900万千瓦的电力贸易谅解备忘录，与越南签订了500万千瓦的电力贸易谅解备忘录，与中国云南省和柬埔寨各签订了200

万千瓦的电力贸易谅解备忘录,同时,开展老挝—泰国—马来西亚—新加坡跨境电力 10 万千瓦试点项目。

近年来,我国企业对老挝的投资不断增加。在电力行业投资方面,2001 年以来,我国在老挝投资建设输电线路,并积极参与老挝水电资源开发。2022 年 6 月,中老双向电力贸易开启,截至 2023 年 8 月底,中老两国累计实现双向电力贸易 1.56 亿千瓦时。其中,老挝累计向粤港澳大湾区输送清洁水电 0.88 亿千瓦时。[1] 2017 年,南方电网云南国际有限责任公司与老挝国家电力公司、老挝彭萨塔瑞集团、越南河内—万象电力公司在昆明共同签署了《中国经老挝向越南特高压送电项目谅解备忘录》,并初步达成 2021—2025 年我国经老挝向越南送电 500 万 ~ 600 万千瓦的意向。[2] 这是我国第一个跨境第三国电网互联互通项目,标志着中老越电网互联互通取得实质性进展。

自中缅油气管道投产运营后,2013 年 7 月 28 日,中缅天然气管道工程正式投产,向我国输送天然气。中缅天然气管道起于缅甸若开邦兰里岛皎漂,从南坎进入我国境内的云南省瑞丽市,经贵阳市、南宁市到达贵港市,全长 2520 千米,其中缅甸段 793 千米,国内段 1727 千米。该管道每年可向沿线地区输送 120 亿立方米天然气,除去缅甸每年从中缅天然气管道取用 20 亿立方米天然气,每年可向国内供应 100 亿立方米天然气,天然气资源主

[1] 参见何欣:《亮出十年成绩单南方电网公司高质量参与"一带一路"建设》,载中国经济网,http://www.ce.cn/xwzx/gnsz/gdxw/202310/19/t20231019_38755922.shtml。

[2] 参见顾雯丽:《中国老挝越南的电网互联互通取得实质性进展》,载新华丝路 2017 年 9 月 18 日,http://www.imsilkroad.com/news/p/51659.html。

要来自缅甸境内气田。中缅天然气管道还与中国石化广西管道在钦州、来宾两处进行连通，两处连通后，管道将具备每日800万立方米的双向供气能力。据测算，中缅天然气管道每年输送的120亿立方米天然气可替代3072万吨煤炭，减少二氧化碳等排放5283万吨。[1]

三是交通互联互通建设合作日益密切。粤港澳大湾区—茂名—钦州—东兴的高速公路已建成，防城港—东兴的高速铁路也已建成通车，湛江—合浦的高速铁路正在加快建设，南宁—崇左高速铁路已经建成投运，崇左—凭祥段高速铁路正在加快建设。2022年7月22日，我国境内云南大理至瑞丽铁路线大理至保山段开通运营，保山到瑞丽段铁路预计2026年建成通车。云南昆明—大理—保山—瑞丽高速公路和腾冲至猴桥口岸高速公路建成通车后铁路和高速公路可直达中缅边境，三湾关键矿产与能源产业合作走廊国内部分高速公路、铁路将全线建成通车。越南芒街—下龙湾—河内高速公路已经建成投运，越南芒街—下龙湾—河内铁路也已做好规划，正在推进可行性研究。我国帮助孟加拉国成功修建连接我国与东南亚泛亚铁路的公铁双层大桥，也是共建“一带一路”倡议的重要交通支点工程。2022年6月25日，我国企业援建、被孟加拉国称为“梦想之桥”的帕德玛大桥公路桥面建成通车。2023年10月10日，帕德玛大桥铁路面通车运行，告别首都达卡与西南部的交通长期靠轮船摆渡的历史。我国与缅甸合作建设皎漂港；帮助缅甸铁路升级改造，中缅两国已经合

[1] 参见安蓓、朱诸：《中缅天然气管道将为中缅两国带来哪些好处》，载中国政府网，https://www.gov.cn/jrzg/2013-10/21/content_2511371.html。

作完成木姐—曼德勒段铁路项目可行性研究；2021 年 1 月 10 日，中缅签署了《中缅合作开展缅甸曼德勒—皎漂铁路项目可行性研究谅解备忘录》。我国也帮助越南升级改造铁路，2015 年 11 月，中越双方签署《关于越南老街—河内—海防标准轨铁路线路规划项目可行性研究换文》；2017 年 6 月，中铁第五勘察设计院集团有限公司成功中标越南老街—河内—海防标准轨铁路线路规划项目，负责开展线路方案、相关铁路枢纽的研究工作，并编制老街—河内—海防标准轨铁路线路规划报告，其中包括越南老街至中国河口连接线，确定越南—中国铁路新接轨点以及连接河内、海防港枢纽铁路线路。[1] 我国与老挝合作建设铁路和高速公路，2021 年 12 月 3 日，中老铁路全线正式开通运营，昆明至万象实现朝发夕至；老挝第一条高速公路万象—磨丁高速公路万象—万荣段也于 2020 年 12 月通车运营；老挝"变陆锁国为陆联国"发展战略将逐步成为现实。中泰铁路是两国在"一带一路"框架下重要的互联互通项目，是泰国首条使用中国铁路技术标准建设的标准轨高速铁路，第一期工程曼谷—呵叻段已经于 2017 年 12 月开工建设，第二期工程将延伸至与老挝首都万象一河之隔的廊开府，计划 2024 年开工，有望于 2028 年或 2029 年前建成。

2. 推进三湾关键矿产与能源产业合作走廊建设与沿线国家的发展规划相吻合。总体上，三湾关键矿产与能源产业合作走廊的交通通道与各国的交通发展规划基本吻合，有利于各国积极推

---

〔1〕 参见刘皓、李路瑶：《铁五院中标商务部援越南老街—河内—海防标准轨铁路线路规划项目》，载中国铁建，http://www.crcc.cn/art/2017/6/21/art_104_44817.html。

进区域交通互联互通建设。一是沿线国家交通发展规划基本对接。中越两国合作推进共建“一带一路”倡议与“两廊一圈”战略对接合作。《越南北部经济区交通运输发展规划(2020—2030)》提出建设的“广宁—海防—河内铁路、高速公路”不仅是“两廊一圈”的组成部分,也是三湾关键矿产与能源产业合作走廊交通基础设施的组成部分。老挝提出变“陆锁国”为“陆联国”,打造连接周边国家尤其是中国与东盟互联互通的重要节点。越南和老挝规划建设老挝万象—他曲—越南永安铁路、老挝万象—越南河内高速公路,这些项目目前正在加快推进。泰国修建通向邻国的铁路和高速公路的积极性更高,中泰正在建设连接中老铁路的曼谷—廊开高速铁路。缅甸对与邻国互联互通持开放态度,与印度、泰国达成建设印缅泰铁路意向,印缅泰高速公路互联互通加快推进,这些铁路、高速公路与三湾关键矿产与能源产业合作走廊的走向基本一致。二是各国对区域合作持积极态度。从经济发展战略来看,三湾关键矿产与能源产业合作走廊建设有望得到各国支持。印度一直积极推动建设湄公河—印度经济走廊(Mekong India Economic Corridor,MIEC),其与孟加拉国经济联系紧密,且印度加尔各答到孟加拉国达卡、吉大港已有铁路连通,三湾关键矿产与能源产业合作走廊在印度—孟加拉国段具有基础,参与建设三湾关键矿产与能源产业合作走廊有利于印度与东盟国家合作,印度—缅甸—泰国铁路计划将延伸至柬埔寨、越南,湄公河—印度经济走廊与三湾关键矿产与能源产业合作走廊的铁路通道有部分重合。缅甸曾成立“一带一路”指导委员会,专门指导与“一带一路”有关的区域合作。越南积极参加各种形式的区域经济合作,已经先后与有关国家和地区签署了 16 个自贸区协定,“越南希望成为国际社会所有国家的朋友”的外交政策将使越南在三湾关键矿产与能源产业合作走廊建设中取得更多的政治和经济利益,能为越南更深地嵌入全球价值链和生产网络提供良好的外部环境。三是三湾关键矿产与能源产业合作走廊和湄公河—印度经济走廊部分重叠衔接。印度的“向东看”政策始于1991年,旨在与东南亚国家建立广泛的经济和战略合作关系。2014年5月莫迪就任印度总理之后,将印度的“向东看”政策转变成“向东进”政策。印度“向东进”政策的重点是推动湄公河—印度经济走廊建设。湄公河—印度经济走廊分为海陆经济走廊和陆路经济走廊。海陆经济走廊从印度东海岸金奈港出发,经印度洋、安达曼海到达缅甸土瓦港,再经陆路到达越南胡志明市,形成印度金奈—缅甸土瓦港—泰国曼谷—柬埔寨金边—越南胡志明市横跨印度洋到太平洋的海陆经济走廊;陆路经济走廊连接印度加尔各答—孟加拉国达卡—吉大港—缅甸仰光—泰国曼谷—柬埔寨金边—越南胡志明市,同时,在缅甸毛淡棉与GMS的东西走廊(East-West Economic Corridor,EWEC)对接。总体上,湄公河—印度经济走廊陆路经济走廊与三湾关键矿产与能源产业合作走廊在缅甸仰光的高速公路连接,并延伸至印度加尔各答。

3. 区域内拥有全面的技术解决方案。我国拥有全套的交通建设、关键矿产和能源勘探开发及深加工的“中国标准”,拥有在各种不同类型地质地貌建设大型电站、特高压输电线路、油气管道、高速公路、高速铁路、港口的施工技术、装备和人才,能够提供三湾关键矿产与能源产业合作走廊建设所需的绝大部分技术解决方案。交通项目可分段建设,先建设中国粤港澳大湾区—北部湾—越南—老挝—泰国—缅甸段,后建设缅甸—孟加拉—印度段;能源项目则根据各国的需求按照轻重缓急逐项建设,重点建设电源设施、跨国输电线路,适时推进沿线油气管道建设。我国还拥有世界领先的关键矿产资源勘探、开发、提炼、深加工等技术,已经成功帮助柬埔寨、老挝、缅甸、泰国、越南等国家勘探开采关键矿产资源,同时我国拥有大多数关键矿产品和能源产品消费市场,可实现区域内关键矿产与能源产供销、产学研一体化发展。

4. 沿线国家对基础设施投资采取积极政策措施。总体来看,三湾关键矿产与能源产业合作走廊覆盖的大多数地区为基础设施建设比较落后的地区,尤其是国外部分,铁路、高速公路、能源设施都比较缺乏,区域内国家大多积极采取政策措施推进基础设施建设投资。

(1)老挝。基础设施开发已被老挝确定为该国经济社会发展的优先事项。老挝在第七个国家社会经济发展五年计划(2011—2015)期间大力促进基础设施的发展,但目前基础设施发展的主要障碍仍然是政府缺乏财政能力。老挝已在能源和交通运输领域实施具有 PPP 特性的试点项目,南屯河 2 级水电站工程项目已采用 BOT 模式。土地征用支持政策方面,老挝当前没有促进私营部门获得土地的法规,不允许外国拥有土地,但是允许外国投资者从老挝公民手中租借土地,最长可达 20 年,从政府租借土地最长可达 50 年。同时,老挝政府为基础设施建设投资项目无偿提供国有化、没收或征用相关方面的保证。

(2)缅甸。基础设施建设是缅甸经济和社会改革框架列出的十个优先领域之一。政府寻求捐助者和私营部门的资金,以加大基础设施建设。缅甸政府开始在经济的多个领域采用 PPP 模式,包括电信、电力、自然资源、民航和公共交通等领域。目前,在 BOT 项目系统下有 61 个公路项目,全长 5895 千米,其中大部分由当地公司负责。

水电和燃煤火力发电厂仅允许与缅甸政府合资或以 BOT 形式成立。土地征用支持政策方面,外国投资者可以向政府或经授权的私人所有者租赁土地,最长期限为 50 年,并可延期两次,每次 10 年。近年来,我国企业积极推进"一带一路"建设,加强与缅甸的电力合作,国家电网在缅甸先后建成了 20 余个输变电项目,包括 230 千伏新建及扩建变电站 20 余座、230 千伏及 66 千伏输电线路近 1300 千米。2019 年 7 月,中国电力建设集团与缅甸钦邦政府签署了谅解备忘录,获批在钦邦开发 5 个水电项目,总装机容量 150 兆瓦,为缅甸电网建设作出突出贡献。

(3)泰国。私人参与泰国基础设施投资主要通过特许权合同来实现。泰国一直面临物流瓶颈,对建造电厂、BTS 轻轨列车、曼谷地铁、廊曼收费公路及其他各种高速公路,采用 PPP 模式。未来潜在的 PPP 项目包括与老挝和中国连接的曼谷、清迈和廊开之间的高铁项目。泰国还提供涵盖政治风险的担保。泰国《投资促进法》(1977 年)规定,保证被鼓励的实体不国有化、保证免费汇款、允许雇用外国技术工人和专家从事投资促进活动。土地征用支持政策方面,泰国《土地法》禁止外国人拥有土地所有权,但泰国的其他法律允许外国投资者在特定条件下拥有土地所有权。政府支持购买用于 PPP 项目的土地。此外,泰国财政部计划建立项目发展基金,该基金可为投资项目提供种子资金。

(4)越南。近年来,基础设施不足仍然是越南社会和经济发展的主要限制因素。公私合作已逐渐成为越南基础设施建设项目的资金来源,“鼓励和创造有利于私人投资基础设施的条件”被列为越南经济结构调整总计划的目标。PPP 项目在交通运输、水力、废物处置和电力部门受到鼓励。尽管大多数 PPP 合同使用的是 BOT 结构,但也存在其他形式的特许经营权,包括 BTO 和 BOO 合同,同时越南政府也担保政治风险。越南于 2014 年修订的《投资法》和于 2015 年颁布的第 15 号法令《关于按照公私伙伴形式投资的议定》使国家机构能够代表政府向项目发起人提供原材料、产品和服务的销售以及其他合同义务的担保,还可以提供包括货币兑换保证、汇率保证,防止国有化、没收(投资法)保证和知识产权保护的保证。土地征用支持政策方面,外国投资者无权拥有土地,但是投资者可以获得土地权利,根据越南法律成立的外商投资组织可以获得土地使用权证书。根据第 15 号法令,省级人民委员会负责场地清理和土地分配及租赁。越南设有项目开发基金,旨在支持政府各部委和项目发起人为 PPP 项目准备活动提供资金,如预付可行性研究和构建 PPP 项目的交易顾问费用等。亚洲开发银行和法国开发署支持项目开发基金,出资约 3000 万美元以促进商业上可行的 PPP 项目的发展。

5. 推进三湾关键矿产与能源产业合作走廊建设预期综合效益明显。推进三湾关键矿产与能源产业合作走廊建设将促进区域交通和能源互联互通、关键矿产和能源产业整合,其预期综合成果将是积极和显著的。

一是沿线国家的经济互补性得以发挥。粤港澳大湾区、北部湾与孟加拉湾之间石油和天然气开采、炼化及深加工产业链关联紧密，仅北部湾—珠三角沿海地区的石化炼油企业每年的原油原料需求就超过1.5亿吨。建设连接粤港澳大湾区—北部湾—孟加拉湾综合交通和能源通道，将降低原油运输成本，并将释放孟加拉湾地区的油气产能及其能源开发与深加工潜力，加快与我国钦州、北海、茂名、惠州的石化基地衔接融合。二是拉动沿线国家经济发展。建设三湾关键矿产与能源产业合作走廊交通、能源系统，将全面改善沿线各国的交通条件和投资环境，促进关键矿产资源开发、产业升级和物流繁荣，形成以关键矿产和能源项目带动沿线经济发展的产业带。同时，通过关键矿产和能源产业合作带动沿线旅游资源的合理开发，将激活约2.5亿人口的旅游活力，提升客流、物流和经济效益，并显著增加就业、助推经济发展。亚洲综合发展计划（The Comprehensive Asia Development Plan，CADP）建议推进湄公河—印度经济走廊建设，加强胡志明市、金边、曼谷和土瓦之间的公路连接，并进一步通过海路到达印度金奈。2009年8月，印度与东盟签署了自由贸易协定，印度与湄公河国家之间的贸易和投资联系不断增加，加深了印度与GMS国家融合，为走廊发展增添动力。三湾关键矿产与能源产业合作走廊建设，将3个人口稠密的湾区连接起来，有了粤港澳大湾区的资金、技术、人才的加持，三湾关键矿产与能源产业合作走廊的实际GDP增长将比MIEC更高，粤港澳大湾区将带动北部湾经济区、孟加拉湾地区实现更高的经济增长。

建立三湾关键矿产与能源产业合作走廊将促进区域互联互通、产业整合，使沿线国家经济互补性得以发挥，其预期成果将是积极和显著的。印度“向东政策”的重点是推动湄公河—印度经济走廊建设，旨在加强与东盟国家的产业合作，尤其是能源合作，三湾关键矿产与能源产业合作走廊由此可以延伸至孟加拉国吉大港、印度加尔各答，与 MIEC 互相契合，通过互联互通辐射至南亚地区。

（四）风险分析

当然，建设三湾关键矿产与能源产业合作走廊并不是没有风险，这些风险主要包括政治风险、社会风险、自然灾害风险等。

1. 三湾关键矿产与能源产业合作走廊建设面临的主要风险。东南亚的主要风险包括政府干预项目建设，取消许可证或发生战争、内乱和其他可能妨碍投资商根据供应合同履行义务的行为等。2009 年年底，中国电力投资集团公司投资建设伊洛瓦底江密松水电站，2011 年 9 月，缅甸政府以“尊重民意”为由搁置密松水电站的建设，给中国电力投资集团公司带来巨额损失，同时给缅甸国家本身及其民众造成了较大的损害。台风、洪水和地震等自然灾害对区域内关键矿产开发、交通和能源基础设施建设和运行也有极大的破坏。

目前，东南亚私人基础设施投资的主要风险是监管变更、蚕食式征用和违反合同等。政策变化、蚕食式征用是私人基础设施投资者最为关注的风险。孟加拉国与缅甸毗邻地区不时会发生恐怖主义分子和极端主义分子的袭击事件；缅甸地方与政府军之间也经常发生冲突，给区域内关键矿产和能源资源开发带来很大的风险，缅甸若开邦的罗兴亚问题是影响孟加拉湾安全稳定的重大风险因素。三湾关键矿产与能源产业合作走廊的基础设施建设需要大量的私人投资，对 PPP 项目而言，政策变化、蚕食式征用的风险尤为严重，转移风险和货币不可兑换则被视为次要风险，这些风险关系到投资者是否能够在大多数东南亚国家自由地将资本和利润汇回。

2. 三湾关键矿产与能源产业合作走廊建设的风险防范。由于国际投资协定的约束和征用事件给所在国外国直接投资吸引力带来的严重负面影响，征用被视为相对较小的风险。在拥有健全、透明的投资法律框架的国家，政治风险较低，可能影响投资环境和政治风险水平的重要政策领域包括法治、财产权、投资者保护和司法系统。随着东盟共同体建设步伐的加快，政策趋同性的提升，区域内法规也越来越完善和国际化，大多数国家逐渐改善其国内投资环境，营商环境逐步向好的方向发展（见表 8－3）。同时，各国都在区域合作框架内接受国际法约束，减少了政治风险的影响。

表 8－3　沿线国家营商环境得分

国家	得分		世界排名	
	2016—2017 年	2018—2019 年	2016—2017 年	2018—2019 年
越南	63.83	69.80	82	70
老挝	53.29	50.80	139	154
泰国	72.53	80.10	46	21
缅甸	44.56	46.80	170	165
孟加拉国	40.84	45.00	176	168
印度	55.27	71.00	130	63

资料来源：世界银行《2018 年全球营商环境报告》《2020 年全球营商环境报告》。

根据以上分析，我们得出以下结论：一是三湾关键矿产与能源产业合作走廊沿线国家的关键矿产和能源资源丰富,各国的关键矿产和能源资源禀赋差异较大,互补性强;二是三湾关键矿产与能源产业合作走廊是我国连接印度洋和太平洋距离最短的陆路通道和能源通道,对于推进"一带一路"建设,加强粤港澳大湾区与北部湾、GMS和孟加拉湾地区国家的经贸合作,共建共享区域内交通和能源互联互通基础设施,合作开发区域内关键矿产和能源,保障区域各国关键矿产和能源安全,促进沿线经济增长和构建区域命运共同体具有重大战略意义;三是建立三湾关键矿产与能源合作走廊已具备较好的基础,符合沿线国家发展规划,各国对区域合作持积极态度,有利于达成三湾关键矿产与能源产业合作走廊建设共识。虽然建设三湾关键矿产与能源产业合作走廊面临一些风险,但是在中国—东盟、澜湄合作机制、RCEP等合作框架内可以化解这些可能的风险,预期经济增长态势和综合效益良好。

二、推进三湾关键矿产与能源产业合作走廊建设的路径选择

(一)分段建设,逐步推进

实施综合交通和能源基础设施建设"早期收获"计划,分段实施交通和能源项目建设,条件具备的先行建设,条件欠缺的做好前期准备。一是通过三湾关键矿产与能源产业合作走廊建设,推进粤港澳大湾区与北部湾城市群深度合作,加快实现交通基础设施互联互通,促进产业分工合作。二是利用澜湄合作机制推进中国—越南—老挝—泰国—缅甸经济走廊建设,围绕三湾关键矿产与能源产业合作走廊中最关键的一段——中国惠州—茂名—钦州—防城港—越南河内—老挝琅勃拉邦—泰国清迈—缅甸勃

生港(或皎漂港)段进行铁路、公路、油气管道等基础设施建设。其中,防城港—勃生港铁路约1500千米,便于开展港铁、港公多式联运,形成太平洋港口北部湾港与印度洋勃生港和皎漂港密切互动格局。这样,哪怕缅甸、孟加拉国、印度的陆路基础设施建设面临恐怖主义和极端主义的威胁,也能依托勃生港或皎漂港,通过海路与孟加拉国的吉大港、达卡港和印度的加尔各答、金奈港进行互联互通。三是加强澜湄合作机制与孟加拉国的伙伴关系,推进缅甸至孟加拉国的经济走廊建设合作,形成中国粤港澳大湾区—北部湾—越南—老挝—泰国—缅甸—孟加拉国经济走廊,最后共同推进孟加拉国—印度段建设。

(二)构建三湾关键矿产与能源产业合作走廊产业链供应链

总体上,政治安全、关键矿业和能源经济可持续发展、社会人文互通是三湾关键矿产与能源产业合作走廊建设的三大支柱,将交通和能源互联互通、关键矿产和能源的产能提升、人力资源开发和减贫作为优先合作方向,在此基础上,重点打造关键矿产和能源产业合作产业链供应链。

1.重点打造能源产业链供应链。粤港澳大湾区与北部湾经济区、孟加拉湾地区的经济互补性很强,加强沿线国家合作,将形成产业分工合理、梯次有序的产业链供应链。

一是建设孟加拉湾—北部湾—粤港澳大湾区油气管道。孟加拉湾、中东地区盛产石油、天然气,而泰国、老挝和中国都需要进口大量的油气产品,仅三湾经济走廊沿线的北部湾石化产业基地和珠三角石化产业基地年原油加工能力已达1.5亿吨。沿线国家合作建设中国粤港澳大湾区—茂名—钦州—东兴—越南河内—老挝琅勃拉邦—泰国清迈—缅甸仰光—勃生港(或皎漂港)原油管道、成品油管道和天然气管道,可将中东或孟加拉湾的原油和天然气输送到泰国、老挝、越南和我国华南地区,形成孟加拉湾—北部湾—珠三角油气管道网络。秉持共建共享共营共赢原则,合作建设缅甸勃生港或皎漂港油气码头、油气管道、储油设施和储气设施。这样,就形成了缅甸油气生产、储存,泰国油气加工,中国北部湾和珠三角地区石化、炼化的全产业链,成品油和石化产品还可以反向输送到孟加拉湾地区。

二是建设区域电源基地。沿线国家合作开发老挝、缅甸和我国川滇地区丰富的水电资源,建设以中国广西核电、越南煤电及中国川滇地区、缅甸、老挝水电和风光发电为主的电源集聚区,集中开发沿线国家具有优势的太阳能、风能,发展绿色能源。老挝水电资源可开发装机容量达2600万千瓦,截至2020年年底,老挝发电总装机容量达10681兆瓦,以水电为主,其占比超过70%,[1]水电开发潜力大。老挝政府重视发展水电等可再生能源,致力于把老挝打造成为东南亚电源基地,计划到2030年建成拥有装机容量2000万千瓦的水电站,而老挝国内的电力需求量较小,其中70%~75%的发电量可用于出口。缅甸水电潜在可开发装机容量为10800万千瓦,风电理论上发电能力为36.51万太瓦时,太阳能理论发电能力为51973太瓦时。缅甸电力部在2013年2月提出了一项长期发电计划,列出了58个水电项目,总装机容量为4534.4万千瓦。但是,这些项目至今大部分没有得

〔1〕 参见《电力市场区域化发展探析——基于东南亚5国电力市场研究》,载中国产业海外发展协会2022年8月5日,http://www.ciodpa.org.cn/index.php?m=content&c=index&a=show&catid=18&id=9809。

到实施。截至2019年年底,缅甸仅开发了约300万千瓦的水电。缅甸计划到2030年,装机容量目标为2359.4万千瓦,其中,38%的水电将由大型水坝提供,天然气发电20%,燃煤电厂发电33%,可再生能源发电9%,实现100%的电气化。[1] 我国云南省能源资源以水能、煤炭为主,煤炭资源储量较大,开发条件优越,地热能、太阳能、风能、生物能也有较好的开发前景。全省水资源总量2210亿立方米,水能资源蕴藏量达1.04亿千瓦,居全国第3位,水能资源主要集中于滇西北的金沙江、澜沧江、怒江三大水系,可开发装机容量0.9亿千瓦,居全国第2位。太阳能资源也较丰富,年太阳总辐射量每平方厘米90~150千卡,多数地区的日照时数为2100~2300小时,年太阳总辐射量每平方厘米为120~130千卡。[2] 沿线国家合作打造老挝、缅甸和中国云南省为区域清洁电源基地,适时接入四川、青海、甘肃、西藏等我国西部地区的水电、风光电电力网络,将可保障该区域能源安全。

三是合作建设孟加拉湾—北部湾—粤港澳大湾区跨国特高压输电网络。以老挝、缅甸、我国云南等区域电源为中心,分段建设孟加拉国达卡—缅甸曼德勒—泰国清迈—老挝琅勃拉邦—越南河内—中国防城港—粤港澳大湾区±1100千伏特交直流混合特高压骨干网架,形成以我国特高压输电技术为核心的珠三角—北部湾—孟加拉湾特高压输变电网络,将老挝、缅甸、我国云南的

---

〔1〕 参见驻缅甸经商参处:《缅甸力争到2030年实现电力全覆盖》,载环球网2015年6月23日,https://china.huanqiu.com/article/9CaKrnJMjti。

〔2〕 参见《自然资源》,载云南省人民政府网,https://www.yn.gov.cn/yngk/gk/201904/t20190403_96264.html。

电力输送给我国北部湾和粤港澳大湾区、泰国、越南、孟加拉国等电力短缺的地区和国家。合作建设区域智能电网,联通沿线各国电力网,形成粤港澳大湾区—北部湾—孟加拉湾智能电力网络及电力产业链。

四是建立区域能源市场。我国四川、云南拥有丰富的水电资源,电力充足,而缅甸、老挝、泰国、孟加拉国因电力资源开发落后长期处于缺电状态。除了缅甸,三湾关键矿产与能源产业合作走廊沿线国家都是石油、天然气净进口国。能源资源分布与发展不平衡将促进各国开展能源和产业合作,开展以电力、油气管道互联互通为重点的合作将成为三湾关键矿产与能源产业合作走廊的重头戏。三湾关键矿产与能源产业合作走廊是一条综合能源走廊,将配套建设电力、原油、天然气、成品油、煤炭交易市场,开展能源贸易合作。考虑到我国是能源生产和消费大国,可以在北部湾地区或珠三角地区建立中国—东盟能源交易所,公开挂牌交易沿线国家和地区的原油、天然气、石化产品、电力等能源产品及其衍生品。

2. 打造关键矿产和能源产业链供应链。区域内的老挝、越南、缅甸和中国云南、广西的关键矿产资源十分丰富,越南的铝土、稀土、钨,老挝的钾盐、稀土,缅甸的铅、锌、银、锡、钨、锑,云南和广西的铅、锌、锡、锑等储量丰富。据行业内人士估计,老挝稀土储量大、稀土开发前景好,老挝政府已与 18 家公司签署了 18 个稀土勘探项目合同。[1] 广西和云南是我国重要的铝、铅、锌、

---

〔1〕 参见驻老挝人民民主共和国大使馆经济商务处:《老挝政府对稀土行业加收 10% 出口关税》,载商务部,http://la.mofcom.gov.cn/article/sqfb/202310/20231003446656.shtml。

锡、锑等关键矿产的深加工基地，可以打造成为区域内关键矿产深加工的平台，代表中国与老挝、缅甸和越南开展关键矿产资源开发合作。广西北部湾的防城港、钦州、北海适合发展临港产业，结合国内外的产业转移发展一些与关键矿产深加工有关的产业，如防城港重点发展铝业、有色金属压延加工、修造船等行业；钦州重点发展石油化工、新能源材料、精细化工等产业；北海重点发展电子信息产品、新储能电池、新材料等高新技术产业。以关键矿产深加工产品支持大湾区新一代信息技术、高端装备制造、新能源、新材料等战略性新兴产业发展壮大。打造区域关键矿产和能源产业链供应链，拉动区域经济发展。

（1）以跨境经济合作区和境外经贸合作区推进关键矿产和能源产业合作。瞄准沿线各国经济发展现状和需求，结合《中国制造2025》计划，以优化我国关键矿产和能源产业链供应链为方向，根据各国的资源和产业优势，推进双边基础条件好、需求迫切的关键矿产项目合作，实行产业差异化发展，而不是向沿线国家转移落后产能，以跨境经济合作区和境外经贸合作区等合作模式推动中国与沿线国家关键矿产和能源产业共同发展。目前，区域内主要有中国东兴—越南芒街跨境经济合作区、中国凭祥—越南同登跨境经济合作区、中国龙邦—越南茶岭跨境经济合作区、中国河口—越南老街跨境经济合作区、中国磨憨—老挝磨丁跨境经济合作区以及中国瑞丽—缅甸木姐跨境经济合作区。这些跨境经济合作区不仅是沿线国家交通和能源基础设施互联互通的重要对接点，而且是开展关键矿产和能源产业合作的最佳平台。毗邻国家双方在合作区内进行铁路、公路、口岸对接，开展一般贸易、物流配送、保税仓库、关键矿产加工和产业对接等合作，在一定程度上突破了边境对关键矿产和能源产品流动的制约。目前，可先在条件较好的中越边境地区建立中越关键矿产和能源产业跨境产业园区。

粤港澳大湾区、北部湾与孟加拉湾之间有非常紧密的石油和天然气开采、炼化及深加工产业链关联，电力资源、市场的互补性也很强。我国自广西钦州开始经北海、广东湛江、茂名、广州、惠州、揭阳的沿海地区已经建成了较大规模的石化和炼化产业集群。北部湾地区已经建成了中石化钦州石化基地、北海炼化基地、茂湛炼化基地；粤港澳大湾区建成了广州、珠海、惠州和揭阳石化基地。目前，仅从广西钦州至广东揭阳一线沿海地区，每年石化企业需要的原油就超过 8000 万吨。建设连接粤港澳大湾区—北部湾—孟加拉湾综合交通和能源通道，在沿线布局中国—东盟能源产业合作示范区，将发挥粤港澳大湾区的人才、技术、资金等优势，加快释放区域内石化能源开发利用潜力，与中国钦州、北海、茂名、湛江、广州、惠州和揭阳的石化基地集聚发展，推动油气石化产业集群发展。

（2）建立北部湾能源产业合作示范区。目前，北部湾地区已经形成钦州石化基地、北海石化基地和茂湛炼化基地三大以石化产业为主的能源产业基地。钦州已建成中石化钦州 1000 万吨炼油厂，石油炼制生产能力已达到 1000 万吨，同时，已经在国家级钦州港经济技术开发区钦州石化产业园金谷片区建设以中石油、上海华谊为龙头的炼油能力达 2000 万吨的企业；三墩片区 2022 年建成 1000 万吨/年凝析油综合利用联合装置，规划到 2032 年具备 3000 万吨炼油、500 万吨芳烃、500 万吨烯烃的生产能力。钦州石化产业园是开发区的核心区，正在打造成为全国独有、建设面向东盟的“油、煤、气”多元化石化产业体系。北海石化基地位于铁山港临海工业区内,北海石化产业的龙头企业——北海炼化已经具备500万吨/年的炼油生产能力,规划不久将建成达1000万吨级炼化项目和20万吨/年聚丙烯项目,主要产品包括成品油、航空煤油、聚丙烯、硫黄、液化石油气等,产品可供沿线国家使用。

(3)建立老挝关键矿产和能源产业合作示范区。目前,老挝还没有发现大型化石能源矿藏,国内还没有开展油气资源开发,也没有石化工业。老挝的能源工业主要是水力发电,老挝政府致力于通过水力发电成为“东南亚电池”,并利用风能、太阳能和热能资源在整个地区出口电力。水电和输配电基础设施将成为老挝在发展电力工业时投资的重点。随着中老铁路建成运营,老挝在中南半岛的区位优势将得到充分发挥,而老挝、柬埔寨、缅甸等周边国家的水电资源尤其是小水电资源还没有得到开发,可在老挝万象布局建设一个以水力发电设备、风电和光伏发电设备等为主的能源产业合作示范区,同时,配套建立变压器、电线电缆、电表、储能设备、照明产品等生产厂,形成生产电力设备为主的产业集群。同时,老挝的关键矿产资源也非常丰富,尤其是钾盐和稀土。钾盐在我国属严重短缺的重要战略矿种,老挝钾盐矿还含有丰富的锂、钠、镁、铷、铯等伴生资源,中老可合作在老挝建设关键矿产开发区,围绕老挝丰富的钾盐、铝土、金、银、铜等高价值资源进行勘探、投资,建立钾肥工业园和铝业工业园,合作打造老挝成为区域内关键矿产深加工基地。

(三)建立三湾关键矿产与能源产业合作走廊合作机制

三湾关键矿产与能源产业合作走廊需要合作机制推动和引

领，可利用现有的合作机制推动合作走廊建设，同时，探索建立区域合作机制推进合作走廊建设。

1. 利用澜湄合作等现有机制推进三湾关键矿产与能源产业合作走廊建设。利用区域内现有的区域经济合作组织、合作机制推进三湾关键矿产与能源产业合作走廊建设。一是通过澜湄合作、GMS、中国—东盟（10+6）、RCEP、孟中印缅经济走廊、金砖合作、上海合作组织、中国—东盟博览会、中国—南亚博览会等机制和平台推动三湾关键矿产与能源产业合作走廊建设。二是利用澜湄合作机制开展与环孟加拉湾经合组织对话交流，三湾关键矿产与能源产业合作走廊大部分在澜湄六国范围内，各方易达成共识，同时，也可以通过环孟加拉湾经合组织推动三湾关键矿产与能源产业合作走廊和湄公河—印度经济走廊对接与合作。三是利用 RCEP 推进三湾关键矿产与能源产业合作走廊建设。沿线国家大多是 RCEP 成员国，可在 RCEP 合作框架下开展关键矿产和能源产业投资与贸易合作。四是利用双边合作机制推进关键矿产和能源产业合作。我国与周边国家都建立了双边性经贸合作机制，如中越经贸合作委员会、中国广西与越南边境四省联合工作委员会，中老经贸合作委员会，中缅经贸和技术合作联委会、中缅经济走廊联合委员会和中泰贸易、投资和经济合作联合委员会，要发挥这些双边合作机制在三湾关键矿产与能源产业合作走廊建设中的作用。五是建立资金筹措机制，能源、交通基础设施建设需要大量资金，要多渠道融资解决建设资金问题。沿线国家合作可争取中国—东盟投资合作基金、中国—东盟信贷资金、丝路基金和世界银行、亚洲开发银行、金砖国家新开发银行、中国进出口银行、国家开发银行等贷款优惠政策支持。

2. 探索建立三湾关键矿产与能源产业合作走廊合作机制。我国在国际区域经济合作中具有一定影响力，应积极发挥在推进三湾关键矿产与能源产业合作走廊建设中的主导作用。一是推动各国发展战略对接，发挥政府在推进基础设施建设中的主导作用。二是在中央政府的指导下，建立由中国广东、广西、云南、越南、老挝、泰国、缅甸组成的前期工作组，吸纳孟加拉国、印度加入，形成三湾关键矿产与能源产业合作走廊合作机制。三是适时合作举办三湾关键矿产与能源产业合作走廊合作论坛，以政府、学界和企业多层次合作全方位推动三湾关键矿产与能源产业合作走廊建设。

（四）推进三湾关键矿产与能源产业合作走廊沿线国家的互信

尊重各国的发展道路、法律法规、信仰和文化，加强三湾关键矿产与能源产业合作走廊沿线各国之间的政策交流与对接，尊重各国的文明，增进政治互信和经济合作。加强沿线国家的媒体交流，邀请各国媒体到我国参观考察，大力宣传习近平主席提出的构建新型国际关系、构建人类命运共同体的理念，驳斥西方媒体和东盟一些媒体对我国的片面的不实的报道。加强我国与东盟文化产品的交流与合作，通过文化交流增进双方人民文化互信。推动我国沿线地区之间建立友好合作关系，鼓励沿线国家建立友好省市际关系。加强我国与三湾关键矿产与能源产业合作走廊沿线国家政策协同、通关便利、科技交流、金融合作、国际扶贫、援助调整、人文、跨境安全治理等多领域的交流与合作。对于沿线落后地区，可以进行必要的科技、开发建设等方面的援助。同时，加强三湾关键矿产与能源产业合作走廊沿线国家的反恐和安全合作。对沿线国家的重大合作项目开展安全维护合作，对在沿线国家经营的中资公司进行风险防范意识教育，制定安保预案，提高突发事件的应急处理能力。

三、打造全球战略性矿产资源产业链供应链安全合作区

当前，冷战思维复苏，单边主义抬头，世界从一超多强向多极化发展，地缘冲突加剧，是危及我国和东盟国家战略性矿产资源产业链供应链安全的根本原因。而且，跨国公司对战略性矿产资源的垄断地位增强，尤其是金融资本集团与矿业垄断资本相互勾连，操纵战略性矿产资源价格，现已危及我国和东盟国家战略性矿产资源产业链供应链安全。因传统技术体系、产业体系和贸易体系下的全球分工格局面临重大调整，我国和东盟国家战略性矿产资源的供需结构将面临长期结构性的变化。国际能源机构报告显示，2010 年至今，随着可再生能源在新投资中的份额上升，一个新的发电单位所需的平均矿物量增加了 50%。美西方国家建立一系列区域性、集团化的战略性矿产资源产业链供应链联盟，使战略性矿产资源全球配置、分工协作和自由贸易的格局被打乱。

战略性矿产资源产业链供应链安全是制造强国的重要保障，是推动制造业高质量发展的重中之重，是总体国家安全观的重要保障。如何确保战略性矿产资源产业链供应链安全和自主可控，如何从全面竞争的宏观视角，界定、量化和追踪产业链供应链安全态势？如何准确识别我国和东盟国家战略性矿产资源产业链供应链存在的“弱链”“短链”“断链”风险点？如何增强战略性矿产资源产业链供应链的韧性？如何利用我国和东盟国家超大规模内需市场优势，参与矿产资源全球治理规则和治理机制的制

定？厘清这些问题对构建我国和东盟国家战略性矿产资源产业链供应链安全具有重要意义。

(一)构建南亚、中亚和东北亚战略性矿产资源产业链供应链安全合作区

我国携手东盟国家与该区域相关国家构建紧密型合作的战略性矿产资源产业链供应链安全合作区。南亚、中亚和东北亚与我国及东盟国家毗邻,在地理、历史、文化、经贸、政治等多重因素的交织下,这些区域内的国家一方面与我国存在深刻、复杂的关联,另一方面随着我国崛起,多数国家与我国保持相对和平、友好的关系,在国际经济分工与合作中又具有高度互补性。因此,我国携手东盟国家通过紧密型合作模式开展战略性矿产资源产业链供应链安全合作,有利于提升区域内各国产业链供应链的集体安全,有效化解政治突发事件给本地区带来的战略性矿产资源产业链供应链风险。

一是正确认识构建南亚、中亚、东北亚战略性矿产资源产业链供应链安全合作区的现状及其特点。全面考察南亚、中亚、东北亚和北极等地区战略性矿产储存、开发、利用情况,结合区域局势、国际贸易、运输通道等因素,分析其对我国和东盟国家战略性矿产资源产业链供应链安全的影响,并从战略性矿产品供应、矿产资源冶炼加工、高端技术和产品应用等不同环节,深入分析我国与东盟国家战略性矿产资源产业链的互嵌、互融关系及其特点,并进行依存度评价分析。

二是客观分析构建南亚、中亚、东北亚等地区的战略性矿产资源产业链供应链合作区中的“弱链”“短链”“断链”风险。主要从区域内生因素、区域外部影响等角度,系统分析该类区域中可

能存在的影响战略性矿产资源国际贸易、关键运输通道安全的问题等,并对我国战略性矿产资源产业链供应链在上述地区的布局架构与关键节点加以梳理,系统性研判可能导致的"断链"风险及其他危害后果,有效开展南亚、中亚、东北亚等地区的战略性矿产资源产业链供应链合作区建设。

三是有效开展构建南亚、中亚、东北亚等区域的战略性矿产资源产业链供应链安全合作区的战略布局及其方案优化工作。主要从区域内集体安全、总体国家安全观等视角,运用复杂网络理论和风险仿真模型,从供应链安全风险的产生、发展和衰退三个过程和风险扩散的"点—链—网"三个层面,就我国与该区域间战略性矿产资源产业链供应链现状、产业嵌入程度、地缘政治突发事件影响程度等,提出我国携手东盟国家在上述地区布局战略性矿产资源产业链供应链的战略构想与指导原则。

四是精准提出构建南亚、中亚、东北亚等地区的战略性矿产资源产业链供应链安全合作区的对策。在梳理我国与南亚、中亚、东北亚等地区在战略性矿产资源产业链供应链方面的"断链"风险及其传导机制、影响机理的基础上,针对战略性矿产资源产业链供应链尤其是供应渠道、运输通道、嵌入模式上存在的"断链"风险,加强我国与上述地区的战略性矿产资源产业链供应链安全合作,强化增新链、补旧链、强韧性意识,并提出完善我国与东盟国家在上述地区的战略性矿产资源产业链供应链安全保障机制方面的应对举措。

(二)构建中东、南美洲和太平洋岛屿等地区国家战略性矿产资源产业链供应链安全合作区

我国携手东盟国家与该区域开展半紧密型合作的战略性矿

产资源产业链供应链安全合作区建设。该区域内多数国家虽然长期与我国保持较为友好的关系,其中有些国家在我国战略性矿产资源产业链供应链安全上发挥着关键作用,但这些国家与我国相距较远,同时也易受美西方国家的影响甚至操控,在多重因素作用下一旦爆发地缘政治事件,将给我国矿产资源产业链供应链安全带来系统影响。因此,我国携手东盟国家,在优化区域矿业布局的同时,要降低此类地区的风险因素可能给我国带来的不利影响,就有必要通过现状考察、风险评估、系统传导、应对策略等不同角度对我国与东盟国家在该区域开展半紧密型合作产业链供应链安全合作进行综合分析,以推动建立半紧密型合作的战略性矿产资源产业链供应链安全合作区。

一是充分认识构建中东、南美洲、太平洋岛屿等地区国家战略性矿产资源产业链供应链安全合作区的现状及其特点。在“南南合作”优良传统观念影响下,我国与该区域的多数国家都保持了长期友好的关系,该区域是我国进口某些关键战略性矿产资源初级产品的重要区域。中东地区对我国石化能源的供应、南美洲对我国铜矿等金属矿产资源的供应都具有重要意义。因此需要从资源禀赋、区位优势、产业合作、贸易往来等方面系统阐述我国和东盟国家携手打造中东及南美洲矿业合作区的基础、现状、前景,对我国和东盟国家与该区域在政府间、企业间所开展的产业链供应链安全合作的总体布局、具体领域、机制保障等问题进行深入分析,为我国和东盟国家携手打造中东及南美洲矿业合作区夯实基础。

二是客观分析打造中东、南美洲及太平洋岛屿等地区国家战略性矿产资源产业链供应链安全合作区的相关风险。该区域国家与我国相距较远，且易受周边局势、美西方国家势力的影响。在内外部因素的综合作用之下，该地区与我国存在矿产资源贸易、开发、利用等广泛合作，但该地区的部分国家常年处于战争动乱、政权更迭等不稳定状态之中，一旦出现“弱链”、“短链”甚至“断链”问题，将危及合作以及我国经济安全和稳定发展。为此，我国与东盟国家必须全面、系统考察当前我国和东盟国家与该区域开展战略性矿产资源产业链供应链合作的现状，分析其中潜在的影响产业链供应链安全的风险，为我国与东盟国家建立必要的监测、预警、应急机制提供基础，促进中东、南美洲及太平洋岛屿等地区国家战略性矿产资源产业链供应链安全合作区的打造。

三是有效化解打造中东、南美洲、太平洋岛屿等地区国家战略性矿产资源产业链供应链安全合作区的风险。系统评价影响战略性矿产资源产业链供应链安全的事实特征、关键因素、传导路径等内容，综合运用地球系统科学、复杂系统科学、管理科学等交叉学科的理论与方法，有效识别战略性关键矿产资源产业链供应链中各影响因素的协同耦合关系，客观描述各类因子对战略性矿产资源产业链供应链的传导路径，以有效化解打造中东、南美洲、太平洋岛屿等地区国家战略性矿产资源产业链供应链安全合作区的相关风险。

四是加快形成构建中东、南美洲、太平洋岛屿等地区国家战略性矿产资源产业链供应链安全合作区的机制。中东、南美洲等地区较多国家均是我国共建“一带一路”倡议的重要合作伙伴，但是该区域地域广袤且地缘政治环境复杂，因此应当借助已有的战略性矿产资源产业链供应链安全评价理论与方法，从地区、国家等层面分析战略性矿产资源产业链供应链安全合作的重点领域、发展方向及应对措施，并从战略性矿产资源勘探、占有、开采、贸易、物流、加工、技术开发和金融服务等整个价值链条出发，构建安全合作体系及风险应对机制。

（三）构建大洋洲、欧洲和北美洲战略性矿产资源产业链供应链安全合作区

我国携手东盟国家与该区域相关国家进行竞争型战略性矿产资源产业链供应链安全合作区建设。这些国家目前在全球国际分工中与我国存在客观上的紧密联系，然而在大国博弈、集团对抗等新冷战思维的影响下，这些国家总体上对我国持有的是“合作、竞争、打压”的态度。因此，我国携手东盟国家在“考察现状—评估风险—识别路径—完善对策”的基础上，稳步推进大洋洲、欧洲和北美洲战略性矿产资源产业链供应链安全合作区建设。

一是做好前期研判，重点考察大洋洲、欧洲和北美洲战略性矿产资源产业链供应链安全合作区的分工、合作现状及其特点。对该区域战略性矿产资源分布、储量等现状加以考察，研判战略性矿产品的空间流向结构以及我国与东盟国家对这些战略性矿产资源的依存度，并系统考察我国与东盟国家在该区域上游矿产资源的获取保障、中游矿产资源的加工制造、下游应用端技术和知识产权的控制与管理等方面所存在的竞争、合作和依存关系。

二是进行中期评估，系统研判俄乌冲突、俄美冲突、中美冲突的风险，剖析我国和美西方国家在战略性矿产资源需求、供应方面的竞争关系，研究美西方国家战略性矿产资源存储、产量在全

球的份额及其对全球各区域尤其是对半紧密型合作国家的控制力，进而从区域内集体安全、总体国家安全等视角，分析我国及东盟国家与该区域之间在战略性矿产资源产业链供应链合作方面可能会遭受到的“断链”威胁，并评估合作的相关风险。

三是开展后期跟踪，科学分析构建大洋洲、欧洲和北美洲战略性矿产资源产业链供应链安全合作区的安全风险及其传导路径。矿产资源开发利用涉及勘探、采矿、选矿、冶炼、深加工、回收利用等环节，在国际贸易中更涉及权益收购、储量布局、运输保障、价格影响、技术垄断、产品销售等不同环节。基于此种复杂性，必须区分国际半紧密型合作以及竞争型合作，梳理我国战略性矿产资源产业链供应链在区域的布局架构与关键节点，系统研判我国和东盟国家海外战略性矿产资源产品生产空间结构的稳定性，对我国和东盟国家在该区域的战略性矿产资源产业链供应链安全风险及其传导路径进行评估与预测。

四是优化具体路径，有针对性提出构建大洋洲、欧洲和北美洲战略性矿产资源产业链供应链安全合作区的思路与对策。针对我国和东盟国家与该区域战略性矿产资源产业链供应链方面存在的“弱链”、“短链”乃至“断链”风险，深入研究和分析美国主导的“能源资源治理倡议联盟”，防范其中暗藏的区域专业技术壁垒、价值链绿色贸易壁垒、劳动人权壁垒、矿产品制造业回流冲击，加强我国和东盟国家与该区域的战略性矿产资源产业链供应链安全合作，建立产业链供应链安全风险的评估模型，具有针对性地增新链、补旧链、强韧性，保障我国和东盟国家在该区域的战略性矿产资源产业链供应链安全。

主要参考文献

一、中文著作

[1]习近平:《高举中国特色社会主义伟大旗帜　为全面建设社会主义现代化国家而团结奋斗——在中国共产党第二十次全国代表大会上的报告》,人民出版社2022年版。

[2]谭民:《中国—东盟能源安全合作法律问题研究》,武汉大学出版社2016年版。

[3]陈甲斌、余良晖主编:《中美欧矿产资源形势对比分析》,地质出版社2020年版。

[4]李馨:《中国—东盟自贸区矿业投资制度研究》,中国政法大学出版社2017年版。

[5]安尼瓦尔·阿木提、张胜旺主编:《石油与国家安全》,新疆人民出版社2003年版。

二、中文期刊论文

[1]陈甲斌、刘超、冯丹丹等:《矿产资源安全需要关注的六个风险问题》,载《中国国土资源经济》2022 年第 1 期。

[2]徐占忱:《我国战略性矿产资源供给保障:总体环境、主要短板与体系构建》,载《学术交流》2023 年第 6 期。

[3]于宏源:《关键矿产的大国竞合分化、治理困境和中国选择》,载《人民论坛 · 学术前沿》2023 年第 15 期。

[4]王安建、袁小晶:《大国竞争背景下的中国战略性关键矿产资源安全思考》,载《中国科学院院刊》2022 年第 11 期。

[5]王修、刘冲昊:《"优势矿产"变"忧虑矿产"——中国锡资源供应风险评价》,载《中国矿业》2021 年第 7 期。

[6]闫卫东、孙春强、郭娟等:《2022 年全球矿业展望》,载《中国矿业》2022 年第 1 期。

[7]张斌:《关于当前全球大宗商品储备调整的新变化及其潜在影响研究》,载《价格理论与实践》2022 年第 10 期。

[8]吕威:《我国战略金属矿产资源保障能力态势分析》,载《世界有色金属》2021 年第 4 期。

[9]张杰、逯艳:《提升产业链供应链韧性和安全的理论探究与实现路径》,载《中州学刊》2023 年第 7 期。

[10]崔日明、李丹:《后疫情时代中国—东盟区域价值链的构建研究》,载《广西大学学报(哲学社会科学版)》2020 年第 5 期。

[11]姜志达、王睿:《中国—东盟数字"一带一路"合作的进展及挑战》,载《太平洋学报》2020 年第 9 期。

[12]冯晓玲、王玉荣、赵鹏鹏:《东盟贸易位次提升:原因分析与前景展望》,载《国际贸易》2020 年第 9 期。

[13]唐红祥、谢廷宇:《RCEP 框架下中国—东盟跨境产业合作的路径》,载《人民论坛》2022 年第 6 期。

[14]龙桂杰:《能源对外依存度视域下中国—东盟能源命运共同体构建研究》,载《中国发展》2022 年第 5 期。

[15]余晓钟、罗霞:《东盟"10 +5"能源高质量合作与中国的策略选择》,载《亚太经济》2023 年第 1 期。

[16]谭民、邱寅莹:《中国—东盟能源贸易合作国际法问题探讨》,载《昆明理工大学学报》2013 年第 5 期。

[17]赵宏图:《"马六甲困局"与中国能源安全再思考》,载《现代国际关系》2007 年第 6 期。

[18]吴巧生、周娜、成金华:《战略性关键矿产资源供给安全研究综述与展望》,载《资源科学》2020 年第 8 期。

[19]徐德义、王迪、李军等:《新发展格局下战略性矿产资源产业链供应链安全内涵及指标体系研究》,载《华中师范大学学报(自然科学版)》2023 年第 1 期。

[20]周常春、卢哲:《云南与东盟的矿产资源合作研究》,载《资源开发与市场》2012 年第 3 期。

[21]邱子晖:《推动广西与东盟能源矿产资源深度合作的思考》,载《广西节能》2020 年第 3 期。

[22]熊辉:《中国—东盟相关矿产合作及政策分析》,载《中国国情国力》2011 年第 6 期。

[23]方敏、李洪嫔:《东盟国家矿产资源管理政策分析》,载《中国矿业》2011 年第 5 期。

[24]秦艳:《中国—东盟矿产资源贸易的可持续发展战略》,载《生态经济》2013 年第 12 期。

[25]郭远生:《试论中国—东盟自由贸易区矿产资源合作》,载《中国国土资源经济》2004 年第 3 期。

[26]鲍荣华、徐曙光、刘伟:《我国与东盟地质矿产领域合作前景分析》,载《国土资源情报》2017 年第 1 期。

[27]顾海旭、相洪波、李娜:《谈“海上新丝路”背景下中国与东盟矿产资源合作》,载《中国国土资源经济》2015 年第 8 期。

[28]何俊、罗瑜洁:《东盟地区矿产资源概况》,载《南方国土资源》2018 年第 12 期。

[29]自然资源部:《自然资源部下发〈关于推进矿产资源管理改革若干事项的意见(试行)〉》,载《稀土信息》2020 年第 1 期。

[30]董立功:《落实矿产资源开发利用方案的措施及建议》,载《有色金属工程》2022 年第 12 期。

[31]王峰、吴琪:《矿业权市场信用监管:成效 · 问题 · 对策》,载《招标采购管理》2020 年第 8 期。

[32]四川省自然资源厅:《四川省自然资源厅关于贯彻落实〈自然资源部关于推进矿产资源管理改革若干事项的意见(试行)〉的通知》,载《四川省人民政府公报》2020 年第 21 期。

[33]徐德明:《在全国国土资源厅局长座谈会上的讲话》,载《国土资源通讯》2012 年第 15 期。

[34]张惠远、张哲、景宜然等:《统筹强化生态保护红线内生态系统与人为活动监管》,载《环境保护》2023 年第 Z1 期。

[35]栗红玉、易丽萍、廖正彪等:《河南嘹歌山石灰石矿绿色

矿山的规划设计》,载《水泥技术》2019 年第 4 期。

[36]自然资源部:《我国首次发布全球锂、钴、镍、锡、钾盐矿产资源储量评估报告》,载《河南科技》2021 年第 31 期。

[37]肖克炎、邢树文、丁建华等:《全国重要固体矿产重点成矿区带划分与资源潜力特征》,载《地质学报》2016 年第 7 期。

[38]陈娟、黄冬丽:《关于陕北地区旅游资源开发的思考及对策研究——以陕西府谷县为例》,载《现代商业》2021 年第 5 期。

[39]宋清润:《"一带一路"倡议下的中国——东盟合作:机遇、挑战与建议》,载《世界知识》2017 年第 12 期。

[40]安海忠、李华姣:《战略性矿产资源全产业链理论和研究前沿》,载《资源与产业》2022 年第 1 期。

[41]张绍和、周侯、韦文杰:《金刚石深孔钻进的特点与展望》,载《超硬材料工程》2018 年第 3 期。

[42]陈其慎、张艳飞、邢佳韵等:《国内外战略性矿产厘定理论与方法》,载《地球学报》2021 年第 2 期。

[43]荣冬梅、顾海旭、李娜:《"一带一路"地区矿产资源竞争形势浅析》,载《当代经济》2015 年第 6 期。

[44]赖敏、黎鹏:《中国对 RCEP 其他成员国的贸易增长动力研究——基于创新驱动视角》,载《广西社会科学》2022 年第 4 期。

[45]郭娟、崔荣国、闫卫东等:《2021 年中国矿产资源形势回顾与展望》,载《中国矿业》2022 年第 1 期。

[46]于克信:《论中国西部企业面向东盟国际化经营的战略向量与对策——以云南资源型企业及加工业为例》,载《经济问

题探索》2012 年第 1 期。

[47]张艳飞、郑国栋、陈其慎等:《后疫情时期全球铁矿资源格局分析》,载《地球学报》2021 年第 2 期。

[48]覃圣云:《东盟国家镍矿政策变化及对策建议》,载《企业科技与发展》2020 年第 3 期。

[49]《10 月份我国能源生产情况》,载《煤化工》2020 年第 5 期。

[50]《媒体广场》,载《国土资源》2016 年第 12 期。

三、报纸

[1]刘晓慧:《战略性矿产保障事关国家总体安全》,载《中国矿业报》2021 年 1 月 11 日,第 1 版。

[2]苏南:《中国—东盟能源合作基础坚实潜力巨大》,载《中国能源报》2023 年 7 月 17 日,第 2 版。

[3]《2022 年度国家自然科学基金地质联合基金项目指南》,载《中国矿业报》2022 年 6 月 10 日,第 2 版。

四、学位论文

[1]蒋屹:《"一带一路"战略背景下我国海外矿产资源开发外部安全风险研究》,中国地质大学(北京)2015 年博士学位论文。

[2]陈漫:《高中地理国家安全教育的内容体系及教学策略研究》,西南大学 2022 年硕士学位论文。

五、英文文献

[1] Resosudarmo B. P. , Nurdianto D. A. , Effendi Y. , *Energy insecurity in the ASEAN region*: *The Implications of energy policy reform*, The Singapore Economic Review, Vol. 66:2, p. 345 - 368 (2021).

[2] Liao J. C. , Talking Green, *Building Brown*: *China - ASEAN Environmental and Energy Cooperation in the BRI Era*, Asian Perspective, Vol. 46:1, p. 21 - 47(2022).

[3] Indeo F. , ASEAN - EU, *Energy Cooperation*: *Sharing Best Practices to Implement Renewable Energy Sources in Regional Energy Grids*, Global Energy Interconnection, Vol. 2:5, p. 393 - 401(2019).

后　记

本书是本人与团队在承担并完成国家软科学课题“东盟国家矿产资源开发与广西经济互动研究”(2010GXS5D249)及2020年、2021年广西社会科学院招标课题“生态文明视域下我国矿产资源法修订的理论与实践创新研究”“新发展理念视域下我国矿产资源法修订研究”的基础上,结合2023年度广西科技界智库重点招标课题“我国与东南亚战略性矿产资源产业链供应链安全合作研究”(桂科协〔2023〕J-01)、《我国涉东盟国家战略性矿产资源产业链供应链安全合作的立法与司法合作研究》和参与广西工信厅课题“构建中越命运共同体背景下打造中越关键矿产与能源产业跨境合作示范区研究”的阶段性成果,集思广益,倾心打造形成的一部精品力作。其间,作者将著作中的主要观点撰写成一系列咨政报告和论文,产生了良好的社会效果。

咨政报告如下:1.受全国人民代表大会常务委员会法制工作委员会委托,参加中国法学会组织对《矿产资源法(修订草案)》的论证,获得国家立法机关肯定性评价;2.《关于修改完善〈矿产资源法(修订草案)〉(征求意见稿)的建议》获广西壮族自治区人民代表大会常务委员会副主任刘有明同志肯定性批示,并安排选举任免联络工作委员会商全国人民代表大会代表黄超以个人名义报全国人民代表大会相关部门供参考,被全国人民代表大会、司法部采用;3.《加快我国与东盟国家战略性矿产资源产业链供应安全合作的建议》,被选为中国人民政治协商会议第十四届全国委员会第一次会议提案,转送相关部门进行研办,并被中国农工民主党中央参政议政部的《信息专报》第297期全文采用;4.《确保我国战略性矿产资源安全供应的建议》被中国共产党广西壮族自治区委员会信息刊物《广西信息》2023年第8期采用,并获信息工作2023年5月优秀信息;5.《关于修改完善〈矿产资源法(修订草案)〉(征求建议稿)的建议》转化为中国农工民主党广西壮族自治区委员会重要信息上报中国人民政治协商会议全国委员会采用,并转送相关部门研办。

系列论文如下:《矿产资源配置中行政许可与契约自治之界限》发表于《社会科学家》(2023年第9期)。拟发表的论文:1.《我国涉东盟国家战略性矿产资源产业链供应安全立法与司法合作研究》发表于《沿海企业与科技》(2024年第1期);2.《我国与东盟国家战略性矿产资源产业链供应安全合作研究》发表于《广西社会科学》(CSSCI扩展版,2024年第2期)。特别值得一提的是,系列相关前期成果已形成了较大学术和社会影响力。完成系列相关前期课题5项(国家社科规划课题1项,国家软科学课题1项,市厅级课题3项),出版系列相关前期著作3部(商务印书馆1部,法律出版社1部,广西人民出版社1部),系列相关前期成果获奖4项(省部级二等奖2项,市厅级一等奖1项、二等奖1项),发表系列前期论文6篇(《人民日报》理论版1篇,《湖南大学学报》《学术论坛》等CSSCI期刊5篇)。

为高质量完成课题研究,作者及其科研团队赴国家自然资源部、中国有色矿业集团有限公司、广西自然资源厅、广西地矿局、中国有色桂林矿产地质研究院等单位进行深入学习和交流,并奔赴东南亚各国和国内的中马产业园、中越跨境经济合作区等开展大量的现场调研,共召开座谈会10多次、访谈专家60多人次,通过大量的调研和访谈,为本著作撰写提供丰富且珍贵的素材。在撰写著作过程中,不断征集意见、拓展思路,多次召开编制小组会议,碰撞思想火花、凝聚智慧结晶,不断探索,努力把研究成果凝结成文字,呈现给读者。

研究过程中,我们深入梳理当前我国与东盟国家战略性矿产资源安全合作与制度创新的背景、现状与面临的关键性问题,全面分析当前合作的基础和环境,进而提出我国与东盟战略性矿产资源安全合作与制度创新的方向和思路,并以重点项目为依托提出具有可操作性的实施路径和策略,努力实现理论高度和实践价值相结合,统筹兼顾高质量发展与高水平安全等国家战略需求。

我们也深知研究工作是一个持续不断的过程,本书只是一个起点,期待能引起更多专家学者和相关人士的关注和思考,促进我国与东盟国家在战略性矿产资源合作领域的深化交流与合作,推动构建更为紧密的中国—东盟命运共同体,共创更加繁荣美好的地区合作与发展。

诚然,我们在完成《我国与东盟国家战略性矿产资源安全合作与制度创新研究》的过程中,离不开同行、朋友和家人的大力支持和帮助,在此向每一位支持和帮助过我们的人表示由衷的感谢和敬意!

廖 欣

2023 年 12 月于南宁